与哈里・古根海姆一起缔造传奇的风云人物

The Business of Tomorrow

哈里・古根海姆

古根海姆家族第三代掌权人

・航空领域中“奠基石式”企业家，对美国航空业发展的影响极大，被誉为“飞行教父”。
・太空探索领域的开创者，是罗伯特・戈达德近十年中唯一的经济后盾。
・纽约赛马协会的创始人之一，在赛马的黄金时代来临之前就着手培育了诸多冠军级纯种赛马。
・主持修建了世界上最具标志性的私人现代艺术博物馆、纽约地标性建筑古根海姆博物馆。
・所创《新闻日报》曾获普利策奖。

祖父

迈耶・古根海姆

古根海姆家族第一代掌权人

・跟随父亲从瑞士移民到美国之后，从擦炉粉生意开始，一步步抓住时机，将生意版图先拓展到铁路修建、蕾丝制品进出口领域，再到矿业投资、采矿和冶炼，他的冒险精神和投资眼光让家族踏上通往惊人财富的道路。

叔叔

所罗门・古根海姆

・深受哈里喜爱，潇洒迷人，但脾气暴躁，曾和弟弟威廉・古根海姆一起，前往墨西哥东北部小镇蒙特雷，为古根海姆矿业帝国建立一座伟大的前哨基地。
・喜欢收集艺术品，建立了古根海姆基金会，以便给自己收集的藏品建立一座永久性博物馆——“非客观绘画”博物馆，也就是后来的所罗门・R.古根海姆博物馆。

父亲

丹尼尔・古根海姆

古根海姆家族第二代掌权人

・为古根海姆家族争取到在墨西哥发展冶炼生意的特许权，进一步扩大了家族产业版图。面对美国熔炼和精炼公司的施压，通过股票收购行动控制了这家在当时最强大的矿产企业。
・获取了20世纪储量最大的铜矿之一的开采权，开发新矿山、修建冶炼厂，让古根海姆家族从“白银大亨”变为“铜王”，带领古根海姆家族在巨额财富之路上不断前进。
・在哈里的影响下，投入资金支持美国航空业的发展。

家族继承人

彼得・劳森-约翰斯顿

・所罗门的外孙，彬彬有礼，受过良好教育，为人和善而讨喜。
・被哈里选定为遗产的主要继承人。哈里将主要财富让一个人集中继承，是为了家族的生意和在社会影响方面的投资能延续下去。

湛庐CHEERS 特别制作

事业伙伴 奥维尔·莱特

·莱特兄弟于1903年在基蒂霍克发明了动力飞机，但他们以顽固的方式保护自己发明的技术，致使直到15年后才首次出现定期航空邮递服务，在一定程度上阻碍了美国航空业的早期发展。

·莱特兄弟中的弟弟，曾担任哈里成立丹尼尔·古根海姆航空促进基金会的咨询委员会主席。

教练 格伦·哈蒙德·柯蒂斯

·水上飞机的制造者，莱特兄弟的对手。

·哈里最初的飞行教练之一。

事业伙伴 弗兰克·赖特

·美国最伟大的建筑师之一，设计了古根海姆博物馆，但在博物馆竣工之前6个月离世。

好友 诺曼·钱德勒

·《洛杉矶时报》的出版人，哈里的朋友，哈里在去世前将《新闻日报》出售给了他。

事业支持者 柯立芝

·美国第30任总统，支持哈里成立一个全国性基金会来推进航空业的发展。

好友

林白

·跨大西洋直飞第一人。1927年，林白独自驾驶飞机从美国纽约州不间断飞行至法国巴黎，并因此而被授予法国荣誉军团勋章。

·哈里一生中最亲密的朋友，他和哈里一起为推动美国商业航空的发展和繁荣做出了独特贡献。他将罗伯特·戈达德介绍给丹尼尔和哈里，使戈达德能在更好的环境下进行火箭发射研究和试验。

家族早期合作者

约翰·海斯·哈蒙德

·古根海姆家族在墨西哥的首席工程师，为公司带来了巨额利润。凭借哈蒙德的专业知识，古根海姆勘探公司在矿产资源领域的专业程度堪与美国地质调查局媲美。

事业伙伴

罗伯特·戈达德

·工程师，发明家，液体火箭的发明者，被誉为“现代火箭技术之父”。即使遭受媒体的嘲弄，依然坚持在简陋的条件下进行研究。丹尼尔去世后，哈里坚定地拨款支持戈达德的研究，推进火箭研发计划。

老师

凯恩斯

·现代最有影响力的经济学家之一，他的宏观经济学与弗洛伊德的精神分析法和爱因斯坦的相对论一起并称“20世纪人类知识界的三大革命”。

·哈里在剑桥求学时常常拜访凯恩斯，接受他的私人指导。凯恩斯会用苏格拉底式的、用问题来推进的对话方式，与他谈论货币市场或外汇的运作机制。

古

The

1848

古根海姆家族的第一批移民从瑞士苏黎世迁徙到美国费城，迈耶·古根海姆擦炉粉生意的营收成为他开启家族生意的“第一桶金”，之后不断扩大业务。

19世纪60年代后期

迈耶择机投资铁路修建项目，同时开启了蕾丝产品进出口生意。古根海姆家族迅速开枝散叶，创立起家族企业。

19世纪80年代

迈耶投资了位于莱德维尔的银矿并大获成功，并做出了向冶炼业进军的决定。古根海姆家族自此真正踏上了通往惊人财富的道路。

1890

丹尼尔·古根海姆与墨西哥时任总统迪亚斯会面，获得在墨西哥境内发展冶炼生意的特许权，这是古根海姆家族的一个里程碑，它推动了家族冶炼生意的快速扩张，使其成为世界上最强大的矿业公司之一。

哈里·古根海姆出生。

1891

威廉·古根海姆和所罗门·古根海姆前往墨西哥东北部小镇蒙特雷建设冶炼厂炼银，为古根海姆家族的“矿业帝国”建立另一座伟大的前哨基地。

随着社会对铜的需求量的激增，古根海姆家族找到了新的矿山、修建了新的冶炼厂，变为“铜王”。

1899

古根海姆勘探公司成立。

1901

为对抗美国熔炼和精炼公司的施压，丹尼尔通过股票收购行动控股了这家公司，由此，古根海姆家族控制了当时最强大的矿产企业。

20世纪初

古根海姆家族控制了全世界大部分的铜和约80%的银。

1905

迈耶去世。

1908

哈里从耶鲁大学休学，进入家族位于墨西哥阿瓜斯卡连特斯的采矿场当学徒，开启冒险人生。

1911

哈里进入剑桥大学彭布罗克学院就读。在剑桥就读的3年间，哈里接受了凯恩斯的私人指导，加入彭布罗克网球队，与搭档亨利·卡莱尔·韦布参加温布尔登网球公开赛。

1912

本杰明·古根海姆乘坐“泰坦尼克号”客轮前往纽约，灾难袭来时，本杰明帮助妇女儿童乘客登上救生艇，自己随船沉没。

1914

古根海姆家族获得了智利铜矿富集区丘基的采矿权，它是20世纪储量最大的铜矿之一。哈里被派去负责建造一座可以满足勘探工作所需的、规划完善的迷你城市，建造完成后，哈里成功解决了丘基城中爆发的混乱和冲突。这座城市是古根海姆家族矿业皇冠上的宝石。

1917

哈里购买了柯蒂斯水上飞机进行训练后，在美国海军预备队注册，服役期4年。服役期间，哈里组织建立水上航站组成的作战中心、制订飞机组装及维修的工作规程、协助开展航空站的选址工作、为海军采购轰炸机。哈里不仅学会了飞行，还获得了大量实用性航空知识。

1918

第一次世界大战后，铜的海外需求和价格一跌再跌，丘基矿石的预期收入大幅下降，再加上为开发丘基而发行的债券即将到期，古根海姆兄弟公司面临资金短缺的境况。

1923

古根海姆家族最终
竞争对手安纳康达
出售智利丘基的多
这对哈里来说是
击，也直接导致了
尼尔之间的矛盾，
家族企业“决裂”。

根海姆家族的
传奇发展史

Business of Tomorrow

不得不向
铜业公司
数股票。
沉重的打
哈里与丹
使得他与

1925

丹尼尔·古根海姆航空学院成立。古根海姆父子动用家族财富支持这项在当时社会知之甚少的项目，引起了巨大关注。

哈里“成立全国性基金会以推动航空业发展”的想法得到了柯立芝政府的支持。同年，成立丹尼尔·古根海姆航空促进基金会。基金会先后向数所大学拨款，用以进行航空领域的研究。

1927

林白成功从纽约跨大西洋直飞巴黎，成为单人驾驶飞机在北美和欧洲大陆之间进行不间断飞行的第一人。哈里视此为“划时代事件”和“航空业的天赐良机”，两人建立起彼此人生中最重要的一段友谊。

1928

哈里积极开展空中测绘项目，以此来促进商业航空的发展。除提供资金并承担示范性客运业务外，哈里及基金会还建立了气象服务系统，这大大推动了航空客运服务的繁荣。

更进一步，哈里主导成立了全飞行实验室，支持开发完全依靠仪器或盲飞进行起飞和降落的技术。这是哈里推动美国航空业发展的极重要的冒险。

1929

哈里被胡佛政府任命为美国驻古巴大使。

1930

古根海姆家族第二代掌门人丹尼尔去世。

1933

哈里结束外交生涯，重回家族企业。

1934

在哈里的支持下，戈达德重新启动了火箭研究和发射试验。尽管结果时好时坏，但哈里一直坚定地推进火箭计划，支持戈达德的火箭研究工作。

1939

哈里与第三任妻子艾丽西亚成立《新闻日报》，多年后，《新闻日报》称为美国十分成功的郊区日报。

1941

51岁的哈里再次入伍，被任命为海军少校，负责一个海军航空工作站的指挥工作，并尽自己的力量促成了美国空军的建立。

1951

哈里重组了古根海姆兄弟公司，试图通过更新石油和硝酸盐的精炼方法重振公司。

1959

由哈里主导推进、建筑师弗兰克·赖特设计的美国纽约古根海姆博物馆建成并开馆，成为纽约著名的地标性建筑，被称为“美国最美丽的建筑物”。

1963

艾丽西亚去世，哈里全权接管《新闻日报》，成为新闻业巨头。

1971

哈里去世，属于古根海姆家族第三代掌门人的时代就此落幕。

20世纪90年代末

全球性金融服务公司古根海姆合伙人公司成立，如今，该公司的资产管理规模（AUM）达到 3 000 多亿美元。

湛庐CHEERS

与最聪明的人共同进化

HERE COMES EVERYBODY

CHEERS
湛庐

古根海姆传

[美] 德克·斯迈利（Dirk Smillie）著
汪幼枫 吴鑫磊 译

The Business of Tomorrow

浙江教育出版社 · 杭州

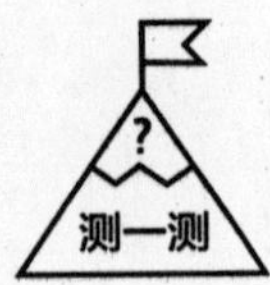

关于古根海姆家族，你了解多少？

扫码加入书架
领取阅读激励

- 古根海姆家族的第一代掌权人迈耶是从什么生意起家的？

A. 蕾丝生意

B. 擦炉粉生意

C. 咖啡生意

D. 鞋具生意

扫码获取全部测试题和答案
一起了解古根海姆家族的
发展和贡献

- 古根海姆家族成员中，有一位成员是“泰坦尼克号”客轮的乘客，他帮助妇女和儿童登上求生艇后，自己不幸随船沉没。他是谁？

A. 威廉 · 古根海姆

B. 埃德蒙 · 古根海姆

C. 罗伯特 · 古根海姆

D. 本杰明 · 古根海姆

- 跨大西洋从纽约直飞巴黎的第一人是谁？

A. 哈里 · 古根海姆

B. 理查德 · 伯德

C. 詹姆斯 · 杜立德

D. 林白

扫描左侧二维码查看本书更多测试题

哈里·古根海姆，为灵魂注入理性

归江

信璞投资合伙人

感谢湛庐，时常让我享受先读之乐。

《古根海姆传》一书是古根海姆家族第三代传人哈里的传记。读完这本书，我最大的感触是："当父辈们在攀比谁赚钱赚得更漂亮的时候，年轻一代却在比谁花钱花得更漂亮。"

1848 年，犹太商人西蒙·古根海姆（Simon Guggenheim）带着 20 岁的独子迈耶和 5 个女儿从瑞士去到美国。迈耶从贩卖廉价的咖啡精华到投资铁路项目，再到投资银矿和铜矿，一步步扩大自己的商业帝国。迈耶曾经非常有预见性地对 7 个儿子说："我能看到这个国家正在发生伟大的变化……小铁路公司相互争斗，谁也赚不了多少钱。可是当他们联合起来，就能创造成百上千万元的财富……所有企业都有可能成为巨头的时代即将到来。要么成为巨头，要么什么都不是。”自此之后，迈耶父子从美洲矿业投资中赚取了巨额财富。

相比迈耶父子艰难的财富积累历程，孙辈哈里的人生则精彩纷呈。哈里 17 岁在耶鲁大学学习冶炼方面的知识，18 岁就休学奔赴家族的墨西哥矿场打工，20 岁再赴剑桥大学获凯恩斯私授学业。22 岁那年，他的叔叔本杰明在“泰坦尼克号”海难中遇难，堪称君子地辞让生机予妇女儿童，给成年不久的侄儿注入了男儿血气。哈里 27 岁从军，并与飞行事业结缘。

他曾因反对父辈出售智利丘基铜矿而退出家族事业。事实证明，哈里的眼光很独到，丘基铜矿至今仍是全球盈利最丰厚的铜矿之一，虽然已经被智利政府收归国有，但当时出售丘基铜矿却也为古根海姆家族开创另一番事业奠定了基础。

退出家族事业的哈里洞察到飞机原型发明时期已经接近尾声，商业航空产业化的时代即将到来。在哈里的热情感召下，他的父亲丹尼尔在 1925 年成立了丹尼尔·古根海姆航空促进基金会。哈里为基金会选择了 35 条发展思路，遍及技术进步、航线规划、气象预报、教育培训和航空商业化等各个领域。哈里以提供设备贷款的形式赞助西部航空快运公司开展了首次商业航空飞行。丹尼尔父子等人还约定了基金会关闭的时间，以坚守“促进而非封杀后来者”的初心。这些努力，包括哈里赞助飞行员林白及火箭科学家罗伯特·戈达德（Robert Goddard），让哈里成为美国航空航天界的教父级人物。

哈里的叔叔西蒙在 1925 年成立了约翰·西蒙·古根海姆纪念基金会，该基金会成为美国最为著名的奖学金机构。在其赞助者中诞生了 40 多位诺贝尔奖得主和 100 多位普利策奖得主。哈里的叔叔所罗门在 1937 年成立了所罗门·古根海姆艺术基金会，并且勾勒了建造古根海姆博物馆的愿景，在哈里及其后人的经营下为博物馆领域做出杰出贡献。无论在创投、慈善还是政治实践中，哈里都以娴熟的商业经验为这些机构建立起规避人性缺陷和提升效率的科学管理机制，以期建立起经久不衰，历久弥坚的东西。

作者记录了古根海姆家族在挑选接班人时的细节。丹尼尔因看重“坚韧”的品质而选择了哈里，哈里则是在对后人过度控制而遭受巨大挫折后，最终以“平和”之由选择了出身于幸福家庭、性格温和的彼得。当我们拥有了财富、权力、名望或者智慧的时候，如何和自己友好相处，如何和最亲近之人友好相处，如何和陌生之人以及未来之人友好相处，这可能是十分重要的学问。

再次看到英文书名“The Business of Tomorrow”，我开始思考，哈里希望自己的人生实践给后人留下什么。脑海里不由得跳出亚里士多德提过的一个名词：nous（理性）。因为“理性”这种精神力量的传承，古根海姆之后还出现了乔布斯、马斯克等企业家，他们的精神力量在这个世界生生不息。

对创投的起源感兴趣的金融从业人员，对家族传承有好奇心的企业家，还有像我这样和子女对话缺乏技巧的父亲，这本略显古老的传记可能是您不错的咖啡伴侣。

只做未来商机的创造者

哈佛商学院前院长尼廷·诺里亚（Nitin Nohria）曾与人合作撰写了一部专著，探讨航空时代的商业领袖对航空史的影响。在该书导言中，他承认自己在研究中怀有一种“偏见”，那就是他对飞行的热爱，同时他也是三家航空公司百万英里[①]俱乐部的会员。当诺里亚离开印度前往美国时，他乘坐的是一架波音747大型喷气式飞机。他曾说过：“我最美好的记忆之一就是乘坐飞机旅行。”

在这项研究中，诺里亚和他的哈佛团队提到了航空领域中的一位不为人知的“奠基石式”企业家，他们认为这位人物的影响力足以与亚马逊的杰夫·贝佐斯（Jeff Bezos）、eBay的梅格·惠特曼（Meg Whitman）和皮埃尔·奥米迪亚（Pierre Omidyar），以

① 1英里约合1.61千米。——编者注

及谷歌的拉里·佩奇（Larry Page）和谢尔盖·布林（Sergey Brin）等互联网领域的先行者比肩。这项研究的结论是，这位在航空史上“很少被提及”的企业家“实际上对美国航空业发展的影响可能超过了莱特兄弟”。这位企业家就是哈里·弗兰克·古根海姆（Harry Frank Guggenheim，后文简称“哈里·古根海姆”）。

哈里本人就是一名飞行员，痴迷于飞行。他利用自己能想到的一切金融策略推进航空业的发展，比如提供小额信贷、引进公司合伙人、研发拨款、设计竞赛项目、举行飞机可靠性巡回表演等。在那个大多数人从未见过飞机的时代，哈里相信，终有一天，航空业将成为美国交通基础设施的基本要素。

哈里利用家族的巨额财富，在飞行技术上押了很大的赌注，并设计了新的指标用于评估成果。他还帮助创建了一种可行的航空商业模式，从而改变了公众对飞行的接受度。他的这些做法让航空时代的到来提前了很多年。事实上，把诺里亚送到美国去的波音 747 飞机就是由哈里资助的一所航空工程学校的毕业生约瑟夫·萨特（Joseph Sutter）发明的。

19 世纪末 20 世纪初，古根海姆家族经营着世界上最大的矿业集团。20 世纪中期，古根海姆博物馆建成并对外开放，成为纽约的一座地标性建筑，并将家族形象重塑为全球艺术品牌管理者。哈里在两个时代之间传递着火炬，凭借声势浩大的慈善事业和富有进取心的企业家精神继往开来。航空业只是哈里人生的第一章，他还是有影响力的投资者、技术专家、初创企业发展的“加速器”。哈里在美国商界的五个不同领域中扮演了多重角色，将大部分家族财富押在了自己从未涉足过的领域。

在将近 10 年的时间里，哈里是“现代火箭技术之父”罗伯特·戈达德的唯一经济后盾。戈达德的工作为太空时代奠定了基础。之后，哈里又进军出版业和艺术界。他和第三任妻子艾丽西亚·帕特森（Alicia Patterson）共同创办了美国当时最成功的郊区报纸《新闻日报》（*Newsday*）。晚年，他主导修建了古根海姆博物馆，在建筑师弗兰克·赖特（Frank Wright）和博物馆第二任馆长詹姆斯·斯威尼（James Sweeney）两股争论不休的力量之间斡旋。

那些认识哈里的人在形容他时都很直言不讳：

- 纽约市前市长菲奥雷洛·拉瓜迪亚（Fiorella LaGuardia）[①]："那个家伙曾经在意大利给我制造了许多麻烦。"
- 富兰克林·罗斯福（Franklin Roosevelt）总统的财政部副部长约翰·黑尼斯（John Hanes）："他是个非常聪明的人。"
- 建筑师赖特："哈里不喜欢争议，哈里喜欢赢。"
- 林白（即查尔斯·林德伯格，Charles Lindbergh）："他是一个非凡且出色的人物，也是我最亲密的朋友之一。"
- 古根海姆博物馆第三任馆长托马斯·梅瑟（Thomas Messer）："一个暴君。"
- 美国前国务卿马德琳·奥尔布赖特（Madeleine Albright）："一个时而令我们着迷，时而吓我们一跳的人。"
- 约翰逊（即林登·贝恩斯·约翰逊，Lyndon Baines Johnson）总统的新闻秘书兼《新闻日报》出版人比尔·莫耶斯（Bill Moyers）："他的直觉让我非常钦佩，但是他的观点我无法苟同。"
- 第二次世界大战时的王牌飞行员詹姆斯·杜立德将军（Gen. James Doolittle）："一个伟大的美国人。"
- 哈里的第三任妻子、《新闻日报》的联合创始人艾丽西亚·帕特森："那个混蛋。"

在哈里看来，他的前两次婚姻是他遭遇过的仅有的真正的失败。他承认，那完全是他的错。

随着他的投资逐渐深入美国人生活的方方面面，哈里开始涉足政治和外交领

① 原文中有笔误，纽约市前市长英文名：Fiorello La Guardin，意大利文名：Fiorello LaGuardia。——译者注

域。他深受 5 位美国总统的器重，曾在椭圆形办公室[①]与他们共度时光。在古巴革命期间，他担任美国驻古巴大使，差点因此丢了性命。林白是他最亲密的朋友之一，他们的友谊在美国加入第二次世界大战前夕经受住了猛烈的抨击。

到目前为止，哈里的故事一直湮没在几十年来所创作的关于古根海姆家族的五部主要作品之中。在长达 2 000 页的家族史中，他始终是一个德尔斐神谕[②]般隐晦难解的人物。他是一个极度注重隐私的人，没有留下任何日志、日记或回忆录。他写给朋友、家人和商业伙伴的信件有时会透露一些信息，可一旦涉及他内心的想法就会变得含混不清。他很有贵族气质，有时态度冷淡，就连那些与他最亲近的人也说他是个让人猜不透的人。然而，哈里显然很希望被理解和被记住。他向美国国会图书馆遗赠了约 11.5 万件物品，这是一个浩瀚的宝藏，其中包括他在 60 多年的时间里积累的或重要或平常的备忘录、笔记、信件、报告、法律文件、演讲稿以及商业资料。他在遗嘱中指定将自己的宅邸法莱斯庄园作为博物馆对外开放，并规定了家具的摆放方式，以及访客可以看到他的卧室里的由他指定的某些物品。

作为一名在《福布斯》(*Forbes*)工作了 10 年的撰稿人，我一直对伟大的家族企业“王朝”的创立故事非常着迷。大多数家族企业“王朝”都不会持久，第二代或第三代人通常都缺乏继承家族企业的雄心壮志或想象力，无法在现代纪元将家族企业发扬光大。在很多情况下，下一代只是满足于享受自己继承的财富，整日游手好闲。然而，哈里却选择了另外一种道路。他在自己的一生中所建立的机构及其持续产生的影响，构成了 20 世纪一个伟大的商业幕后故事。

---

① 即美国总统办公室。——译者注

② 希腊德尔斐神庙阿波罗神殿门前的三句石刻铭文“认识你自己”“凡事勿过度”“妄立誓则祸近”，被奉为“德尔斐神谕”。——编者注

目 录
THE
BUSINESS
OF
TOMORROW

01

踏上那片动荡的土地

THE BUSINESS OF TOMORROW

所有企业都有可能成为巨头的时代即将到来。
要么成为巨头，要么什么都不是。

如果成功活下来，回报将是惊人的

1891 年夏天，威廉·古根海姆（William Guggenheim）和所罗门·古根海姆（Soloman Guggenheim）踏上了他们一生中最危险的旅程。他们的目的地是墨西哥的一个小镇，他们要在那里为古根海姆矿业帝国建立另一座伟大的前哨基地。那里巨大的矿藏资源虽然已经被开采了好几个世纪，但是大部分依然处于未开发状态，他们将为那片土地带去自己家族所掌握的关于从土壤中提取金属的丰富知识。在未来的几年里，古根海姆家族将在那里修建铁路、租用蒸汽轮船、建造冶炼厂，并在平地上建起许多矿业城镇，这一切都是为了将数以百万吨计的富含铜、银、铅、铁、锌以及其他金属的矿石转化为新时代实现电气化所需的材料，为美国住宅、军需品、汽车和各类工厂服务。这些从古根海姆家族在墨西哥及其他地方的矿山中提炼出来的金属，为第二次工业革命的发展提供了动力。

但是，墨西哥的地下财富一直未能得到开发是有原因的。在 19 世纪的大部分时间里，墨西哥都处在无休无止的战争、革命和政治动荡中。在这片土地上发生了结束西班牙殖民统治的墨西哥独立战争、导致墨西哥大量领土被美国夺走的美墨战争和由 1847 年玛雅人起义引发的尤卡坦种姓战争，以及 19 世纪 60 年代法国对墨西哥的占领。在 19 世纪，几乎每一位墨西哥总统都兼任军事指挥官。

在古根海姆家族的一些人看来，把威廉和所罗门送到这片充满混乱和动荡的土地上是一件蠢事。在几乎与世隔绝的沙漠、高原和偏远山隘中工作，他们能有什么经验？在那种地方，假如不巧遇到土匪、革命者或叛军，随时都可能送命。但如果他们能成功地生存下来，回报将是惊人的。兄弟俩已经在商业上证明了自己的实力——威廉担任过美国科罗拉多州普韦布洛市（Pueblo）古根海姆大型冶炼厂的厂长，而所罗门则成功地处理了家族早期在欧洲的生意。他们完全可以通过充分利用古根海姆家族在墨西哥的众多人脉，找到合适的建筑材料和劳动力来源。他们的父亲迈耶·古根海姆（Meyer Guggenheim）之所以挑中他们，不仅是因为看中他们的商业头脑，也因为看中了他们的机智和魄力。那年夏天，所罗门在越过边境后，每天早上都会在皮带上别一把手枪，然后带着全副武装的瞭望员上路。所罗门品位高雅，他的名字日后将因纽约市一座世界闻名的博物馆而熠熠生辉。而古根海姆七兄弟中最年幼的威廉也同样卓越。

迈耶·古根海姆意识到墨西哥的政治文化即将发生改变。他认为这个国家即将进入一段政治稳定期，他的判断是对的。旧时的墨西哥一直处于无政府状态且遭受接连不断的变革，但是凭借古根海姆家族的采矿技术和新一波外国投机者的投资，时任总统波菲里奥·迪亚斯（Porfirio Díaz）试图打造一个全新的墨西哥。迪亚斯将对外国投资者实行税收减免政策，并在这项政策下协商达成双方都满意的土地交易，以此吸引外国投资者在没有任何基础设施的地方先进行国家基础设施建设。随之迎来的是一个经济飞速发展的时代：波菲里奥时期。

迪亚斯能够开创这个新时代，主要是因为他控制着所有的权力杠杆，其中包括一个会不假思索地通过所有提案的橡皮图章式①的立法机构。他手下的将军和军队领导人掌管着各个省市，享受着与外国资本家新合作带来的成果。在威廉和所罗门抵达墨西哥后的10年间，有大约12亿美元的外国资金涌入这个国家，使其国民生产总值年均增长8%。要想在新时代做生意，像古根海姆家族这样的投资者自然必须向地方当局支付摩迪达（mordida，在西班牙语中意为“简餐”，是“贿赂”的俚语）。如果有人想在一片新矿区修建一条铁路线或者获得机器运转所必需的用水权，那么他们就得向警方或地方军事单位奉上摩迪达。为了确保每周的工资（通常是密封在帆布袋里的1 000比索或更多）的运输安全，他们也得缴纳摩迪达。

那年夏天，威廉和所罗门的目的地是墨西哥东北部的小镇蒙特雷。他们将在那里仿照古根海姆家族在美国科罗拉多州现有工厂的模式监督建设一个大型冶炼

① 政治隐喻，指在法律上有相当大的权力但事实上却没有什么权力的人或机构，很少或从不与更强大的组织出现分歧。——译者注

厂。当时的蒙特雷拥有约 2.5 万居民，其中大部分是居住在一层或两层结构的石灰石房屋里的印第安原住民。蒙特雷周围群峰环绕，其最具特色的地标是塞罗德拉西拉山——顶部有巨大凹口，看上去就像一个马鞍，所以也叫马鞍山。在波菲里奥时期，蒙特雷已经开始了现代化进程，然而，它依然是一个与世隔绝的贫困小镇。街道上稀稀落落地铺着鹅卵石，坑坑洼洼的，夏天的空气中弥漫着浓浓的污水味，镇上的居民也对外来者充满猜忌。正如一篇关于该地生活的报道所述："镇上的男人躲在他们巨大的帽子下面，谈论着美国佬的到来，而他们的妻子则用研钵和研杵捣碎玉米，并把家里的衣物拿到溪边洗涤。"

在蒙特雷提炼银是一项艰苦而繁重的工作，当时仍在沿用古老的方式进行这项工作。从矿井中开采出来的矿石先被铺散在浅坑中，然后用巨大的粉碎装置将它们碾成细小的碎石，接着，人们在碎石中撒上水银、盐和蓝石头[①]，再让一群骡子去踩踏。在这种被称为"天井法"的踩压作用下，坑内的物质会发生化学反应，银溶解在水银中，而水银在加热时则会析出银。在古根海姆家族来到这里之前的 350 年中，蒙特雷镇的这套工艺几乎从没有更改过。

威廉·古根海姆希望住处尽可能靠近这个离城约 10 千米的新冶炼厂。他在这里搭建了自己的住所，那是一座由许多宽 0.6 米、长 1.2 米的木板以及瓦楞铁皮拼凑而成的棚屋。他的首席工程师是斯堪的纳维亚人范·英林（Van YngLing），住在附近一栋两层楼的农舍里。通过别人的介绍，威廉认识了能给他带来劳动力和建筑材料的中间商。据威廉说，施工一直按计划进行，直到一个月光皎洁的深夜，从范·英林的卧室里传出的尖叫声打破了荒原的寂静。随之传出男人的咒骂声和地板上窸窸窣窣的脚步声，不一会儿一切又归于沉寂。威廉被这场混乱惊醒，立即赶了过去。他走到一楼，看到淋漓的鲜血从天花板的木板缝间滴下来，在一楼的石地板上汇成一摊。在楼上，他的首席工程师几乎快被砍死了，气息微弱地躺在那里。"袭击他的人将梯子架在窗户上进入房间，把他砍得血肉模糊。他身上有近 30 处锯齿状伤口，血流不止，他在医生赶到后不久就去世了。"威廉

① 即五水硫酸铜，俗称蓝矾、胆矾或铜矾，在提炼银的过程中起到催化作用。——编者注

写道。至于这次袭击究竟是来自因工资纠纷而愤怒的工人，还是因为范·英林与当地一位地主的妻子产生婚外情而招来报复，众人说法不一。

不久之后，威廉本人也成为一场由抢劫演变而成的谋杀行动的目标。当时他坐火车去视察一条隧道的预选地址，这条隧道要建在位于墨西哥东北部隶属于古根海姆家族的雷福马矿山，那里有好几处储量巨大的铅矿床。那时候，火车只通到墨西哥东北部的蒙克洛瓦镇。从那里想要到达雷福马矿山，人们还必须乘坐马车在干燥的沙土路上再行进大约 100 千米，路上偶尔会经过一两个小村庄。威廉晚到了一天。当他在附近的一个村庄停下来时，发现那里“一片混乱”。原来就在前一天晚上，也就是威廉应该抵达的时候，附近一家庄园主在黑暗中驾驶着马车出行，因被误认为是威廉而遭到伏击身亡。次日，有人看到庄园主年幼的儿子神情恍惚地在山中游荡。后来凶手被抓获，他们“承认自己杀错了人，误以为那是他们的目标威廉·古根海姆，因为他们知道威廉当晚应该抵达这里，并且认为他肯定会随身携带大量的现金和贵重物品”。

古根海姆家族很快就雇用了那些不仅精通冶炼技术，而且还擅长使用武器和威吓歹徒的人担任工程师和管理人员。约翰·海斯·哈蒙德（John Hays Hammond）就是一个拥有这种能力的人，他后来成为古根海姆家族在墨西哥的首席工程师。哈蒙德堪称勘探界的印第安纳·琼斯（Indiana Jones）[①]，在无数次与敌对的美洲原住民部落和墨西哥军队的散兵游勇的战斗中幸存下来。他所去过的一些危险矿区位于墨西哥西部索诺拉州的深处，那里的山脉和沙漠只有骑骡马者才能到达。有一次，哈蒙德的妻子很罕见地与他同行，他给了她一把上了膛的手枪。他们一致认为，与其被歹徒俘虏，还不如自杀。

有一年夏天，哈蒙德作为古根海姆家族的代表在一个偏远山区出行，为此他准备了特别的预防措施：雇用了 15 名雅基人[②]，并将他们组建成自己的私人保镖队。当地的武器通常是大砍刀，但是哈蒙德却为自己所雇用的保镖购买了步枪，

① 美国惊险片“夺宝奇兵”系列男主角，既是考古学家，又是探险家。——译者注

② 即墨西哥索诺拉州的印第安人。——译者注

并训练他们熟练地掌握了枪法。这些技能非常有用，古根海姆家族曾因哈蒙德的这些技能而派他去担任一家古老的银矿开采厂的主管。

鉴于此地海拔 600 多米，且处于孤立无援的环境，哈蒙德到达后立即着手在一座旧庄园周围修建防御工事，该庄园是通往厂区的门户。哈蒙德认为歹徒们上门“找茬儿”只是个时间问题。让他说对了，很快，一队大约一百名骑着马的“革命分子”找到了这里。一名“上校”驱马来到哈蒙德跟前，解释说，他很抱歉不得不向厂区征收一笔普雷斯塔莫（Préstamo，即强制借款），因为他需要为马匹购买玉米。哈蒙德直视着他的眼睛，拒绝了他的要求。“上校”毫不气馁，警觉地打量着厂区里的雅基人，提出一条荒谬的建议，让哈蒙德把所有保镖的步枪都“借”给他，这样他的部队就可以保护哈蒙德不受其雇用的印第安人的伤害。“上校”警告说，附近的雅基人正在进行反抗墨西哥当局的暴动，肯定会攻击哈蒙德。哈蒙德摆了摆手说，他手下装备精良的保镖无意放弃自己的武器。“上校”失去了耐心，下达了最后通牒：如果哈蒙德不交出手下的武器，他就会用武力让他们缴械。对此哈蒙德毫不畏惧地表示，他已经做好了准备。“在冰雹般的枪声打响之前，谁打算第一个爬上庄园周围高高的土坯墙呢？”哈蒙德问道。

围攻持续了好几天，但哈蒙德不肯让步。据他回忆：“我们看上去确实很难对付。除了设置路障阻挡之外，我们还安装了好几盏机车头灯，当夜幕降临后，可以用它们扫视周围的区域。此外，我们还假装不注意地泄露了秘密，说在所有房屋附近都埋着炸药，这些炸药可以用一个电子设备引爆。这种架势让对方认为我们坚不可摧。在虚张声势地威胁了几天并放了几次乱枪以示他们尽管被打败却没有屈服之后，这帮沮丧的“爱国者们”离开了，我们就自由地继续我们的劳动了。”

家族冶炼生意快速扩张

哈蒙德在为古根海姆勘探公司（Guggenheim Exploration Co., 简称 Guggenex）

工作期间，为古根海姆兄弟带来了巨额利润。该公司是由古根海姆家族企业创办的采矿开发实体。哈蒙德在发现新的矿产资源和预测其收益方面有不可思议的能力，完全配得上他极高的报酬。根据一份5年期合同，哈蒙德的年薪为25万美元（约相当于今天的600万美元）[①]，外加他所找到的矿产的一定比例收益，在当时的美国，他的薪酬可以称得上是最高工资了。凭借哈蒙德的专业知识，古根海姆勘探公司在矿产资源领域的专业程度堪与美国地质调查局媲美。

古根海姆兄弟完全支付得起哈蒙德的薪水。墨西哥的劳动力成本远低于美国的，而且墨西哥银矿石纯度通常比美国西部的更高。为了规避1890年《麦金利关税法案》（*Mckinley Tariff*）带来的惩罚性经济影响，进军墨西哥可谓是一种明智的迂回之举。该法案的推行在一定程度上源自美国科罗拉多州的矿工对大量墨西哥廉价矿石涌入的愤怒，因为进口矿石的冲击压低了他们的工资。为了保护美国矿业公司免受此类外国竞争的挤压，该法案大幅提高了矿石的进口关税。

威廉和所罗门最初来墨西哥与关税有着很大关系。一天晚上，当迈耶和他的7个儿子在纽约西77街的家中共进晚餐时，他发泄了自己的不满，并宣布了一个解决方案："我们的政府非常愚蠢。如果我们不能把墨西哥的矿石弄到普韦布洛来，那就让我们把冶炼厂开到墨西哥去吧！"古根海姆家族说到做到，他们在墨西哥建造了自己的冶炼厂，从而规避了影响巨大的新关税制度。这些冶炼厂是仿照科罗拉多州已建工厂而建造的，拥有6座大型熔炉，每天可以加工超过45吨重的矿石。

在所罗门和威廉进行长途跋涉的前一个夏天，迈耶利用他在墨西哥的法律和外交部门的人脉，安排儿子丹尼尔古根海姆（Daniel Guggenheim）和墨西哥总统迪亚斯会面。迪亚斯在墨西哥宪法广场的国家宫接见丹尼尔，该广场就在阿兹特克末代皇帝宫殿的遗址上。一份记载中有这样的描述："在古老宫殿的一间富丽堂皇、高大宽敞的房间里，迪亚斯和丹尼尔·古根海姆坐在一起……两位大人物的外形对比非常鲜明。迪亚斯当时60岁，是一位令人印象深刻的长者。他的额

① 为忠实于原文，译文中金额在时间上的换算及括注方式与原文保持一致。——编者注

头又高又宽，向上倾斜，一头白发纹丝不乱。他的眼神警觉而锐利，颌骨刚劲有力，下巴宽阔方正，一张大嘴富于表情，脖子又短又粗，唇上的髭须已经变得雪白。他昂头的模样就像是在挑战，看上去就跟他年轻时一样，依然是位斗士。在他的对面是一位穿着讲究的美国人。丹尼尔当时刚满 44 岁，身材比较矮，看上去没有活力四射的迪亚斯那样壮实。他的头发过早地变白了，淡褐色的眼睛温和友好。他整个人都散发着知性的魅力，像是那位肌肉发达的总统的优雅陪衬。”

古根海姆家族从迪亚斯那里获得了特许权：能够以极低或零成本从边境进口机器；可以建立两家冶炼厂，一家是在南部阿瓜斯卡连特斯的炼铜厂，另一家是在北部蒙特雷的炼铅厂；在墨西哥境内最初的 20 年内可免缴国税或地方税。这是一笔富有先见之明的交易，到世纪之交时，古根海姆家族冶炼厂的加工处理量占墨西哥铅矿的加工总量的 40%、银矿的 20%。

与迪亚斯达成的交易是古根海姆家族的一个里程碑，它推动了家族冶炼生意的快速扩张，使自家的矿业公司成为地球上最强大的矿业公司之一。几十年后，新机构，即位于纽约的古根海姆博物馆和华尔街资产达 3 150 亿美元的古根海姆公司（Guggenheim Partners）将重新定义古根海姆品牌。然而，采矿、艺术、华尔街，所有这些产业的起源都要追溯到更久远的一段家族历史，以及一笔几百美元的对擦炉粉的一次性投资。

从擦炉粉生意发展为时代巨头

1848 年，古根海姆家族的第一批移民从瑞士苏黎世以北约 100 千米处的一个犹太人小社区伦瑙迁徙到美国宾夕法尼亚州的费城。迈耶的父亲西蒙·古根海姆带着他未来的妻子——一位寡妇，以及她的孩子们移民到了费城。当时该地区居住着“荷兰人”[①]，跟他们说一样的德语。

① 因德文中“德语”一词与英文中“荷兰语”一词发音相近，这里的“荷兰人”实际上是德国人。——译者注

在美国，虽然有一大家子人，西蒙也只买得起费城的一个工人阶层社区里的一栋小房子。他和儿子迈耶挨家挨户地推销家居“杂货”，比如调味品、绣品，以及他们最畅销的产品：擦炉粉。只要用了擦炉粉，就可以防止铸铁炉子生锈。可是那个年代的擦炉粉会把手弄得很脏，很难洗干净，因此年轻的迈耶采用了一种新配方，能让擦炉粉更容易被洗掉：他在其中添加了肥皂的成分。他将自己获得的数百美元利润用于购买原料，以便能够自行生产这种擦炉粉，接着又买了一台香肠填充机，将擦炉粉做成规格统一的块状产品。

这一创新使迈耶的擦炉粉成为人们最爱的擦炉粉，它所带来的收益使迈耶得以将业务扩展到另外一种前景更广阔的产品上：咖啡精华。和霍华德·舒尔茨（Howard Schultz）[①]一样，迈耶·古根海姆并没有发明咖啡，他只是提供了廉价的咖啡。当时，咖啡是富人才能享受的奢侈品。为什么普通大众就不能享用它呢？为了面向更广阔的市场进行销售，迈耶购买了质量较低的咖啡豆，加上菊苣等配料进行研磨增加风味，另外可能还添加了能中和酸味的小苏打，让咖啡口感更顺滑。这款产品在经济上也取得了巨大成功。

迈耶娶了他的继妹芭芭拉，很快就把家搬到了费城豪华社区的一栋更大的房子里。迈耶身材瘦小，原先浓密坚硬的鬓角长成了上疏下密的络腮胡子，大家都说他是一个举止庄重、内向寡言的人。可是当他看到小小的创新可以带来的巨大回报时，各种点子就开始在他的脑海中活跃起来。他一直关注着其他可以大胆进军的服务不足的商业细分市场，开了一家裁缝店和一家杂货店。南北战争期间，他的咖啡销量激增，他向北方军队出售的芥末籽和木鞋钉的销量也大幅增长。木鞋钉看似微不足道，但是成千上万的士兵都需要用木鞋钉将鞋底固定在鞋子上。接着，迈耶把眼光放得更高，在竞争有限的老牌企业中寻找可以扩张的机会。战争期间，他买下了一家碱液制造公司的专利权。然后，他改进了生产工艺，降低了价格，以削价竞争的方式打压了一个在该领域实际上拥有垄断地位的大型竞争

① 霍华德·舒尔茨于 1987 年收购星巴克，将星巴克的经营模式从出售咖啡豆转为直接出售高级咖啡，使得星巴克的咖啡在全球畅销。——译者注

对手。这一举动迫使竞争对手买下了他的股份，给他带来了 15 万美元（约相当于今天的 230 万美元）的收入。

迈耶和芭芭拉的家庭迅速开枝散叶：先是艾萨克、丹尼尔、默里和所罗门，接着是珍妮特和本杰明，然后是双胞胎罗伯特和西蒙，最后是威廉、罗丝和科拉。罗伯特在 9 岁时夭折，剩下了 7 个兄弟和 3 个姐妹。

南北战争结束后，迈耶投资了一项财政拮据的小型铁路的修建项目，因为他相信有朝一日这条铁路会成为一条重要的大型铁路的一部分。这又是一次成功的赌博。他以低价购买了铁路股票，然后溢价出售给"铁路巨头"杰伊·古尔德（Jay Gould），后者以 32 万美元（约相当于今天的 500 万美元）的价格将他的股票悉数买下。接着，另一个机会出现了，住在瑞士圣加尔的一位远亲向迈耶提供了自己拥有的一批蕾丝和绣品存货。19 世纪末，手工蕾丝广泛应用于桌布、枕头和连衣裙。迈耶发现新一代机器可以以更快的速度、更低的成本生产这种材料，因而他预见到这项业务可以带来可观的利润。迈耶送儿子丹尼尔、默里和所罗门去欧洲了解、学习业务，并在圣加尔建了一些小工厂来大规模生产这种织物。他的另一个儿子艾萨克则被派往纽约开设办事处，负责接收进口蕾丝产品。随着下一代牢牢扎根于家族企业，迈耶将公司重新定义为合伙企业，并于 1881 年将其命名为 M. 古根海姆父子公司（M. Guggenheim's Sons）。

绣品销售的盈利和股票市场交易的收益让迈耶开始考虑他在食品杂货企业的一位前合伙人的提议。最初，前合伙人是想向迈耶借一笔钱，用于支付对科罗拉多州莱德维尔两座银矿的投资成本，它们分别是 A.Y. 银矿和米妮银矿（以其所有者 A.Y. 科尔曼及其妻子米妮的名字命名）。显然，迈耶当时并没有把一句据说是马克·吐温对矿井的定义放在心上："矿井无非是该死的骗子在地上挖的一个洞！"

迈耶并不认为自己的前合伙人是个骗子，但是他也不想成为放贷人。他想在这笔交易中获得更有利的地位。于是他进行了还价：以 5 000 美元的股权投资购买这两座银矿三分之一的股份，他的搭档接受了。随着时间流逝，这两座银矿的收益微乎其微。接着，矿井漏水，被迫停止作业。迈耶沮丧之余，前往莱德维尔亲自对银矿进行评估。另一名合伙人想退出，将自己的部分股份出售给了迈耶，迈耶获得了控股权。迈耶自始至终都是一名乐观主义者，所以他加倍下注。他雇了一名工程师，购买了 4 台 25 马力[①]的蒸汽泵给矿井“抽水”，并下令将矿井挖得更深。就这样，矿井重新开始作业。

几个星期后，已经回到纽约的迈耶收到一份从莱德维尔发来的电报：发财了，15 盎司银矿，60% 的铅。这意味着矿石中的含铅量为 60%，这真是个令人难以置信的消息。很快，迈耶每天都能挣大约 1 000 美元。擦炉粉生意是个好的开端，但莱德维尔的矿山才是古根海姆家族通往惊人财富之路的真正起点。

随着迈耶进一步投资采矿业，谁是真正赚钱的人就显而易见了，那个人并不是迈耶。为了将贵金属从他的矿山中提取出来，每块矿石都必须经过冶炼，在冶炼厂，熔炉产生的高温将金属与岩石分离。冶炼所需要的劳动力比采矿所需要的少得多。冶炼厂经营者的要价证明冶炼厂老板从各项费用中赚的钱比迈耶从原矿中赚的钱更多。古根海姆家族企业的未来立刻变得明朗起来：迈耶将通过建造自己的冶炼厂来消灭中间商。

有一天，他向儿女们阐明了自己的经营理念：“孩子们，我能看到这个国家正在发生伟大的变化。看看那些铁路工人！他们正在努力把铁路连接起来，小铁路公司相互争斗，谁也赚不了多少钱。可是当他们联合起来，就能创造成百上千万元的财富。就像你们都听说过的范德比尔特、菲斯克、古尔德，[②]他们都是千万富翁。在我们这个美丽的国家，所有企业都有可能成为巨头的时代即将到来。要么成为巨头，要么什么都不是。做小生意的会被吞噬。美国正在成长，你们必须和它一起成长。忘了你们的蕾丝生意吧！许多年前，我背着几码[③]长的蕾丝在宾夕法尼亚州和新泽西州来回奔波，这里卖一点，那里卖一点。等我攒了一

① 工程技术上常用的一种计量功率的常用单位，此处为英制马力，1 马力 ≈746 瓦特。——译者注

② 三人皆为铁路大亨。——译者注

③ 1 码约为 0.9 米。——编者注

些钱，我就把沿街兜售的生意抛在脑后，开始了更大的生意。从那以后，我就一直在投资更大的生意。现在，我打算去做最大的生意。这也许会花掉我一百万美元。但在这样一个国家，一百万美元是什么？什么都不是！”

迈耶卖掉了在欧洲的绣品厂，在科罗拉多州普韦布洛建造了他的第一家冶炼厂，它的位置极具战略性，就在北方的 A. Y. 银矿和米妮银矿以及南方的墨西哥铜矿、铅矿的矿石运送路线的交汇处。就像洛克菲勒家族将从采油业走向炼油业一样，古根海姆家族也将从采矿业走向冶炼业。20 年后，这项新业务的发展促使一名擦炉粉小贩的儿子丹尼尔与墨西哥总统于 1890 年在总统府会面。

那一年的最后一个里程碑事件就是，丹尼尔的次子哈里出生了。这位未来的家族掌舵人有朝一日将掌管家族企业，并且像迈耶那样，带领古根海姆家族进入他们从未梦想过的行业。

02

未来的家族掌舵人降生

THE BUSINESS OF TOMORROW

团结一心，你们就是不可战胜的。
单枪匹马，你们每个人都很容易被打败。

控制地球上最强大的矿产企业

哈里幼年时正逢家族企业的迅猛发展期。正如古根海姆家族的长期商业伙伴、金融家伯纳德·巴鲁克（Bernard Baruch）所言，古根海姆家族“放眼全球，寻找有利可图的资产，挖掘内华达州、犹他州和新墨西哥州山坡上的斑岩铜矿，在玻利维亚开发锡矿，在阿拉斯加州开发金矿，在非洲开发钻石矿，在比属刚果[①]开发橡胶种植园，在墨西哥开发铜矿、铅矿并修建冶炼厂，在智利开发铜矿和硝酸盐矿”。充满泡沫的公共市场让他们如虎添翼。债券和证券分散了风险，让他们的采矿业务形成巨大的规模经济。正如巴鲁克所言：“古根海姆家族把采矿业变成了一种投资。”

在19世纪末，铜几乎是所有投资中最有利可图的。铜缆传输线使电报时代成为可能，铜线则为电气时代的发展奠定了基础。想象一下，沿着成千上万千米的美国铁路线铺设的电报线（电报用来传递列车的时间信息以确保铁路运行准时）需要多少铜丝？从美国各地铺设通向西联汇款公司（Western Union）的电报线，以及后来铺设通达欧洲的海底电缆又需要多少铜丝？一座城市接着一座城市地建设国家电网，通向大小城镇，将交流电输送到私人住宅、公寓楼、办公楼、市政工程以及酒店，所需的铜丝数量该是多么惊人！

再想象一下其他所有需要用到铜的地方：纺织厂和化工厂、船体和机车引擎、屋顶、门把手、锁具、抽屉拉手、窗帘杆、水龙头、阀门和管道、锅碗瓢盆、钟表、硬币、医疗器械、手枪和步枪所需的弹壳，以及形形色色的军事武器和炸药。铜还被用于加热器、除霜器、无线电部件、散热器，以及公共雕塑的金属表面。举个例子，自由女神像就使用了约80吨铜。1880—1890年，全世界的

---

① 比属刚果是比利时对刚果殖民统治时期（1908—1960）对刚果（金）的称呼。——译者注

铜产量增至原先的 10 倍。这项生意大有前途。

因此，古根海姆家族找到了新的矿山，建造了新的冶炼厂，从白银大亨摇身一变成为“铜王”，但这只是 M. 古根海姆父子公司创业的开始。作为家族企业的新变体，它是为管理迈耶蒸蒸日上的矿产事业而成立的，他的 7 个儿子都是平等的合伙人。如果说古根海姆王国有一条铁律的话，那就是迈耶对“共识决策”的重视。根据家族故事，有一天，迈耶把他的儿子们召集到会议桌旁，然后就像古老的伊索寓言中说的那样，递给他们每人一根细长的棍子。他让每个儿子折断棍子，结果每根都被轻松折断了。然后迈耶又拿出一捆紧紧绑在一起的共计 7 根棍子，让兄弟们按座次传下去，看谁能把它折断。结果没有人能做到。“你们也一样，”迈耶说，**“团结一心，你们就是不可战胜的。单枪匹马，你们每个人都很容易被打败。”**

在哈里的童年时期，这种团结的力量就在一个更大的舞台上显现出来。当时正是巨型托拉斯[①]的时代，在矿业界，没有比亨利·罗杰斯（Henry Rogers）打造的托拉斯更大的了，他曾帮助创建了标准石油（Standard Oil）[②]托拉斯。罗杰斯将标准石油托拉斯作为其矿产企业的模板，整合了分散在全国各地的冶炼厂和矿石精炼厂。他将这些独立的铅、银和铜冶炼厂合并成一个类似于垄断利益集团卡特尔[③]的实体，称之为美国熔炼和精炼公司（American Smelting and Refining Company，ASARCO）。这家合并后的公司市值惊人，包括本杰明和威廉在内的一些人都认为它的股价虚高。在行业竞争中，ASARCO 对规模较小的古根海姆矿业公司集团构成了威胁。古根海姆兄弟们的回应是于 1899 年创建了自己的上市公司：古根海姆勘探公司。但是要做到这一点，所需的投资资本超过了兄弟们自

① 垄断组织的高级形式之一，由许多生产同类商品的企业或产品有密切关系的企业合并组成。旨在垄断销售市场、争夺原料产地和投资范围，加强竞争力量，以获取高额垄断利润。——译者注

② 美国历史上一家综合石油生产、提炼、运输与营销的公司，曾垄断美国 90% 的炼油业。——译者注

③ 垄断组织的形式之一，由生产相似产品的企业联合组成，为获取高额利润，在规定商品产量、确定商品价格等一个或几个方面达成协议。——编者注

己所拥有的资产——他们将不得不引进威廉·C. 惠特尼（William C. Whitney）和他的儿子这样的外人以及资产，而惠特尼等人将在董事会占有一席之地。

两年后，ASARCO 面临财务问题。其领导层向古根海姆家族施压，要求他们加入托拉斯。为了抵御对手，迈耶向最有商业头脑的儿子丹尼尔求助。丹尼尔想出了一个制敌高招：在拒绝加入 ASARCO 后，丹尼尔悄悄地策划了一系列的股票收购行动，很快就在这个规模强大的竞争对手内部拥有了控股权，从而扭转了局势。

控股 ASARCO 是一次巧妙的反击，它让古根海姆家族控制了当时世界上最强大的矿产企业。在那之后不久，古根海姆兄弟与 J. P. 摩根（J. P. Morgan）和雅各布·希夫（Jacob Schiff）联手成立了阿拉斯加辛迪加[①]，收购了阿拉斯加州的肯尼科特山及其周围数十亿平方米的土地，以便开发有史以来储量最大的铜矿之一。当然，寒冷的北极荒野地带没有任何基础设施，一切都得从零开始建设，其中包括一条 300 多千米长的横跨移动冰川和三角洲的铁路，用以连通矿山与水路。

收购 ASARCO 巩固了丹尼尔作为下一任家族掌门人的地位，但向外人开放家族企业并开始依赖公共市场，这让弟弟们感到很恼火。1901 年，威廉和本杰明辞职，从此松开了 7 根棍子的绑绳。

哈里·古根海姆出生

迈耶和芭芭拉举家从费城搬到纽约之后，他所有的儿子都把家安在了曼哈顿及其周边地区。他们现在居住在世界的金融和媒体之都。当时，全美的报纸都跟踪报道了 ASARCO 争夺战，使留守公司的五兄弟成为商业名人。实际上，古根海姆家族的成员对任何商业话题的评论都具有新闻价值。丹尼尔和他的兄弟们管

① 辛迪加是垄断组织的重要形式之一。由同一生产部门的少数大企业，通过签订统一销售商品和采购原料的协定以获取垄断利润而建立。——译者注

理着从北美洲的落基山脉到墨西哥的马德雷山脉的庞大的矿山和冶炼厂。在20世纪初，他们控制了全世界大部分的铜和约80%的银，由此获得的财富使他们能够与洛克菲勒家族、福特家族、阿斯特家族和范德比尔特家族并驾齐驱。

当时纽约的大多数富裕家庭都在城外建造或购买避暑别墅。古根海姆家族被吸引到了新泽西州的西区，那里类似于犹太人的纽波特。他们的宅邸跟塞利格曼家族、洛布家族、雷曼家族以及布卢明代尔家族的宅邸在一条马路上。迈耶喜欢玩赌桌游戏，也会在附近的蒙茅斯赛马场赌马，但从不会下巨额赌注。在那个年代，大多数人并不是出生在医院里，而是在家里。1890年8月23日，弗洛伦丝①和丹尼尔的次子哈里在西区出生了。负责接生的是伯纳德·巴鲁克的父亲西蒙·巴鲁克（Simon Baruch）医生，这位曾供职于南部邦联的外科医生也是迈耶和丹尼尔的家庭医生。哈里出生的那座房子可能是夏天租的，因为他的父母后来在西区以南的一个当时尚未建制的社区埃尔贝隆建造了自己的夏季庄园，取名弗洛伦丝庄园。丹尼尔用妻子的名字命名它，而且佛罗伦萨也是她最喜欢的意大利城市。哈里是他们的第二个孩子，哈里的哥哥M. 罗伯特比他早出生5年，而哈里的妹妹格拉迪丝则比他晚5年来到人间。

这三个孩子都在弗洛伦丝庄园避暑。庄园的入口处矗立着两头威武的白色大理石狮子。进去后，可以看到由罗马柱支撑着的巨大门厅，白色大理石地面上铺着地毯和动物皮毛，处处彰显贵族气派。在一座由棕榈树和蕨类植物环绕的喷泉旁边，摆放着庞贝风格的青铜雕像。书房的墙上裱着红色的丝绸锦缎。画廊中挂着卡米耶·柯罗（Camille Corot）、夏尔·弗朗索瓦·杜比尼（Charles François Daubigny）的作品，以及霍默·道奇·马丁（Homer Dodge Martin）的杰作《韦斯特切斯特山》（*Westchester Hills*），反映了丹尼尔对旧世界②风格的爱好。这座宅邸由设计了美国纽约公共图书馆的卡雷尔和黑斯廷斯建筑设计公司设计，该图书馆也有一对类似的著名白色大理石狮子守卫着入口。哈里和他的哥哥、妹妹以

① 其名字与意大利城市佛罗伦萨（意大利语：Firenze）的英语惯用名拼写一样。——编者注

② 旧世界指欧洲、亚洲和非洲。——译者注

及堂兄弟姐妹经常在这座庄园里玩耍——从马厩、网球场到鸡舍和两座长 120 多米的温室。丹尼尔是一位绅士园丁，颠茄百合[①]是他最爱的植物之一。

在建造避暑庄园的过程中，每一个兄弟都竭力想超过其他兄弟。距弗洛伦丝庄园不远就是所罗门的塔群庄园，那是一座如梦似幻的摩尔风格宅邸，装点着塔楼、尖塔、露台和圆顶，当地人称之为“阿拉丁宫殿”。庄园内大约有 100 个房间，来访者经常在里面迷路。二楼大厅的彩色玻璃窗上镶嵌着徽章，每个徽章都代表古根海姆家族历史上的一个重大事件。为了不被所罗门或丹尼尔给比下去，默里下令修建了属于自己的布杂艺术（Beaux Arts）风格的建筑杰作，它也是由卡雷尔和黑斯廷斯公司设计建造的。默里和妻子蕾奥妮·贝恩海姆模仿凡尔赛的大特里亚农宫，建造了有 35 个房间的豪宅。

兄弟们的豪宅被戏称为“小屋”（正如缅因州的季节性游客称他们的避暑庄园为“营地”一样）。整个夏天，哈里和他的堂兄弟姐妹都会开心地在这些建筑奇观间跑来跑去。看起来，所有人都很享受在埃尔贝隆的时光，只有一位堂亲例外。这个人就是本杰明的女儿佩姬·古根海姆（Peggy Guggenheim），她是家族中的叛逆顽童，她不喜欢这个社区，称它是“世界上最丑陋的地方”。

在成长过程中，哈里跟自己的哥哥罗伯特从来都不亲近，而罗伯特显然是母亲的宠儿。弗洛伦丝和罗伯特一样，开玩笑时喜欢冷嘲热讽，而且她总喜欢夸赞有着深邃眼眶和方下巴的罗伯特生得英俊。罗伯特为人轻浮，总是游手好闲，对待任何事情都吊儿郎当，但所有这一切似乎让弗洛伦丝更宠他，也让哈里愈发嫉妒他。

哈里反而跟堂兄埃德蒙德走得更近，那是默里的儿子。埃德蒙德比自己的第一个商业合伙人哈里大两岁。当哈里 10 岁时，丹尼尔认为是时候让儿子和埃德蒙德获得一些销售经验了。这对堂兄弟被指定负责在弗洛伦丝庄园养鸡，并把新鲜鸡蛋兜售给在纽约的一位买家，而所有这一切都是丹尼尔安排的。“一连好几

① 即朱顶红，石蒜科植物。——编者注

个月，这对年轻的合伙人照看孵化器，按照配方混合饲料，修补被一场秋季飓风破坏的鸡舍，并将鸡蛋交给他们的主要客户，也就是瑞吉酒店的经理。”销售了两年之后，丹尼尔终止了这项业务。哈里后来写道：“父亲的目的是让我们获得经商的经验，以及让我们知道赔钱是一件多么容易的事情……我们得到了经验，父亲赔了钱。”

成为“恶作剧”少年

11岁时，哈里第一次获得了向公众发表演讲的机会，不过已经没人知道他究竟说了什么。那是在费城犹太医院内一座由石灰石建造的犹太教堂的落成仪式上。这座教堂旨在纪念亨利·S. 弗兰克（Henry S. Frank），他是弗洛伦丝的妹妹罗丝的丈夫。弗兰克夫妇与丹尼尔、弗洛伦丝关系亲密，他们经常结伴出游，并一同出入埃尔贝隆的社交场合。在哈里出生的前一年，亨利去世了，弗洛伦丝的妹妹成了寡妇。哈里的中间名“弗兰克”很可能就是为了纪念弗洛伦丝已故的妹夫亨利·S. 弗兰克。

古根海姆家族是犹太慈善机构的捐赠大户，但是迈耶和芭芭拉也是纽约犹太教改革派[①]重要组织以马内利会堂（Temple Emanu-El）的成员。迈耶认为，正统犹太教习俗加剧了古根海姆家族的“分离性”，而此时他们正力图融入美国文化。他们不想成为“名字带连字符的美国人”（hyphenated American）[②]。这种与正统教派的疏离始于迈耶，在丹尼尔和弗洛伦丝那里得到延续，并传递给他们的孩子。古根海姆家族在美国的第三代就开始在无教派的私立学校上学，有些人还会与非犹太家庭联姻。

① 19世纪初在德国创立，主张将犹太教传统与现代生活和文化相协调。——译者注

② 在美国，“名字带连字符的美国人”是19世纪90年代到20世纪20年代常用的一个称谓，用来贬损在国外出生或祖先可追溯到国外、有效忠外国表现的美国公民，英文术语中通常会用连字符将表明其族裔的单词和“美国人”这个单词连接起来。——译者注

随着家族矿业帝国的发展，丹尼尔和弗洛伦丝带着他们的 3 个孩子从费城搬到了曼哈顿西 54 街 12 号一栋更大、更时尚的联排住宅中。邻居们都是些低调的人，比如那位住在隔壁的绅士。有一天他来到丹尼尔家门口，按响了门铃，用几乎是带着歉意的口吻说："我觉得我应该顺道拜访一下，大家都是邻居。"他就是老约翰·D. 洛克菲勒（John D. Rockefeller Sr.）。在春季的周末，哈里会去位于迈耶和芭芭拉家附近的家族马场消磨时光。迈耶和芭芭拉住在西 77 街 36 号的一座褐砂石宅邸中，那里和中央公园只隔一个街区，对面就是美国自然历史博物馆。

哈里和埃德蒙德喜欢在一起恶作剧，尤其是在星期五晚上的家族聚会上，受害者则是毫无戒备的叔伯婶婶们。迈耶和芭芭拉在曼哈顿的家中延续了星期五晚上举行家族聚餐的传统。在餐厅灯火通明的枝形吊灯下，20 多位古根海姆家的成员围坐在餐桌边共进晚餐。大家总是会谈论在墨西哥的日子，以及来自合作伙伴的采矿业最新消息。哈里和埃德蒙德还太小，不能在家族企业中发挥什么作用，但是有一天晚上，他们表演了一个讽刺华尔街的杂耍短剧，让迈耶笑得眼泪都流出来了。到了晚上，哈里和埃德蒙德偶尔会从前厅的某尊雕像上掰下一根手指，也曾把艾萨克伯伯的新丝绸帽子偷去当成飞盘，把它弄得破烂不堪。他们就是喜欢这样调皮捣蛋。最后，迈耶终于无法忍受，禁止这对堂兄弟同时参加这一天的聚餐，命令他们只能轮流露面。

1905 年，迈耶在佛罗里达州度假时去世，哈里和埃德蒙德上演了最后一幕逆反闹剧。当浩浩荡荡的送葬队伍离开以马内利会堂前往迈耶位于布鲁克林区塞勒姆公墓的安息之所时，哈里和埃德蒙德却逃离车队，前往附近的一家酒吧喝啤酒、吃三明治。

哈里和埃德蒙德就读于哥伦比亚文法预备学校，在那个古板守旧的地方，诸如此类的小叛逆是无法施展的。该校是纽约的精英私立学校之一，成立于美国独立战争之前，位于一家室内装潢店的后面。1864 年之前，它是国王学院（现哥伦比亚大学）的预科学校。到 20 世纪初，共有 100 名在校生，其中许多来自显赫的犹太家庭。这所学校位于东 51 街的一栋 4 层楼高的建筑内，当时的校长是本

杰明 · H. 坎贝尔（Benjamin H. Campbell），这个像是从狄更斯的小说中走出来的人物主持该校约 40 年之久。

坎贝尔校长给哈里留下了难以忘怀的印象。他是一位身材矮小、长着一双“鹰眼”的绅士，外表“十分可怕”。他在股市上的表现相当成功，他住在新泽西州伊丽莎白市的一座维多利亚式豪宅里，每天的晚餐由一位年迈的男管家提供。坎贝尔多年来一直穿着那套维多利亚时代的外套，戴着同样具有年代感的帽子，他从未召开过教职员工会议，并且厉行节约，“每一张小纸片都会被保存好，每一根长长短短的绳子都会被仔细地卷起，以备将来使用”。没有人能获准进入他的办公室，就连校长助理也不例外。很显然，坎贝尔如此重视隐私，是因为不想让人听到他接私人电话，那部电话是他为了在交易时间与华尔街经纪人保持联系而特意安装的。如果他当时购买的是古根海姆勘探公司的股票，那他一定赚了不少钱。

在哥伦比亚文法预备学校的岁月里，哈里茁壮成长。14 岁时，他成为该校文学和辩论协会会长，在反对保守党政治方针的辩论中获胜。哈里的父亲丹尼尔身材矮小，胸肌发达，看上去就像个消防栓。但哈里却与他不一样，他身材瘦削，皮肤呈黄褐色，脸上最引人注目的是一双淡蓝色的眼睛。他的手指修长，就像钢琴演奏家的手指一样。哈里参加了学校的曲棍球队和橄榄球队，有一年春天，他还在学校的田径比赛中获得了 12 磅（约 5.4 千克）级别的铅球比赛第一名。高中三年级时，哈里成为哥伦比亚文法预备学校汽车俱乐部的成员。学校记录显示他驾驶过两辆车：一辆 1906 年的梅赛德斯和一辆马什车。马什车看上去就像一辆自行车，只是在车架中间有一台小型单缸发动机。

那个年代还没有驾驶培训这回事，哈里和埃德蒙德开车在纽约兜风和前往埃尔贝隆时，并没有特别注意交通法规。在 3 年的时间里，这两个少年因超速驾驶共计被逮捕过 4 次，还出过一起车祸。15 岁时，哈里因在斯塔滕岛超速驾驶被捕，他是被一名非常恼怒的骑自行车的警察拦下的。这名警察缓过气来之后，向哈里解释了法定限速是每小时 13 千米，而哈里的车速达到了每小时 64 千米。埃德蒙德则在自己的堂弟出庭前为其提供了 100 美元的保释金。

哈里 17 岁那年的一个冬日，他和埃德蒙德在曼哈顿西区的百老汇大街上兜风时，看到一群他们认识的男孩在人行道上争吵。埃德蒙德把车停在路边，加入了口水仗。由于大家都在大喊大叫，所以兄弟俩没有注意到一辆有轨电车正从后方大约 140 米处向他们驶来。埃德蒙德试图重新发动汽车，但发动机无法启动。片刻之后，电车全速撞上他们的车尾。兄弟俩都飞了出去，好在两人都没有受重伤。后来，当埃德蒙德在两年内第 3 次超速行驶时，他被判处在纽约市臭名昭著的图姆斯监狱服刑一天。但是埃德蒙德很幸运，判决于下午 3 点宣布，而图姆斯监狱则于下午 4 点关闭。他只服了 35 分钟的刑。

1907 年初，丹尼尔和弗洛伦丝看到他们的邻居洛克菲勒加速购入附近的住宅，其中包括古根海姆家族所在街区的 10 处房产。于是哈里的父母决定换一下口味，他们搬到街拐角的瑞吉酒店的一个套房中。瑞吉酒店是约翰·雅各布·阿斯特（John Jacob Astor）新建的一座豪华酒店。它高 18 层，可以俯瞰附近的范德比尔特家族和洛克菲勒家族的宅邸。丹尼尔和弗洛伦丝的孩子们不仅能得到他们自己私人管家的照顾，还能得到酒店客房和厨房工作人员的服务。在酒店里度过童年并不适合哈里或他的妹妹格拉迪丝。来来往往的旅客、此起彼伏的电话铃声、络绎不绝的行李，这一切变成了一种无休止的烦恼。酒店的服务人员经常会打断他们正在做的事情。孩子们通常从客房服务菜单上点餐，但客房服务菜单上的菜品却很少有变化。

高中毕业后，哈里和埃德蒙德又开始了一次长途旅行，这次是去爱达荷州。两个人在古根海姆家族和哈里曼家族共同拥有的一个营地钓鱼打猎。当时哈里已经决定将在那年秋天进入耶鲁大学谢菲尔德理学院，约翰·海斯·哈蒙德偶尔会在那里授课。丹尼尔打算培养哈里进入家族企业，就像迈耶当初培养他一样。回到纽约后，哈里在谢菲尔德理学院开始读大学一年级，学习冶炼方面的基础知识：如何鉴定银，反射炉和电解精炼的工作原理，镉和汞的提取方法，以及矿山各类机械的使用方法。他参加了越野队、田径队和枪械俱乐部，他是一名成绩平平的射手，那年秋季排名第五。他还参加了戏剧协会的选拔，但似乎也没有获得演出名额。哈里对耶鲁的网球队更感兴趣。在埃尔贝隆度过的那些暑假里，他已经成长为一名天才球手。然而，在学院里他却碰了壁。耶鲁的网球队没有接纳哈里，据说是一名反犹太主义的教练断然拒绝接收他。耶鲁大学的记录中几乎没有关于他大一时的其他资料。但在第一个学期，他和父亲谈到了暂停接受正规教育的问题。因为他遇到了一位年轻女子，他想尽快结婚。经过仔细考虑，丹尼尔同意他休学，条件是哈里得去家族的一座采矿场当学徒。哈里痛快地接受了这一条件，也许他认为在古根海姆采矿场或冶炼厂工作一星期比上一学期的理论课更有收获。

如果哈里选择在美国国内安全状况良好的采矿场本也不是什么难事，但是父辈们在墨西哥的传奇事迹时常激励着他。**所以，为什么不去一个遥远的地方体验一下属于他自己的冒险人生呢？**不管动机是什么，总之，他似乎得到了父亲的认可，接到了一项去美国以南地区的工作任务。因此，哈里在一个学期后离开了耶鲁大学。他打包了几箱个人物品，便前往古根海姆家族在墨西哥的矿业中心阿瓜斯卡连特斯。

去体验冒险人生

要抵达阿瓜斯卡连特斯，哈里首先需乘火车去得州西部的埃尔帕索，然后转到当时由一个美国商业辛迪加控制的墨西哥中央铁路上。在这条路线上，他乘坐的很可能是丹尼尔的私人火车“星光号”，当年他父亲就是乘坐这列火车前往墨西哥城的。这列火车算得上是火车版“空军一号”，在布局上与他叔叔所罗门的私人火车的相似，车厢长大约 25 米，其中一端有一个瞭望室，中间有两个套间，包括卧室、浴室和一个大餐厅，另一端有一个食品储藏室、厨房以及服务人员的休息室。

这趟穿越墨西哥的火车之旅让有关家族企业的一些传说变得生动起来。车窗外掠过的风景是哈里在新英格兰[1]从未见过的：高大的萨瓜罗仙人掌林、成片的棉白杨、火红的墨西哥刺木花，以及金黄色的沙漠金盏花。地平线上耸立的山峰似乎达到了某种极致。当哈里抵达目的地时，他发现那是一座建在火山丘陵上的城镇，可以俯瞰阿瓜斯卡连特斯河。那里的温泉几乎吸引了全墨西哥的家庭，一些人冲着温泉水的医疗效果来到这里，另一些人只是为了洗衣服。镇上最古老的温泉水在古老的石砌浴室里流淌着。每扇门上都刻着施洗者圣约翰[2]及其门徒的名字，在每位门徒名字旁边都标注着水温。当你走进去时，会有一个小男孩端着一个托盘走过来，托盘里放着折叠整齐的毛巾、一块凹凸不平的方形粉红色肥皂和一把龙舌兰纤维软毛刷。

哈里一定曾在镇上的十几个广场上逛过，也曾步行穿过郁郁葱葱的圣马科斯花园和伊达尔戈广场。阿瓜斯卡连特斯的居民以各种简单的方式消磨时光：老年男子坐在树荫下面卖马毛帽子；裹着华丽毛织布的年轻女子围坐在小桌子旁，乌黑发亮的头发整齐地扎在脑后，伴随着她们的穿针引线的娴熟动作，一件件色彩鲜艳的绣品渐渐成形。

阿瓜斯卡连特斯城外是大片的农田，盛产玉米、小麦、大麦、黑豆、鹰嘴豆和扁豆。镇上设有邮政电报局，镇上的人们还与附近各州其他城镇的人们进行陶器和皮革制品的交易。这里的酿酒厂生产仙人掌酒，这是一种用鲜红仙人掌果酿造的烈性酒。如果有钱乘坐电车的话，有轨电车可以从小镇东边一直开到主广场，然后再开到坐落在镇子西北约 8 千米处的古根海姆家族的冶炼厂。

纽约的记者很快就获悉了哈里在阿瓜斯卡连特斯的任务。一个新闻标题将此概括为“冶炼厂托拉斯未来的老板从临时工干起”。哈里的早期工作的确不起眼，“尽管父亲非常富有，但是年轻的古根海姆在就业问题上并没有得到当地官员和冶炼厂员工们的支持……据说，当他乘着私人火车来到这里，向当地工厂经理申

① 位于美国大陆东北角，濒临大西洋、毗邻加拿大的区域，包括缅因、新罕布什尔、佛蒙特、马萨诸塞、罗得岛、康涅狄格 6 州。——译者注

② 曾为耶稣施洗。——译者注

请一个职位时，他被告知唯一的空缺是在矿石仓，他不得不在那里与一群衣衫褴褛的墨西哥穷人一起工作”。

上班的第一天，哈里穿着蓝色工装裤和棉质套头衫，戴着一顶硕大的墨西哥阔边帽来到矿石仓。他还带了饭——一些墨西哥玉米卷，装在一个旧猪油桶里。他观察并学习如何分选矿石，体力劳动让他背部和手臂的肌肉都变得结实了。哈里的工资是每天 1 美元，有两名上司，一位是古根海姆在阿瓜斯卡连特斯的冶炼厂的助理主管 B. T. 科利（B. T. Colley），他是个和蔼可亲的苏格兰人，很擅长钓鳟鱼；另一位是威廉 · C. 波特（William C. Potter），他在 1905—1911 年担任 ASARCO 南方区域的总经理。波特比哈里大 15 岁，来自新英格兰的一个旧殖民者家族，高高的额头、又尖又长的鼻子和双下巴使他看上去很严厉，就好像一直在怒目而视似的。一开始，波特从不与哈里闲聊，他只是全神贯注地工作。但随着时间的推移，哈里开始熟悉和钦佩他的上司。他还与波特文静而充满艺术气质的妻子卡萝尔相处得很好。哈里第一次见到卡萝尔可能是在一次去 ASARCO 的墨西哥城办公室拜访波特的时候。

哈里的日常工作包括接待波特聘用的一位西班牙语私人教师。哈里通过邮件把他在阿瓜斯卡连特斯学到的东西告诉父亲。在丹尼尔写给哈里的很多早期信件中，充满了关于如何取得成功的建议和看法。丹尼尔在信中写道，对一个年轻人来说，重要的是心智的培养。他给哈里寄去了大量书籍让他阅读。哈里反过来也会向父亲推荐一些书籍，其中一本是经典悬疑小说《华尔街男人》（*The Man from Wall Street*）。丹尼尔显然不喜欢小说，他讨厌这本书，在回信说：“谢谢你的礼物……但我不欣赏这本书。生命苦短，读这种毫无价值的东西纯属浪费时间。”

在给哈里的另一封信中，丹尼尔写道：“现在被虚度的夜晚在你今后的岁月中不会带来任何回报。”丹尼尔殷切希望儿子能完全接受自己所信奉的“要给家族带来成功”的价值观。**“在我看来，目前你生活中遭遇的这么多失败，”他写道，“是因为你缺乏韧性。”**另一封信中，丹尼尔提到了家族产业的传承：“我期待着你在不太遥远的未来接手我的工作。我坚信你是个有头脑的人，也希望你能不断加强自己对韧性的培养。”

在墨西哥的日子里，哈里蓄着夸张的八字胡，像所有墨西哥工人那样。当他离开阿瓜斯卡连特斯前往各个矿场进行实地考察时，他通常会先乘坐火车，然后跟着骡马队走完剩下的路程。在西北部，长途跋涉穿越索诺兰沙漠是一项艰苦的体能考验，即使对一个将满 20 岁的年轻人来说也是如此。汗水从他的额头上流下来，他的双腿因为骑了几个小时而感到酸痛。像这样的跋涉需要十几头骡子和马、一名侦察员，可能还需要几名工程师、一名翻译和一位厨师，组成一支队伍。在这样的旅途中，本身就行动缓慢的商队还常常会停下来，开始煎熬而漫长的等待，直到前方约 1.5 千米处的侦察骑手发出信号。如果前方区域没有土匪或敌对势力，侦察员就会在空中挥舞手帕，示意一切安全。然后，一众人马才可以继续前进，最终到达古根海姆家族的众多铜、银、铅或铁矿场之一。将近傍晚的时候，菜豆和玉米薄饼就是他们的主食。肉很稀缺，因为猎杀动物需要枪支，但枪支十分昂贵。土生土长的墨西哥人能够从很远的地方用回旋投掷棒击中兔子，有墨西哥人的商队伙食相对会好些。当然，哈里这一队人马不必为此担忧，他们一般会携带比较丰盛的食物，比如牛肉干、罐装蔬菜和果脯。

古根海姆家族的矿场地点一直延伸到墨西哥边境和西马德雷山脉的高原区，以及墨西哥的萨卡特卡斯、瓜纳华托、帕丘卡、卡托尔塞、马特瓦拉等矿业城镇。即使拥有古根海姆家族的现代采矿方法，这些地方的工作条件对任何初来乍到的人而言都是令人震惊的。对哈里来说，这是一种奇特的体验：在高海拔地区穿越美丽的沙漠峡谷和郁郁葱葱的松林，最后抵达一个小山谷，那里到处挤满了工人的棚屋，迎接他的是捣碎机发出的连续不断、震耳欲聋的轰鸣声。

大多数采矿工人都是来自农村地区的合同制的非技术工人。工人的工资是按任务或工作量来支付的，而非日薪制。哈里看到了矿山技术的转变：从手动钻到气动钻，每一个矿坑本质上都是一条装配线。在银矿场，人们会在山坡水平方向挖掘一条深入的隧道，然后通过爆破造一口竖井。供人们从竖井往下爬的原木梯被称为“鸡梯”，它由长长的凿出凹槽的松木制成。银矿的矿脉延伸到哪里，凿出的竖井就会到哪里。竖井开采是一项危险的工作，由墨西哥人和其他外国工人去做，他们在通风不良的竖井中辛苦劳动，很容易遭遇塌方或水淹。工人们用钢制的尖铁棒敲碎大块矿石，并将其扔进巨大的牛皮袋中。然后，一袋袋的矿石会被拉上去，运到捣碎机那里。那个设备其实就是一台机械的岩石压碎机，可以将矿石粉碎成小块。重型捣碎机看上去很像底部套着铁鞋的垂直杆，在震耳欲聋的声音里它们先升起后落下，砸在矿石上，与此同时，灰尘从这个两层楼高的木质框架的装置中滚滚而出。尽管这种采矿工作和精炼方法看上去很原始，但它们却引领了墨西哥的现代化经济发展。

当哈里于 1909 年夏天回到美国后，他的八字胡保留了一阵子，家里的舒适环境一定令他有一种奢侈的感觉。和许多 19 岁的年轻人一样，他喜欢汽车和女孩，所以自然而然地，他邀请一位去墨西哥之前就认识的年轻女子在新泽西州朗布兰奇的夏季马蒂·格拉斯狂欢节上作为他的约会对象。狂欢节会举办汽车比赛和一项花车游行的顶级竞赛。哈里没有参加那年夏天的汽车比赛，但他参加了花车游行竞赛。参赛者们把自己的房车装饰成大小不同、形状各异的奇特花车。有一辆被改造成莱特兄弟试飞的第一架飞机的模样，还有一辆被巧妙地设计成一艘巨大的帆船造型。竞争十分激烈，哈里全力以赴，这可能也是为了给约会对象留下深刻印象吧。他的花车是一只巨大的紫色“天鹅”，它那弧形的脖颈在 6 米高的空中摆动，据说它的翅膀和身体上装饰了大约 4 000 朵紫丁香绣球花。当它在大道上徐徐驶过时，一位评论家大加赞扬：“天鹅长长的翅膀在微风中壮丽地摆动着，加上高耸的脖颈和低垂的头颅，看上去栩栩如生。”毫无疑问，这是人们在新泽西州见过的最大的“天鹅”。

哈里和他的约会对象海伦·罗森伯格（Helen Rosenberg）依偎在天鹅背部的驾驶座上。她比他大 4 岁，是德国犹太移民的女儿。两人沿着游行路线缓缓行驶，并向欢呼鼓舞的人群挥手致意。评委们也被深深打动，哈里和海伦获得了第一名。加冕的花车游行的“国王”和“王后”于次年结婚。

但是哈里得先完成他的墨西哥学徒生涯的最后阶段。在这个阶段，他在古根海姆公司的墨西哥城总部工作，学习研究古根海姆矿业公司的管理方法。他的办公室距离迪亚斯总统的豪宅查普特佩克花园只有几个街区。当时在墨西哥城内谣言四起，人们称革命即将到来，迪亚斯政权可能很快就会被推翻。弗朗西斯科·马德罗（Francisco Madero）是一位富有的地主，也是墨西哥一个精英家族的后裔，他在那一年的选举中向迪亚斯发起了挑战。马德罗获得了广泛的支持，看上去似乎能赢。但就在选举前，迪亚斯下令逮捕了自己的对手。马德罗成功越狱，逃到了美国得州，他在那里呼吁对迪亚斯发动武装暴动。支持马德罗的人中就有外号“潘乔”的弗朗西斯科·比利亚（Francisco “Pancho” Villa）[①]将军，他是北方一支庞大新兵部队的领导人。

在墨西哥，人们对马德罗推行的民主改革计划十分推崇。对古根海姆家族来说，他是否执政是个未知数。马德罗一直对迪亚斯总统与欧美商业利益集团达成的私下交易持强烈的批评态度。新任执政者将如何与外国投资者打交道？鉴于迪亚斯和马德罗之间一直僵持不下，哈里匆匆返回了纽约。

1910 年 11 月初，哈里和海伦前往纽约市政厅领取结婚证。海伦 24 岁，哈里只有 20 岁[②]，所以必须征得丹尼尔和弗洛伦丝的同意。当时海伦和她的家人以及若干仆人住在曼哈顿，她父亲是个丝绸制造商，收入颇丰。婚礼在女方家举行，只有家庭成员出席，总共来了约 50 名宾客，埃德蒙德是伴郎。这对夫妇选择不举办婚礼宴会，因为他们没兴趣效仿古根海姆家族其他成员那些华丽的婚礼。

到这时，哈里的学徒生涯就算结束了，他决定去国外继续学业。丹尼尔有个英国朋友的儿子在彭布罗克学院上学。这所学院是剑桥大学第三古老的学院，它拥有一支优秀的网球队。哈里和海伦都很喜欢这个计划，几个星期后，他们便乘船前往英国。

① 后文直接写为“潘乔·比利亚”。——编者注

② 当时的美国男性未满 21 岁需征得父母同意才可结婚。——译者注

03

做好迎接未来的准备

THE
BUSINESS
OF
TOMORROW

金钱是一种将现在与未来联系起来的微妙工具。

初入剑桥

1910年11月下旬，哈里和海伦登上了英国皇家邮轮“卢西塔尼亚号”，转道利物浦，然后再前往剑桥。这趟旅程给了哈里足够的时间来考虑接下来在英国的日子如何度过。彭布罗克学院占地2万多平方米，就像一个小小的花园，坐落在剑桥市中心的南面，距离剑河很近。剑河实际上是一条很浅的运河，它将剑桥隔开，各所学院分布在水道的两侧。几十年来，学生和游客们都会泛舟剑河，船尾站着一位威尼斯风格的导游，将篙撑到铺满碎石的河底，轻轻地推动船前进，这就是“剑河撑篙”。在这条游览路线上能看到著名的“学院后花园”，即圣约翰学院、卡莱尔学院、三一学院和麦格达伦学院等的后部。最引人注目的是国王学院礼拜堂，那哥特式尖顶直刺苍穹，奢华宏伟。礼拜堂始建于15世纪末玫瑰战争[①]时期。在过去的500年里，这条小水道两侧的景致基本上没有什么改变。

哈里来到了一座古老的英国教育殿堂。彭布罗克学院是剑桥的一所成员学院，由彭布罗克伯爵艾默·德·瓦伦斯（Aymer de Valence）的富有遗孀玛丽·德·圣波尔（Marie de St Pol）于1347年平安夜创建。那一年，她获得了爱德华三世国王颁发的建立“学者之家”的许可证。就像大家知道的那样，这位著名的女创始人创建了彭布罗克学院以“拯救她的灵魂”，还有她已故丈夫和其他亲属的灵魂，并纪念她的婚姻。当时，剑桥大学一共只有4所学院。

在接下来的20年里，这位女创始人寻求救赎的愿望与日俱增，她在彭布罗克学院的南边扩建了一座花园和草坪，还建了一座小礼拜堂。这是剑桥的第一座礼拜堂，由马修·雷恩（Matthew Wren）资助，由他那曾设计过伦敦圣保罗大教堂的侄子克里斯托弗·雷恩（Christopher Wren）完成。彭布罗克学院当时大约有

① 英王爱德华三世的后裔为争夺王位而发生的内战。——编者注

30 名学者，他们拥有生活区、厨房和餐厅、学者住宅还有一名理发师和一名洗衣女工。中世纪的教育采取授课和辩论的方式，注重艺术和神学。彭布罗克学院的第一批学者也被称为校董，他们彼此共享房间，讲拉丁语，并遵循女创始人影响深远的道德准则。比如，举办酒会和邀请外来客人的行为均会被劝阻，校董必须准时还清所有债务，在任何时候他们都要“避免私下发牢骚”。

神学是剑桥所有成员学院的试金石，彭布罗克学院在其最初的 300 年中培养出了 22 位主教，超过了它的姐妹学院。他们中的大多数人都曾担任过院长。其中一位彭布罗克院长尼古拉斯・里得雷（Nicholas Ridley），后来担任伦敦和威斯敏斯特的主教，是彭布罗克学院当时最著名的历史人物。里得雷是新教最重要的思想家之一，也是英国最有影响力的神职人员之一，连国王都会去听他布道。然而，16 世纪中叶，由于教派之间的矛盾，他成为新教的殉道者。

在爱德华六世国王去世之前的一次布道中，他称王位推定继承人玛丽和伊丽莎白公主为私生女。里得雷被指控为异端，被捕后被囚禁在伦敦塔中。他意志坚定、固守原则，拒绝公开宣布推翻自己的观点。1555 年 10 月，里得雷和另一位新教教徒伍斯特主教休・拉蒂默（Hugh Latimer），被带到牛津贝利奥尔学院对面的一个地方处以火刑。这位前任校长的惨死在彭布罗克学院以各种方式被人们铭记。从一座古老的拱门穿过就通向里得雷步道，那里有一块纪念他殉道的牌匾，校园其他地方也挂着他的肖像。自里得雷的时代以来，彭布罗克学院培养了一些杰出的外籍人士和校友：首相威廉・皮特（William Pitt，即小皮特），罗得岛殖民地创建者罗杰・威廉姆斯（Roger Williams），原以色列外交官阿巴・埃班（Abba Eban），音频界先驱瑞・杜比（Ray Dolby），以及被暗杀的英国国会议员乔・考克斯（Jo Cox）。

1911 年初，当哈里开始在彭布罗克学院上课时，他一定觉得自己是个时间旅行者。初来乍到的他在彭布罗克学院周围的道路上散步时，会看到 7 个世纪以来的各种建筑。他会遇到中世纪的庭院和精心维护的草坪、品位高雅的花园，以及两旁是玫瑰花丛和藤蔓植物的鹅卵石小径。在特兰平顿大街，他会惊叹于剑桥最古老的门楼——14 世纪门楼，以及拱门上方宏伟的彭布罗克盾徽石雕。穿过那道门，他会看到由老法院最初的小礼拜堂改建而成的图书馆，还有建于 17 世纪 60 年代初的雷恩礼拜堂，由附近隐约可见的新哥特式维多利亚钟楼默默守卫着。

刚进彭布罗克学院那段时间，他想象同学们会把他看作"奇葩"或"异乡人"。在很多方面他确实是这样。在彭布罗克学院大约 100 名学生的班级里，他是唯一的美国人，也是那一年剑桥大学仅有的 10 个美国人之一。所有学生都被要求去参加礼拜，但是哈里的犹太血统被允许可以不参加。作为一对已婚夫妇，哈里和海伦不能在彭布罗克学院与年轻人共享公共宿舍。不过没关系，丹尼尔在校园附近为他们找到了一处独特的住所。

哈里一抵达，人称"查皮"（Chappie）的学校总管家阿瑟·查普曼（Arthur Chapman）就向哈里提出了一些个人建议。哈里回忆说，查皮告诉他：**"古根海姆先生，这个世界上有两种人：一种是有头脑但没钱的人，另一种是有钱但没头脑的人。有头脑的人总是试图把没头脑的人和他们的钱分开。"**哈里充分领会了这句忠告的意思：你现在是我们中的一员了。哈里积极与那些后来成为彭布罗克学院传奇人物的人建立了良好的关系，其中一位就是他的导师——校董威廉·谢尔顿·哈德利（William Sheldon Hadley）。哈德利几十年前就来到该校，是一位研究古希腊和古罗马文学的学者。

在彭布罗克学院，导师们整个学期都会与自己的学生见面，他们既是学术顾问，也是学生与学院其他部门的联络人。哈德利身材敦实，眼距很近，蓄着灯罩般的髭须，天生爱开玩笑，但又智力超群。跟他一起喝茶时，谈话可能会演变成关于"欧里庇得斯戏剧被误解的本质"的长篇大论，就像是哈德利用演员般夸张的动作发表了一篇迷你专题论文。哈德利还以其非凡记忆力而闻名，他对每年新生的姓名、来自什么学校、获得过什么学位都一清二楚。有了哈德利这位导师，哈里在见到大多数同学之前就已对他们有所了解。哈里和他很亲密，这种友谊后来持续了很多年。

另一位对这位来自美国的新生有很大影响的是亨利·戈登·库默（Henry

Gordon Comber），他也是一名非凡的校董。这位粗壮结实的绅士长着一双锐利的黑眼睛，宽阔而浓密的髭须和他巨大的秃顶组合在一起，构成了一个锚的图案，很像一个人形攻城锤。和哈里一样，库默在十几岁时曾休学 3 年去拉丁美洲工作。他在智利瓦尔帕莱索工作，他的父亲在那里当律师。后来他进入彭布罗克学院读本科，比同学们年长几岁。彭布罗克学院的大多数人都亲切地称他为“老伙计”。

当时，彭布罗克学院的学生来自英国各地的独立寄宿学校和走读学校，如哈罗公学、切特豪斯公学、奥登汉姆学校、马尔文中学、马尔伯勒学校等。“老伙计”来自马尔伯勒学校，曾是校曲棍球队队长，对大学比赛的热情高涨。如果说哈德利是哈里在学术方面的导师，那么库默就是他在运动方面的导师。“老伙计”是一名十足的运动狂，曾两次担任曲棍球队队长，也是全英草地网球俱乐部的推广人，而草地网球正是哈里在埃尔贝隆避暑时特别擅长的一项运动。他和库默很可能曾在彭布罗克学院的草地网球场上一同消磨过时光，并交流过各自家族在智利和墨西哥所取得的成就。库默很可能嘲笑过哈里，说哈里去了错误的国家当学徒。智利的政治体制相对稳定，尽管它与墨西哥一样也饱受贫困之苦，但对于曾在革命狂潮中的墨西哥艰难跋涉的哈里而言，智利听起来就像是一座拉美天堂。

求学时光与乌托邦般的生活

哈里对库默的网球比赛更感兴趣，他们在一些彭布罗克学院大多数网球手都不知道的私人球场上打网球。这些球场位于丹尼尔为哈里和海伦租的住宅里，这座一如既往豪华高档的住宅是学校附近一座有 17 个房间的庄园，叫作莱克汉普顿庄园。它是由一位叫作弗雷德里克·迈尔斯（Frederick Myers）的督学和他的妻子伊夫琳于 19 世纪 80 年代建造的。伊夫琳是一位才华横溢的肖像摄影师，她的作品收藏于伦敦的英国国家肖像馆。该庄园占地约 2.4 万平方米，仅供一名学生和他的妻子住，可谓大得离谱，因为这大约相当于彭布罗克学院本身的面积了。当然，丹尼尔还为哈里和海伦找了 5 个仆人：家庭女佣、客厅女佣、厨房女佣、女主人的贴身女仆以及厨子。此外，有两名佃农常年居住在这里，他们是一对园丁夫妇，住在附近他们自己的小屋里。

迈尔斯督学去世后，他的妻子伊夫琳大部分时间都待在自己母亲在伦敦的家里，因此他们的庄园可供出租。莱克汉普顿庄园是模仿科茨沃尔德庄园的风格建造的，包括供家人和客人使用的楼上卧室、可以俯瞰花园的阳台、通向一楼游廊的会客厅、朝南的书房、起居室、餐厅以及仆人宿舍。需要着重强调的是网球场，设计莱克汉普顿庄园的伦敦建筑师是一名剑桥蓝色勋章（剑桥蓝色勋章被授予在任何运动中获胜以及在与牛津运动队的年度比赛中获胜的剑桥运动队队员）获得者，后来他在伦敦设计了精美的女王俱乐部球场。

海伦应该很享受在迈尔斯家花园的广阔空间里工作和休闲，伊夫琳·迈尔斯很可能把她介绍给剑桥上流社会的名媛们，这一点对海伦来说至关重要。哈里有课要上，有社交性的户外出游活动，还要花时间和像哈德利和“老伙计”这样的导师在一起。年轻的古根海姆夫人在剑桥期间的生活会是什么样子呢？关于海伦和哈里到来之前的那个时代，格温·雷夫拉特（Gwen Raverat）① 在其刻薄的回忆录中是这么写的：“这是一个乌托邦，有茶会、晚宴、划船比赛、草地网球、古董店、野餐、新帽子、风流倜傥的美男子、美味的食物和服务周到的仆人。”几十年间，剑桥的社交生活几乎没有什么变化。

接受凯恩斯的私人指导

在春季学期的每个星期二，哈里在莱克汉普顿庄园的一天会从清晨开始。他身材瘦削，依然蓄着拉美风格的八字胡。这个时间他总是穿着网球服，与学院网球队的 6 名成员中的一名或多名打比赛，“老伙计”很可能对哈里的打法和底线防守的动作以及明显的脚部犯规倾向颇有微词。在莱克汉普顿庄园，哈里可以进

① 英国艺术评论家、雕刻师和图书插画家，“进化论的奠基人”达尔文的孙女。——编者注

行全面练习：半截击球，上旋球，削球。每天的训练安排大大提高了他的竞技水平，这可比在墨西哥的烈日下骑几个小时的骡子要有意思多了。

清晨打完一场比赛之后，哈里会和海伦一起吃早餐。从莱克汉普顿庄园出发，沿着西奇威克大道步行 15 分钟就可以抵达教室，那是一条宽阔静谧的道路，两旁栽着小梧桐树。这条路通向横跨剑河的一座铸铁桥，过了桥就是剑桥的中心区。在古老校园中世纪迷宫般的街道上行走，可以看到剑桥的许多成员学院，每个学院都有一座雕刻精美的门廊，上面刻着该学院的盾徽，每个学院都是一块由皇家特许状授予的小型领地。

在星期二和星期四，哈里会步行或骑自行车去一个演讲厅，上午 10 点凯恩斯会在那里授课。后来，凯恩斯的理论改变了世界经济模式，他的思想指导了罗斯福总统及其实施的新政。在那段日子里，凯恩斯是以即兴演讲的方式进行授课，而不是像后来那样拿着讲稿照本宣科。在那个类似圆形剧场的演讲厅内，哈里和他的同学们坐在按阶梯式布置的长木凳上。不过，凯恩斯极受欢迎的证券交易课吸引的人数众多，学生们常常只能站着听课。

哈里还会去特兰平顿大街上的国王学院拜访凯恩斯，接受他的私人指导。对凯恩斯来说，私教是一项有利可图的副业，但是他鄙视私教，不是因为他不喜欢学生，而是因为私教会占用他一部分时间。当哈里来到凯恩斯位于韦布大楼的 3 居室办公室时，可能会注意到一堆新出版的英国颇具声望的《经济学杂志》（*The Economic Journal*），那时凯恩斯刚刚被任命为该杂志的主编。哈里一定也会注意到一幅四块嵌板的壁画，上面画着裸体的葡萄采摘者——丰收季节，男男女女们在葡萄园里尽情地嬉戏。这幅后印象派裸体画作是由凯恩斯当时的情人邓肯·格兰特（Duncan Grant）创作的。用完茶点之后，凯恩斯会将瘦高的身躯靠到软垫椅上，开始谈论货币市场或外汇的运作机制。这是一种苏格拉底式的、用问题来推进的对话。凯恩斯有点儿口吃，但这无关紧要，他才智超群，别人不可能在任何辩论中击败他。凯恩斯主义对哈里这个年轻人几乎没有任何影响，因为在哈里成长的家族里，所有叔叔都是赤字鹰派[1]。他们认为政府对私有企业应该采取自由放任的政策，对政府引导的投资或累进税几乎没有任何信心。但在另一方面，凯恩斯坚信商界具有制订议程的权力，该信念对哈里可能很具吸引力。"金钱……首先是一种将现在与未来联系起来的微妙工具。"凯恩斯如是说。

哈里的业余爱好主要是打网球和划船。他似乎没有加入剑桥的任何秘密社团。哈里成功加入了夜间攀登者俱乐部，拜伦勋爵[2]曾经也在这个俱乐部里。哈里大概很欣赏夜间攀登者总是穿夹克打领带，即使在闲暇时间攀登教堂尖顶时也不例外，而且他们总会在最高处留下一些小物件来证明他们的壮举。另外，哈里还喜欢去一个场所消磨时光，那就是万圣街上的精英阶层经常出入的霍克斯俱乐部，他一般是作为亨利·卡莱尔·韦布（Henry Carlyle Webb）的客人受邀而至。大伙儿管韦布叫卡莉，他是该俱乐部会员，也是哈里在彭布罗克学院网球队的双打搭档。

韦布和哈里一样，也是个怪人。韦布就读于剑桥大学基督学院，可能是唯一一个在自己上大学期间碰巧就拥有了一所大学所有权的学生。多年前韦布的父亲因肺炎突然去世，韦布继承了英格兰北部的一所农业大学。该校在当时是一个激进的机构，由业余农民创办，为负担不起皇家农业协会费用的北方人提供一种替代选择。很显然，除了小时候在埃尔贝隆搞过一个"养鸡场"，哈里并不具备韦布在作物轮作和家禽科学方面的渊博知识。但在网球场上，他们是"天作之合"，彼此的球技不相上下，配合默契。在双打比赛中，他们很快成为一对强大的组合。

尽管哈里很热爱网球，但是彭布罗克学院崇尚的智识文化让这位来自纽约的大一新生感觉自己来对了地方。和哈德利一起喝下午茶绝不会让人感到乏味。哈里的导师似乎一心想在英国搜集尽可能多的法国历史文献，这一点可以从他个人

---

① 对财政赤字极其关注，对消灭赤字持强硬态度的人士。——编者注

② 拜伦勋爵，即乔治·戈登·拜伦（George Gordon Byron），英国浪漫主义诗人，代表作《唐璜》。——编者注

图书馆中 1 700 部相关书籍中得到证明。众所周知，他有时会激情四射地讲述自己收藏的回忆录、叙述史、罕见的手稿以及按时间顺序记录法国大革命的期刊（其中包括英国视角的历史解读）。他的藏品包括 18 世纪 90 年代的法国杂志和路易斯－玛丽·普鲁多姆（Louis-Marie Prudhomme）编辑的早期插画报《巴黎革命》（*Revolutions de Paris*）。哈德利对中世纪法国文化，尤其是其艺术和建筑方面有着浓厚的兴趣，哈里很可能是在导师这里第一次接触到这些理念，这些理念在 10 年后启发他在美国长岛的沙点建造了自己的法莱斯庄园。

每天晚上，哈里会去参加被称为“Hall”（大厅）的晚宴，在那里，殉道者里得雷和其他前院长以及彭布罗克的先祖守护者的油画肖像目光炯炯地凝视着大家。中世纪的用餐礼仪基本上都被传承了下来：赴宴需要穿着长袍，每顿餐前和餐后都要进行感恩祈祷。校董们坐在高桌旁，在他们中间传递着一个银色的高脚杯和一个调菜盆，往餐巾上倒一点水擦脸。晚餐后，最后一位出席的校董离开前会按惯例鞠躬。

在莱克汉普顿庄园，哈里和海伦生活在园艺家的梦想世界中，这要感谢房子先前的居住者。迈尔斯夫妇留下的花园是剑桥众多令人叹为观止的花园中的精品，那里种植了黄百合、紫丁香和多花蔷薇、三色堇、玫瑰、蜀葵、番红花、郁金香、金鱼草、桑葚、金盏花、牡丹、杜鹃花和水仙花。在庄园的果园里，树上挂满了苹果、李子和梨。房子的南面是一棵高大的紫叶山毛榉。迈尔斯夫妇在建造这座植物仙境时用了太多的水，多到他们曾接到当地供水公司的投诉，要求他们减少用水量。

哈里在剑桥的居所还因为另外一件事情而声名远扬，那是一段颇为奇特的历史，年轻的古根海姆夫妇应该很早就发现了这一点。就在 20 年前，这座庄园是弗雷德里克·迈尔斯进行心理现象实验的基地。世界上一些知名媒体的从业人员都曾经访问过莱克汉普顿庄园。催眠术和超心理学在维多利亚时代的英国都曾风靡一时，这在很大程度上是人们对基督教信仰的丧失和对达尔文《物种起源》（*On the Origin of Species*）一书的追捧。阿瑟·柯南·道尔（Arthur Conan Doyle）、阿尔弗雷德·拉塞尔·华莱士（Alfred Russel Wallace），甚至维多利亚女王都是超自然世界的狂热信徒。

在莱克汉普顿庄园，迈尔斯与亨利·西奇威克（Henry Sidgwick）共同创立了灵学研究社。西奇威克是个网球迷，也是剑桥大学纽纳姆学院的创始人。该研究社试图用科学方法来研究招魂术。迈尔斯创造了“telepathy”（心灵感应）一词，他经常让助手通过秘书办公室的窥视孔秘密观察在莱克汉普顿庄园举办的降神会。这些实验吸引了剑桥的一些顶尖思想家，并形成了一个著名的学术圈。“如果你当时是剑桥的一名知识分子或放荡不羁的艺术家，那么你一定会去造访莱克汉普顿庄园。”约翰·戴维·罗兹（John David Rhodes）说。他是剑桥的一位出版过大量著作的电影学者，也是莱克汉普顿庄园的现任管理人。

在哈里和海伦抵达之前，这座庄园的访客包括：迈尔斯的密友、曾常常共进午餐的来访者威廉·詹姆斯（William James），“进化论的奠基人”达尔文的儿子天文学家乔治·达尔文爵士（Sir George Darwin）。乔治参加过莱克汉普顿庄园的一次降神会，“但是并没有被说服”有鬼魂存在。目前尚不清楚哈里或海伦在迈尔斯的旧宅中是否遭遇过鬼怪的吵闹或是经历过任何神秘事件。莱克汉普顿庄园的降神会观察室现在是物业管理办公室，窥视孔被靠墙放置的保险箱挡住了。然而，在哈里那个年代，灵学研究社依然蓬勃发展，凯恩斯的日程本显示，他也多次参加过该研究社的会议。

在温布尔登网球公开赛中崭露头角

每次前往伦敦，或是偶尔去巴黎作短暂旅行时，哈里都会抢购一大摞书送给父亲和堂兄埃德蒙德，也会为哈德利抢上一两本。在巴黎，哈里也有一位关系密切的亲戚：他的叔叔本杰明。本杰明在那里有一套公寓，一年中他会有一部分时间住在巴黎，他是国际蒸汽泵公司（International Steam Pump Company）的总裁，埃菲尔铁塔的电梯就是这家公司建造的。1912 年 4 月 9 日，哈里和本杰明在巴黎共进午餐，那是一个值得纪念的下午。本杰明已经结婚了，他的妻子和3个女儿贝妮塔、黑兹尔和佩姬都住在纽约，而他却过着花花公子式企业家的生活。不过他的成功相当可疑，当时他的国际蒸汽泵公司完全就是在“烧钱”。

本杰明有着电影明星般英俊的外表，总是穿着剪裁考究的定制西装和高领衬衫，喜欢戴康康帽[①]，经常把雨伞恰当地夹在右臂下，永远像个绅士。本杰明在墨西哥的早期艰苦创业岁月中，也曾身经百战。那天下午，午餐持续了几个小时，本杰明给哈里讲述自己11年前从M. 古根海姆父子公司辞职后的生活状况，哈里很可能和他讨论了在读大学期间婚姻生活遇到的挑战。他有没有透露海伦怀孕的消息呢？如果不是本杰明订好了第二天去纽约的船票，他们本可以在一起消磨更多的时间。本杰明说，他将乘坐一艘轮船从法国的勒阿弗尔出发，到达时正好可以赶上黑兹尔的9岁生日。哈里成为本杰明生前见到的最后一个家族成员。

本杰明抵达勒阿弗尔后发现，由于司炉工人罢工，他的船被延误，但他可以在第二天乘坐白星航运公司首航的最新客轮“泰坦尼克号”。本杰明为自己和贴身男仆订了一间特等客舱。据说，他还为一位正在交往中的巴黎夜总会的金发年轻歌手订了一个单独的房间。4月14日深夜，当灾难袭来，这艘庞大的巨轮开始沉入零下2摄氏度的北大西洋漆黑的海域。本杰明拒绝了救生艇上的一个座位。他镇定自若，带着贴身男仆回到自己的房间。主仆二人穿好晚礼服，回到冰冷的上层甲板，帮助妇女和儿童登上救生艇。据一则报道所述，本杰明说他们要“像绅士一样”随船沉没。在此之前，本杰明请一位将在逃生船上担任桨手的客房服务员给妻子弗洛蕾特捎个口信：“告诉她，我到死都是个真正的男子汉，没有任何女士和儿童因为本杰明·古根海姆是个懦夫而留在船上。”据另一则报道所述，本杰明的巴黎情妇幸免于难，并向他的家人表示，本杰明帮她在救生艇上获得了一个座位，从而使她获救。她随即订了回法国的船票，从此杳无音信。

那一年，古根海姆家族失去了一位成员，也迎来了另一位新成员。9月3日，

---

① 其发音源于法文名“Canotier”，帽子的顶部和帽檐都是扁平的。——编者注

哈里和海伦的女儿琼出生了。迈尔斯夫妇在莱克汉普顿庄园的旧育婴室再次发挥了作用。随着哈里在霍克斯俱乐部和网球场上花费的时间越来越多，新生儿成为海伦新的关注焦点。在彭布罗克学院的第三年，也是最后一年，哈里开始全身心地投入网球比赛中。他和韦布是双打比赛中不可战胜的组合。哈里被任命为彭布罗克网球队主席，能在异国文化环境中走到这一步，作为一个美国人，尤其是一个犹太裔美国人，他一定对当年在耶鲁受到的屈辱有了某种一雪前耻的满足感。

那年夏天，英国主办温布尔登网球公开赛。在大学中举行的淘汰赛经过层层筛选，将留下最有天赋的竞争者，而哈里的彭布罗克网球队则接二连三地获胜。他们在与剑桥大学其他球队的院际比赛中赢得冠军，夺得了剑桥杯，这让他们进入了校际比赛终极对决：牛津对剑桥。哈里和韦布的运气一如既往地好，剑桥队痛快地击败了牛津队，队员们赢得了银杯和剑桥蓝色勋章。剑桥队对抗牛津队的胜利使哈里和韦布在种子选手排行榜上名列前茅，足以让他们进入那年温布尔登的首轮比赛。

1913 年，温布尔登网球公开赛已经举办了近 40 年，并且已经被认为是世界上顶级的网球赛事。6 月下旬当比赛的第一天到来时，哈里和韦布多半是乘坐火车从剑桥到温布尔登的。温布尔登站靠近沃普尔路，那里是传统比赛场地。那年夏天有大约 10 000 名球迷观看了比赛。那一年的创新之一是一种新的电动压路机，它类似于一种小型蒸汽压路机，取代了马拉压路机，用来压平温布尔登著名的草地。当年温布尔登赛事的卫冕冠军是新西兰人安东尼·怀尔丁（Anthony Wilding），一个深受女性喜爱的偶像，他可能是温布尔登赛事中第一位真正的名流，几年前在剑桥接受过教育。他是一个英俊的年轻人，喜欢骑着摩托车去参加比赛。莱特兄弟在基蒂霍克首飞仅仅几年之后，他就在兰斯附近驾驶了原型飞机。

那年夏天，球员们通过全体抽签分组比赛，哈里进入了男单第一轮，他首轮就输给了一个英国的无名之辈（比分是 3:6，1:6，0:6）。但是，和他的双打搭档韦布联手，哈里还有第二次机会。这对搭档进入了男子双打公开赛的第一轮比赛，对手是两个英国人，其中一位是亨利·威尔逊－福克斯（Henry Wilson-Fox），他的父亲是维多利亚女王的医生，也是未来的英国国会议员，另一位是几年前曾两次获得夏季奥运会网球银牌的乔治·卡里迪亚（George Caridia）。哈里和韦布知道，卡里迪亚尤其令人生畏。但是在比赛前最后一分钟，他们接到通知称对手受伤了，无法参加比赛。不可思议的好运让哈里和韦布在这一轮“躺赢”，他们一拍也没挥就进入了第二轮。

他们将要面对的双打对手包括澳大利亚人欧内斯特·希克斯（Ernest Hicks），他是澳大利亚戴维斯杯队的新任主教练，还有德国人奥斯卡·克鲁泽（Oscar Kreuzer），他曾在瑞典夏季奥运会男子单打比赛中获得铜牌。

那是一个酷热的日子，媒体对克鲁泽的报道对哈里来说充满了不祥的预兆。《卫报》（*The Guardian*）称克鲁泽为“温布尔登有史以来发挥最稳定的欧洲大陆选手”。克鲁泽有一种天赋，能够让对手犯错，让他们士气低落。他是一名强大的击球手，正手击球配合可怕的反手击球，使他能够在几乎不移动位置的情况下让球覆盖整个球场。看台上聚集的人群所带来的压力一直是比赛的一个重要因素，这对于哈里和韦布这两个明显处于劣势的选手来说确实是一种巨大压力。

随着比赛的进行，观众为精彩的击球欢呼，他们的热情随着每一次截击而高涨。第一盘比赛哈里和韦布以 1∶6 惨败。激烈的场面瞬间燃爆，温布尔登赛场的观众毫无节制地大喊大叫。这种羞辱让哈里和韦布奋起反击，他们在第二盘比赛中打出了强有力的多拍回合，但是克鲁泽的截击就像炮弹一样。哈里的脚步犯规也是个问题。他们又输了，这回是 4∶6。在第三盘比赛中，他们全力以赴，抓住一切机会，不惜一切代价守住底线，打出他们所能打出的最精彩的回击，这一盘的最终比分为 1∶6。哈里和韦布被击败了，他们的荣耀时刻结束了。

当哈里参加 1913 年的夏冬两季的期末考试时，他所拥有的学术知识涵盖了铁路经济学、英格兰银行如何控制货币市场、1907 年美国金融危机、伦敦证券交易所的券商和经纪人的作用、黄金供应如何影响消费价格以及农业劳动力的历史。他学习了亚当·斯密和马尔萨斯的理论，并接受过声名斐然的凯恩斯的辅导。

哈里在古根海姆矿场的实践更让他在某些考试项目上轻而易举地过关，例如，他在化学期末考试中遇到的问题竟然是："简要介绍锡的主要化合物的制备方法和性质。"

1913年12月19日，哈里从彭布罗克学院毕业，化学成绩三等，政治成绩二等。虽说成绩平平，但对于一个美国人来说，在剑桥大学被授予本科学位的隆重仪式真有点像获得骑士勋章。毕业典礼在剑桥大学的评议会大楼举行，整个盛典用拉丁语进行，首先是学术界的泰斗们安静地列队走进大会议厅。剑桥大学历史悠久的纪律官员被称为仪仗官，他们在队列的最前面引路，后面是身穿深红色礼袍的副校长，其后是学监。高级学监用一系列正式声明宣布典礼开始，然后，仪仗官护送副校长走到讲坛前的一把椅子前，学位候选人将在那里依次亮相。一位大学执事人员报出每位候选人的名字。轮到哈里时，他走上前跪了下来，授予学位的副校长紧紧握住他的右手，用拉丁语庄重地说道：

"根据我所获得的授权，我以圣父、圣子和圣灵的名义向你授予文学学士学位。"哈里站起身来，向副校长鞠躬，然后离开会场，在毗邻大会议厅的一个房间里领取毕业证书。哈里后来从彭布罗克学院获得了文学硕士学位，这是一种在英国教育体系中不需要进一步学习的学术学位。

哈里在剑桥的3年似乎一眨眼就过去了，但这3年时间他有没有做好迎接未来的准备呢？他刚一回美国，父亲便为他安排了一项任务，就像20年前古根海姆家族在墨西哥的扩张一样，这将是家族企业发展的另一个转折点。

04

“现在我理当去攀登自己的山峰”

THE BUSINESS OF TOMORROW

如果我们不能找到科学的方法来降低成本，
我们就活该失去业务。

他了解到商业帝国是如何建起的

从英国剑桥回到美国后，哈里和海伦去长岛北岸寻找一处可以租住的庄园。哈里有两个叔叔在该地区购买了房产，这里蜿蜒的海岸线上有半岛、港口、草地，还有可以俯瞰长岛海峡的林地。林地中小镇星罗棋布，如奥伊斯特贝、诺斯波特和亨廷顿等。在镀金时代[①]，大亨们来到这里并建造了总共约500座宫殿式庄园[②]，从此这里就被称为“黄金海岸”。随着时间的推移，海岸线上开始遍布克莱斯勒、惠特尼、摩根、伍尔沃思、蒂芙尼和赫斯特等家族的城堡和别墅。最后，高尔夫球场和游艇俱乐部也应运而生，黄金海岸郁郁葱葱的大片树林成为专供玩双向飞碟射击的私人射击场和猎狐的私人猎场。这一切都感觉远离城市生活，但实际上，长岛北岸离城区很近，晴朗的日子里，在这里还可以看到曼哈顿下城大都会人寿保险大楼的钟楼。

当时铁路巨头杰伊·古尔德的财产继承人霍华德·古尔德（Howard Gould）正在黄金海岸修建他梦想中的豪宅：古尔德城堡。这座城堡是仿照爱尔兰的基尔肯尼城堡建造的，包括一座塔楼和一条护城河，但其规模是基尔肯尼城堡的四倍。这个家族对宫殿似的城堡有着强烈的欲望。几年前，霍华德的父亲曾向墨西哥政府出价700万美元购买墨西哥总统的避暑山庄——查普特佩克城堡，但遭到拒绝。于是杰伊·古尔德购买了140多公顷可以俯瞰亨普斯特德湾的黄金海岸优质森林，开始建设自己的封建领地。就在动工后不久，他与女演员凯瑟琳·克莱蒙丝（Katherine Clemmons）的婚姻破裂，引发了一场痛苦的公开离婚官司。杰

① 从南北战争结束到20世纪初叶的美国历史时期。——编者注

② 其中包括：美国钢铁公司的继承人约翰·谢弗·菲普斯，他拥有韦斯伯利花园，一个占地约80公顷的植物园，其中心是一座18世纪乔治亚风格的住宅；另外还有威廉·范德比尔特二世的“鹰巢”，一座西班牙复兴式的豪宅，有自己的船库和码头。

伊·古尔德指责妻子对他不忠，与《蛮荒的西部》(*Wild West*)的演员，外号叫“野牛比尔”的威廉·科迪（William Cody）有染。法律诉讼纷至沓来。承包商和工人指控古尔德夫妇不支付费用。报纸详细报道了他们离婚诉讼中的每一项指控：克莱蒙丝酗酒狂欢，虐待仆人，疯狂购物。这部现实肥皂剧的每一章节都受到上流社会的关注，当他们边吃早餐边阅读细节时，无不惊讶地挑起眉毛。丹尼尔·古根海姆也加入了追剧的行列，但他的兴趣并不在于其有伤风化的一面，而在于他感觉到有个机遇即将来临。

哈里和海伦在大颈镇找到了一座“入门级别”的城堡，就在古尔德城堡所在道路的尽头。这座城堡叫作“涅槃”，它的主人是 W. 古尔德·布罗考（W. Gould Brokaw），一位百万富翁游艇手，他当时正在新出现的动力艇竞赛运动中声名鹊起。以黄金海岸的标准来看，涅槃城堡面积不大（占地只有 17 公顷），但是它有一种震撼人心的宏伟。在这幢使命复兴式宅邸的入口处有一座高耸的罗马式门廊，好像在说：“你来了！”涅槃城堡中广阔的意式花园由露台和栏杆围成，俯瞰着小颈湾海岸线，布罗考在那里为他的纯种马建造了一条约 800 米长的赛道。很快，这地方就将因 F. 斯科特·菲茨杰拉德（F. Scott Fitzgerald）而名垂青史，因为几年后，菲茨杰拉德在这附近蛰居，开始创作他的伟大小说《了不起的盖茨比》(*The Great Gatsby*)。

1915 年，哈里和海伦有了第二个女儿南希。哈里大部分时间都在城里，参加 M. 古根海姆父子公司的会议。公司的总部在百老汇 71 号，是靠近曼哈顿最南端的一座 21 层办公楼。对哈里来说，观察父辈们工作的情形是一件很有意思的事情。古根海姆兄弟的商业伙伴对这个家族每个人的评价都很直接，并且一语中的：丹尼尔，天生的领导者，具有强大的执行力，“一个坐在一张大椅子里控制着整个房间的小个子”。兄弟中的老大艾萨克是公司的办公室经理，一个文静的会计奇才，“但作为商人，水平比较差”。西蒙曾担任过一届科罗拉多州的参议员，精通西班牙语、法语和德语，“永远是个绅士”。默里，“公司的推销员”，热爱温室和园艺。所罗门，和蔼可亲、潇洒迷人，但脾气暴躁。有一次，他用头撞向一名寄宿学校的同学，就因为这位同学说了一句反犹太主义的话。“索尔[①]总是在不断地摔打东西。”一位同事如是说。

古根海姆兄弟用专注和尊重的态度对待彼此。多年后，哈里回忆道：“就在我刚从剑桥回来之后……我第一次被允许在父亲的办公室里旁听他们兄弟的日常会议。之前的3年我是在一所以礼貌为标准程序的英国大学中度过的，所以我立刻被会议桌上的良好礼仪打动了。**我父亲和他的兄弟彼此给予对方一种旧世界式的尊重，这哪怕在当时也是很罕见的。我想，在今天的商界中，这种尊重几乎是不存在的。**公司的规则之一是，未经合伙人一致同意，不得采取任何重要步骤。而解释那些新步骤，并让其他人表示赞成，则往往是我父亲的任务。这并不总是那么容易。”

兄弟们及其他人员经常围着一张红木长桌开会，有时候一天好几次。会议经常是临时召集的，在最后一分钟由一名联络员楼上楼下地通知需要参加会议的人员。在早期的岁月中，这种做法令约翰·海斯·哈蒙德抓狂。据他回忆，有一天的会议是从一场枯燥乏味的讨论开始的，讨论内容是来自墨西哥萨拉戈萨一个亏损矿场负责人的报告。“天哪！”哈蒙德喊道，转向默里，“你们难道没有意识到，你们在萨拉戈萨的全部投资只够支付我一个月的工资吗？如果我自己买下它并把它关闭，我就能替大家省钱了，然而你们这些没完没了的讨论占用了我一半的工作时间。这种马后炮，只会浪费你我的宝贵时间！如果你们坚持讨论这些鸡毛蒜皮的事情，我就没法完成任何重要的事情了！”说完，哈蒙德怒气冲冲地走出了房间。

“哎——”默里说，“J. H. H.[②]脾气真大！”

丹尼尔经常犯胃病和高血压，很可能就是由这样的事情引发的。当他感到胃

① 所罗门的昵称。——译者注

② 约翰·海斯·哈蒙德的姓名首字母缩写。——译者注

里开始揪成一团时，他就会说他的“小玛丽”[①]在捣乱。在主持兄弟们的会议时，丹尼尔会在身边放上一瓶矿泉水和一罐牛奶，这能缓解他的不适。

坐在这张会议桌旁，哈里了解了帝国是如何建立起来的。在阿瓜斯卡连特斯，哈里可以拿着一块黏板岩，推测出其中铜、银、铅或锌的比例。现在，他听到了如何交易这些数百万吨的矿石使其实现资本化，以及如何规划和建造劳工的矿业城镇。他逐渐了解到，古根海姆兄弟的商业战略在很大程度上都是经过深思熟虑的在技术上的赌注。可是，既然犹他州的矿石质量如此低劣，以至于从没有任何人曾从中获利，那么丹尼尔为什么会在那里花600万美元修建一座冶炼厂后，又花200万美元修建一座铜精炼厂呢？原来，他希望精炼工艺能够得到改进。“如果我们不能找到科学的方法来降低成本……我们就活该失去业务。”丹尼尔说。这些方法是该家族合伙企业有别于其他企业的因素，而他们用来向投资者介绍新企业的文件质量也是如此。古根海姆招股说明书使用厚重的纸张和优雅的字体，就像一座豪宅的销售手册。将古根海姆提供的文件拿在手中，就像是拥有了“一个充满地形美的奇观……摸上去很昂贵，让人浮想联翩”。

会议桌上经常讨论的一个话题是ASARCO的劳工“福利问题”。哈里在剑桥期间，古根海姆家族及其参与经营的辛迪加（尤其是煤炭和石油公司）因对罢工工人的铁腕镇压而遭到抨击。破坏罢工者被派去镇压劳工的抗议活动，在与工人的冲突中造成多人死亡。报纸报道称古根海姆兄弟是剥削工人阶级的“没有心肝、没有灵魂的人”。丹尼尔被召到一个叫作“劳资关系委员会”的国会特别工作小组所举行的听证会上讨论此事。

对于丹尼尔的证词，旁听席上拥挤的观众感到震惊，其中包括专门报道丑闻的新闻记者艾达·塔贝尔（Ida Tarbell）和劳工积极分子玛丽·G. 哈里斯·琼斯（Mary G. Harris Jones）（被称为“琼斯妈妈”）。塔贝尔曾揭露标准石油公司的垄断行为，从而导致这家石油巨头的解体。丹尼尔考虑到家族的传承，并且知道

① 胃的委婉说法，来源于詹姆斯·马修·巴里的同名喜剧《小玛丽》。——译者注

自己离退休年龄不远了，他详细介绍了在 ASARCO 矿场进行的改革，它们将把改善工人待遇作为企业的当务之急。他似乎突然间开始反对垄断组织本身的一些做法。丹尼尔谈到了工人的权利和他正在进行的改革，主张为持续出勤建立奖金制度、建设住房和教育的社会基础设施、实行 8 小时工作制以及禁止雇用 16 岁以下的工人。他的目的是说服工人选择工作而不是革命。对于丹尼尔的想法，塔贝尔评论道：“他对劳动者的同情是真诚的，对于应该如何改变劳动者的命运，他的想法是激进的。”

哈里密切关注事态发展，因为他正在被培养成父亲的继任者。然而哈里对加入家族企业心存疑虑。1907 年，哈里的叔叔西蒙当选为科罗拉多州的参议员，当时年仅 17 岁的哈里请求获准跟随这位当选的参议员深入了解西蒙为加入美国国会参议院所做的准备工作。西蒙是一个受欢迎的人物，所到之处都有支持者，没有人说他是一个没有灵魂的剥削者（至少不会当着他的面说），哈里深受启发。这段历程的高潮是他在叔叔宣誓就职前与其共进新年晚餐。后来，当哈里在剑桥大学完成学业时，他给丹尼尔写了一封信，暗示采矿业可能不是自己将来选择的方向：**“您已经在自己的工业巨峰上登顶，现在我应当去攀登自己的山峰。”**

丹尼尔最不希望看到的就是自己的次子去竞选公职。他将政界描述为毒蛇的巢穴，在那个圈子里，你不能信任任何人，也没有任何人会信任你。他敦促哈里考虑他在家族企业中的一项任务。如果哈里肯接受，就将成为公司的正式合伙人，至少在头衔上与他的叔伯们平等。哈里获悉他的堂兄埃德蒙德会通过类似的安排加入 M. 古根海姆父子公司。老一辈（丹尼尔、艾萨克、西蒙、所罗门和默里）认为，现在是时候正式招募小一辈（哈里和埃德蒙德），以填补威廉和本杰明多年前空出的席位了。

就在哈里仔细斟酌这件事情的时候，1915 年感恩节前夕发生的一次意外事件致使他和海伦重新考虑他们在黄金海岸的生活。那是一个深夜，一个盗贼从一楼的落地窗潜入哈里和海伦的家中。他先无声无息地溜进哈里的房间，没有惊醒哈里。接着，这个倒霉的强盗走进了海伦的房间。海伦被他拉开书桌抽屉的声音惊醒，她坐起来，打开灯，只见一个脸上蒙着黑手帕的男人站在她面前，手里拿着一把左轮手枪。海伦开始尖叫起来。小偷飞快地从卧室中退了出去，海伦则在后面紧追不舍。根据一篇报道称，她追着盗贼跑过走廊，对着他大喊大叫，直到他“从楼梯上摔下去”。当哈里和几个仆人听到吵闹声从各自的卧室里跑出来时，闯入者已经逃出庄园，跑进了树林里。这一来，轮到年轻的古根海姆夫妇上八卦新闻了。各家报纸在报道这一事件时，使用了诸如“古根海姆夫人蔑视持枪蒙面贼”“蒙面贼唬不住金融家的妻子，在被古根海姆夫人赶跑前只偷到100美元”之类的标题。

海伦不是个好惹的女人，但这段经历似乎促使哈里和海伦搬到了市里。在曼哈顿，他们租住在上东区麦迪逊870号的另一座小城堡，距离中央公园只有一个街区。那是一座新意大利文艺复兴风格的瑰宝，由凡士林的发明者罗伯特·切泽布罗（Robert Chesebrough）建造，共计5层，配有一部电梯和一间很大的书房。现在哈里和海伦家的员工一共有9名：3名女佣（她们分别是法国人、瑞典人和爱尔兰人）、一名荷兰男勤杂工、一名爱尔兰侍者、一名出生于美国的男管家、一名法国家庭女教师以及两名爱尔兰厨师。琼和南希都将继续在家里，由家庭教师负责教育。这次搬家让哈里离办公室更近了，而办公室很快就成了他第二个家。这也让海伦更接近自己的家人，因为她的父母和兄弟住在曼哈顿西78街。

丹尼尔觉得旅行令人精神焕发，他和弗洛伦丝经常去欧洲，一去就是几个星期。工作的日子里，丹尼尔逐渐对哈里有了新的认识。他的儿子现在是一个衣着优雅、蓄着髭须的年轻人，刚从剑桥大学毕业，有着敏锐的分析头脑，举止庄重老成。哈里的确正在考虑从事采矿业以外的事业，但他似乎很喜欢父辈们商讨事情时的氛围，并会提出非常具有见地的解决方案，有时候他看上去像个精于计算的会计。丹尼尔很高兴看到自己的次子能有这种敬业精神，他的长子是不具备这种品质的。对家族企业兴趣有限的大儿子罗伯特曾说：“每个富裕家庭至少要供养一位休闲绅士，我选择在我的家族中担任这一职务。”

如果再晚一个时代，哈里的妹妹格拉迪丝可能会被培养成为领导者，因为她是一位敏锐、聪明、自信的年轻女性。但是，当哈里在剑桥求学时，格拉迪丝放弃了去布林莫尔学院上学的计划，嫁给了罗杰·斯特劳斯（Roger Straus）。斯特劳斯的父辈是梅西百货的老板，后来斯特劳斯加入了古根海姆家族基金会和矿业公司。

哈里看上去并不是个爱寻花问柳的人，也不像他已故的花花公子叔叔本杰明和最小的叔叔威廉那样喜欢四处社交，这或许让丹尼尔很是欣慰。哈里庄重老练的风度让人联想到他的叔叔所罗门的低调潇洒（但是哈里不会冲动地用头去撞侮辱他的同龄人）。哈里不会放过任何一个机会宣扬剑桥古老礼仪的优越性，他的叔叔对家族中突然出现一位亲英人士感到困惑。**但在丹尼尔心目中，就工作而言，讲礼貌和尊重传统没有太大价值。**

打造古根海姆矿业皇冠上的一颗宝石

外国投资在墨西哥的爆炸性增长正蔓延到拉丁美洲的其他国家。1914 年，美国有将近一半的对外投资流向拉丁美洲地区。在智利北部，古根海姆家族获得了一个铜矿富集区的采矿权。这地方叫作丘基卡马塔（Chuquicamata），当地人称之为丘基。丹尼尔对当地的矿石储量保守估计约为 7 亿吨，平均含铜量很高，达到了 2%。古根海姆家族所购买的露天采矿区长约 6 千米，宽约 1.6 千米。矿石主要有两种形态：一种是脉状矿床，它表现为有明显的裂缝，只有两三米宽；另一种是利润高得多的“矿脉”，它是起始于海拔约 2 700 米的矿床的一部分，其垂直深度约 300 米。古根海姆兄弟从未见过这样的矿藏。哈里的父辈投资的不是区区一个母矿脉，而是 20 世纪储量最大的铜矿之一的开采权。这相当于将成立阿拉斯加辛迪加和开采肯尼科特山矿藏的工作再做一遍。

一支先遣队开始建设古根海姆兄弟初期勘探工作所需的基础设施，包括一个小型采矿营地。为了扩大运营规模，他们需要将营地扩建成一座规划完善的迷你城镇，预计可容纳 10 000 名员工。当丹尼尔告诉哈里想让他负责建造一座可以满足这一需求的城镇时，哈里当时可能感到很震惊。他将专门负责建造员工需要的住房、食品杂货市场、一所医院，以及社交娱乐场所。**这项任务无异于是对个人综合能力的一次考验，但哈里意识到这同时也是一个机遇。**这座城市将是古根海姆兄弟矿业皇冠上的宝石，而他则可以利用这个机会在其基础设施建设中发挥关键作用。

为了跟上进度，哈里首先与被选定为现场供水和供电的团队合作。埃德蒙德被任命为运营经理，负责监督运输。哈里和埃德蒙德的上司是哈里先前在墨西哥的老板威廉·C. 波特。制作精良的丘基招股说明书是一本很好的入门指南，它介绍了该地区在前殖民时代的印加文明、地质特征、气候、地形、预期成本及预计利润。

选择哈里来做这项工作的根本原因包括以下几点：他在墨西哥的学徒经历使他对美国以外的采矿营地的需求有所了解；他在阿瓜斯卡连特斯接受过实地指导，也证明了他能够迅速适应外国文化，而且他的西班牙语还算流利。从理论上说，一切都很完美。但事实却是，丘基的巨大铜矿床位于圣地亚哥以北约 1 300 千米处，在安第斯山脉的西坡，深入阿塔卡马沙漠。这是一片荒凉辽阔、雄浑粗犷的土地，往东可以看到科迪勒拉山系白雪皑皑的山峰，像拉丁美洲版富士山一样拔地而起。阿塔卡马沙漠中没有水，一些报道指出，一个多世纪以来，这里一滴雨也没有下过。由于地理位置十分偏远，在这里建造任何设施都是一个巨大的挑战，更不用说建造一座城市了。

哈里的父辈最初是如何获得了这座巨无霸级别铜矿的母矿脉？这是在科技上又一次成功的豪赌。阿塔卡马地区开采铜矿的历史悠久，先是印加人在该地采矿，然后是西班牙人。1910 年，实业家兼矿业巨头阿尔伯特·伯雷奇（Albert Burrage）从几个英国和智利投机者手中买下了丘基周边地区的采矿权，但由于矿石中的氯含量很高，很难将铜提取出来，丹尼尔说服家族成员聘用挪威采矿工程师 E. A. 卡佩伦·史密斯（E. A. Cappelen Smith），研究是否可以改进提炼工艺。史密斯进行了实验，研发出一种创新的提取工艺。1912 年，丹尼尔派他的采矿工程师用史密斯的方法测试矿石，该方法需要用硫酸浸泡样品来测试。试验很成功。丹尼尔与兄弟们商议，他们共同投票决定从伯雷奇那里买下采矿权，成立智利勘探公司（Chile Exploration Company，简写 Chilex）进行运营，并成立智利铜业公司（Chile Copper Company）作为控股实体。后者筹到了 9 500 万美元的股票为该公司融资，再加上伯纳德·巴鲁克安排发行的债券，又筹集了 1 500 万美元资金。对于古根海姆家族来说，还有一个好消息，那就是与这一时期政局不稳的墨西哥相比，智利是一个政治稳定的“天堂”。正如哈里的导师“老伙计”早就说过的那样，智利领导人是根据宪法选举产生的。与墨西哥一样，智利的劳动力成本低廉，政府在保持低赋税和低进口关税方面也很配合。

随着最初的采矿作业开始，古根海姆家族估计他们将需要足以炸毁直布罗陀巨岩（Rock of Gibraltar）[①] 那么多的炸药，很快，大批炸药被运进竖井深处。一次装填需要使用多达 230 吨的火药，像这样的引爆可以一次性炸碎 100 万吨矿石。为了开采和加工这些矿石，丘基需要海量的技术装备、运输机械和劳动力，世界上只有少数几家大公司能够筹集到足够多的资源，或者说拥有收购这些资源的资本。

在此之前，从阿塔卡马沙漠中的矿山运出矿石主要使用牛车。古根海姆家族必须建造一个窄轨铁路网，并建立能够输送大量水电的网络。一旦完成这些工作，其他大部分工作就可以由巨大的电动铲和搅拌钻机来完成。他们将会用高耸的起重机来搬运碎石，用机车来运送建造房屋和厂棚所需的机械和木材。那时候，巴拿马运河刚刚竣工，时机恰到好处，这意味着在相对较近的地方就有可供使用的重型机械。随着采矿作业的展开，古根海姆家族购买了一支小型货运船队，将精炼铜运回美国，并在返航时运送设备和供给物资。所有东西，如皮带输送机、矿石破碎机、浸出槽、脱氯设备、电解槽、3 吨电炉、10 吨起重机、85 吨机车等都必须用轮船运进来。

---

① 位于地中海西南端直布罗陀港城附近的一座巨型石灰岩，高达 426 米，曾被作为天然的防御工事。——译者注

提炼过程大部分依靠电力。电力将来自港口城市托科皮亚，它位于阿塔卡马沙漠向西大约 145 千米处。当然，托科皮亚本身没有电，古根海姆家族只能在那里建造自己的发电厂。选择位于海岸的托科皮亚的原因是因为发电厂运行所需的燃料可以通过船舶运输过来，而且冷却水也可以通过蒸馏海水获得。古根海姆家族选择西门子公司来建造这座当时智利国内最大的发电厂，然后沿着绵延 145 千米的山岭将一条 10 万伏的输电线通向丘基以输送电力，所有山岭都位于地震带，这是个不小的挑战。

一个更大的挑战是矿区内部及其周边都缺水。附近流域中的水含盐量很高，无法饮用。该地区的水资源极度稀缺，在古根海姆家族到达之前，水是用罐车从最近的火车站运来的，然后被装在桶中，用运货马车送到矿山的道路上，接着再从那里转移到蓄水罐，由驮畜进行运送。

这里基本上是在用美洲驼向山上运水。以这种方式运输的少量的水或许可以冷却小型挖掘作业中使用的钻头，但却完全不能满足拥有数千名工人采矿营地的饮用水需求。哈里与工作团队一起思考解决方案，他们很快就想到了一个主意：让水自己往下流，而不是往上运水。古根海姆公司斥资 160 万美元（约相当于今天的 4 000 万美元）建造一条长将近 100 千米、直径为约 30 厘米的重力管道，将主矿区的混凝土储水库与丘基东部山脉中的泉水连接起来。海拔较高的泉水形成一股下坡水流流进水库，这个系统每天能够供应 3 000 立方米的水。

在沙漠中建起一座采矿小镇

丹尼尔下达的指令是在 1915 年初夏完成采矿小镇的扩建以扩大运营规模。供水和供电系统建立起来之后，哈里带着紧迫感投入工作中。他的核心职责是将大规模采矿作业的需求与矿工及其妻儿的生活需求进行匹配。他以美国西部地区的古根海姆采矿营地和自己在阿瓜斯卡连特斯的经验为模板进行建设。他还可以依靠父辈的帮助，动用他们在智利政府的关系帮他联系承包商和供应商，这些人可以就材料和劳动力的来源提供建议。但是，对哈里帮助最大的是他聘用了苏格兰人 B. T. 科利，他曾是哈里在阿瓜斯卡连特斯的冶炼厂的上司。哈里在剑桥求学期间，科利前往智利一家规模较小的采矿公司继续为古根海姆家族工作，并担任那个采矿小镇的建筑师。科利成了哈里团队的核心人员，协助他进行基础建设，以便能够在营地建立起稳定的社会秩序。

哈里和科利决定建造两座城镇：供智利劳动力居住的新营地和供美国工人和公司高管居住的美国营地。哈里的计划中包括建立一家医院、若干教堂和集市，以及设立一支当地安保队。劳工的住房分为 A、B、C、D 四个等级，工头住 A 等房，智利劳工住 D 等房。社区中将开三家公司商店，也像住房系统一样进行细分。劳工在劳工队伍中的地位越高，就越有机会获得质量更高的商品。

有一样东西是哈里无法控制的，那就是紧挨着“公司城镇”迅速冒出的少数西语区。这些地区充斥着赌博、卖淫和暴力，在美国西部几乎所有矿业城镇都存在这些情况。正如一篇关于丘基西语区的报道所述：“这里经常发生流血事件。任何突发事件都可以成为打架和动刀子的理由。任何到这里来的人都不能确保自己能够活着离开，更不用说保护自己的钱包了。即使他赢到点什么东西，也很有可能在回家的路上付出‘代价’。在西语区附近经常发生袭击事件的地方竖立着数不清的十字架。”

哈里制止邻近地区骚乱的手段有限，控制卖淫的方式就更少了。矿区新进的劳动力中有一半是单身男性，丘基的劳动力招聘人员表示，那些人需要有地方排解苦闷。于是，哈里要求招聘人员寻找更多的已婚男性，他们将和家人一起搬到丘基。哈里还为他的员工建立了一些“有益于身心健康”的娱乐设施，如许多社交俱乐部、一家电影院和一个赛马场。

在丘基城扩建的同时，欧洲的形势发展正变得越来越不容乐观。巴尔干战争已经开始，奥斯曼人正在被逐出塞尔维亚、黑山、保加利亚和希腊。奥斯曼帝国前途未卜，这加剧了欧洲各联盟之间的紧张关系。包括剑桥大学在内的所有英国大学的每一位学生都不同程度地感到，他们很快就会在欧洲战场上作战了。哈里从剑桥回美国后不到一年的1914年7月28日，欧洲爆发了战争，随后，英国对德国宣战。哈里知道很多老同学都将应征入伍，他很牵挂在剑桥大学时关系最亲密的现在已经被任命为彭布罗克学院院长的哈德利，以及“老伙计”和韦布。美国坚持不干涉的立场。伍德罗·威尔逊（Woodrow Wilson）很快就凭借“远离战争”的承诺竞选连任总统。但是这能维持多久呢？许多美国公民都与欧洲国家有着文化联系和家族渊源。

起初，欧洲战争使古根海姆家族赚得盆满钵满。武器和炸药对铜和铅的需求量很大。1915年，古根海姆家族在美国奥马哈的精炼厂平均每天要装载10列火车，共计6 000吨生铁。英国的军工厂那一年用它们制造了6亿颗子弹。后来，丹尼尔和约翰·D. 瑞安（John D. Ryan）等其他矿业巨头同意大幅降价，尤其是铜价，这样连带着也降低了丘基的盈利能力。

那年夏天，当哈里和威廉·C. 波特准备返回智利时，他们收到了阿尔伯特·伯雷奇在营地工作的儿子送来的几份备忘录。原来，机械师、电工和木匠等要求缩短工作时间并提高工资，否则他们就要进行一系列罢工。丹尼尔任命的总经理弗雷德·赫尔曼（Fred Hellmann）当时正在托科皮亚，因此，接替约翰·海斯·哈蒙德在古根海姆勘探公司工作的工程师波普·耶特曼（Pope Yeatman）代行职权。在耶特曼的管理下，潜在的罢工即将给哈里所在的城市带来混乱。

一份备忘录是这样描述的：“耶特曼依次与申诉委员会的每一位成员进行了谈话……申诉的缘由之一是，作业部每天工作10小时，施工人员每天工作9小时。员工不仅要求获得周末加班费，还要求工作日加班获得1.5倍的加班费。”这份备忘录还这样记录：“警方在处理这一情况……有人曾威胁要在大型储罐上炸出洞来。”

高层管理人员自己也存在问题。一份备忘录隐晦地提到，一名丘基城高管的妻子似乎与多名已婚男性有染，甚至他的小姨子也卷入其中。与此同时，总经理夫人醉心于派对狂欢。“赫尔曼夫人的行为对营地影响很大。赫尔曼不在的时候，她举办了许多派对，每次都折腾到很晚，人人喝得酩酊大醉。结果男人们不再恪尽职守，女人们忽视了自己的家庭……当耶特曼在与申诉委员会开会时，赫尔曼夫人来到办公室，她刚刚用完午餐，看上去‘喜气洋洋’。她想向委员会发表讲话，耶特曼花了很大力气才把她弄出去。”

另外还有一份备忘录则是针对营地本身的投诉：“医院差劲到极点，它的位置距离城镇很远。员工如果下班后去看病，还得步行大约 3 千米。”

“财务部门状况不佳。”

“舒斯特说，大家对生活条件不满意……他认为有必要立即成立俱乐部。”

“叫海线的那位助理经理很不受欢迎。”

“这是我们见过的最糟糕的城镇规划，建筑物的排列方式令人作呕。”

尽管有些问题早在来之前就出现了，但哈里仍对这种混乱局面负很大责任。他没有浪费时间责备别人，考虑到父亲的劳工改革，哈里有条不紊地提出了他的解决方案：调整城镇布局；将医院从 1 栋楼增加到 6 栋；制订安全协议以减少事故；花钱聘请一名业务经理来监督财务部门；扩大向纽约汇报丘基事态发展的信息量。他还将每天的工作时间缩短到 8 小时，并制定了养老金计划。为了安抚高层管理人员，哈里迅速为高级职员成立了一家俱乐部，他称之为“美国俱乐部”，里面有舞厅、台球室、阅览室、保龄球馆和游泳池。

在处理了一些早期冲突后，哈里继续推进工人住房的扩建。经过仔细研究，他本认为屋顶只需要使用简单的木材和瓦楞铁板，然后再用人造纤维板隔墙划分房间即可。但是这种早期建筑保暖性差，尤其是阿塔卡马沙漠的温度会在夜间骤降。哈里和同事们商量后找到了一个解决办法：他用南美大草原的沙土和水泥混合制成的土坯砖替换木材，这种材料可以用更低的成本提供更好的保暖效果。

一旦与工会的关系得到改善，运营就变得特别顺利。丘基城的居民很快就超过了 1.2 万名，其中有 5 000 人是按天数计算工资的临时工。这些工人操纵钻机、蒸汽挖掘机和机车，大量的碎矿石源源不断地从矿井中输出，从而吸引了大约 20

种语言的居民从四面八方赶来。玻利维亚人在街角摆小吃摊，中国、日本移民经营杂货店和理发店。

哈里认为这座城镇建设得很成功，所以后来他在《工程与采矿杂志》（*Engineering and Mining Journal*）上发表了一篇 7 页的文章，记述了它的开发过程。他用理想化的方式描述了他的“公司城镇”的优点，以及惊人的铜产量。当然，他没有提及罢工的威胁、关于医疗保健的投诉、赫尔曼夫人醉酒后的滑稽行为，也没有提及附近的罪恶窝点。

“现在已经看不到 5 年前那种衣衫褴褛、光着脚、不负责任的劳工了，”哈里自豪地说，“现在他们是衣着得体的工人，他们激情似火，满怀信心。男人们的进步很大，女人和孩子们的进步更显著。学校里的孩子们看起来比美国公立学校的还要好……这些经验告诉我们，我们所说的福利事业是物有所值的，无论是从人的角度看，还是从所取得的经济效益来看都是如此。”

当时的批评家们则持不同观点，他们指责这位年轻的公司合伙人有一种美国佬的家长式作风。他们因为新营地与美国营地之间存在的不平等现象而责骂他。每个营地都有自己的食品杂货店。凭什么有些工人可以享用美国知名品牌出品的玉米片和白酒，而另一些工人则只能买到劣质食物？这是不公平的。

珍妮特 · L. 芬恩（Janet L. Finn）撰写过一本深入研究丘基文化史的著作，她赞同上述观点，但是也对一些批评言论进行了客观探讨。芬恩采访了丘基的新老居民，询问他们对由哈里开创，并且大体上被之后的所有者保留了下来的“公司城镇”的做法有何看法。“就连最直言不讳的批评者也讲述了关于‘过去美好时光’的故事。那时候，生活虽然艰苦但有回报，社区也具有自身的活力。对企业家长作风和美国佬帝国主义的批评与对足球赛、电影和宗教节日的温暖回忆掺杂在了一起。”

在智利的圣地亚哥，两位研究丘基历史的作家对哈里提出了另一种批评，认为他对智利的了解很肤浅，对于铜则怀有一种病态的痴迷：“愚昧无知的哈里 · 古根海姆完全不了解我们国家的历史。他无视事实，即在智利勘探公司出现之前……我们已经拥有了财力雄厚的公司，如查尼亚拉尔、塔马亚和卡拉科雷斯的矿产公司，此外，我们还拥有世界上独一无二的庞大的硝酸盐工业，中部和南部地区的煤矿，以及农业和畜牧业。”事实上，哈里和丹尼尔都认为硝酸盐将是古根海姆兄弟的下一笔巨大投资。但是他们未能预见到这项新业务将导致哈里和父辈之间出现裂痕。公司的老一辈和小一辈很快就会走上截然不同的道路。

05

初涉航空领域

THE
BUSINESS
OF
TOMORROW

如果让我在两个人中做出选择，一个人的头脑和能力都很强大，却没有坚韧的品质，另一个人资质平平，却非常坚韧，我永远都会选择具有坚韧品质的那个。

你的坚韧让你走到了这里

1915 年，西方世界出现了一个新的权力轴心，那就是曼哈顿市中心雄伟的公平大厦。它的主人用华丽的辞藻宣传这座新的摩天大楼：“在商业的大漩涡中，在谋略和金钱的重要交易场中，在这个时代最宏伟的建筑中，你将拥有一切增长的动力、扩张的机会，以及繁荣的刺激。”公平大厦是一座布杂艺术风格的超级建筑，共有 38 层，占据了所在的整个街区，内部约有 11 万平方米，装了 53 部电梯。它是一个巨大的通信枢纽，几乎每一层楼都安装了普通电报和海底电报[①]设备，以及大堂电话、办公室电话，就连电梯里也有电话。

从美国通用电气公司到纽约联邦储备银行，一些当时在运输业、制造业、保险业和金融业最有影响力的霸主纷纷迁至这座新大楼。M. 古根海姆父子公司也不例外，公司在那时已经更名为古根海姆兄弟公司（Guggenheim Brothers）。名称的变化反映出公司已进入了新时代。同时也是为了避免受威廉·古根海姆的进一步的法律问题的牵连，因为他起诉自己的兄弟，声称他们骗走了属于他的丘基财富，并反对公司名中继续使用“父子”这个字眼。

古根海姆兄弟公司占据了大厦的整个 35 层，ASARCO 则搬到了 34 层。从这个高度可以看到纽约港和遥远的新泽西海岸。合伙人会议室体现了旧世界沉稳庄重的风格：墙角处摆放着扶手椅，墙上镶嵌着德国胡桃木的装饰品，房子的两端各有一个大理石壁炉。这里有一幅镀金镶框的迈耶肖像，肖像中的迈耶目光如炬，从鬓角处开始延伸的上疏下密的白色络腮胡子闪闪发亮。在合伙人会议室的一面墙板后面隐藏着一扇暗门，门后有一座楼梯，通往丹尼尔在 ASARCO 的影子办公室（根据法律规定，实体公司必须是独立的，古根海姆兄弟公司是一家控

① 指通过铺设在海底的电缆发送的电报。——译者注

股公司，ASARCO 则负责在纽约证券交易所做交易）。

公平大厦里的另一个租户是一位出生在苏格兰的金融记者，他最近创办了一本名为《福布斯》的杂志。B. C. 福布斯出版公司的办公室比古根海姆集团低了正好 12 层。一天，伯蒂·查尔斯·福布斯（Bertie Charles Forbes）上楼来采访丹尼尔时，停下来欣赏墙上挂着的法国画家柯罗创作的巨幅风景画——丹尼尔为这幅画作支付了 10 万美元（约相当于今天的 250 万美元）。旁边一排玻璃陈列柜里放着来自家族矿山的闪闪发光的矿石样品。

福布斯在一张转角椅上坐下，向丹尼尔提出一个他曾问过许多著名受访者的问题：获得成功需要哪些要素？丹尼尔靠到椅背上，停顿了一会儿，然后说道："你是怎么得到采访我的机会的？你第一次尝试时没有得到，第二次也没有。但是你坚韧且机智，坚持尝试，直到找到一条你知道可能会成功的途径。你的坚韧让你走到了这里，你的机智使我以一种我在与出版界人士交谈中不常用的方式跟你对话。"丹尼尔告诉福布斯，他理想中的员工必须具有坚韧不拔的品质。**"如果让我在两个人中做出选择，一个人头脑和能力都很强大，却没有坚韧的品质，另一个人资质平平，却非常坚韧，那么我永远都会选择具有坚韧品质的那个。"**

这也是哈里去墨西哥当学徒期间，丹尼尔给他的建议。在智利，哈里之所以能够在极其困难的条件下建造起一座矿业城镇，无非是因为他拥有顽强的韧性。但是，和他的父辈们共事却需要一套不同的技能。

每天，当这位最新的也是最年轻的公司合伙人抵达 35 楼时，他会和保安打招呼，接着会听到清晨时分工作场所的喧闹：电话铃声、职员的嬉笑声，以及敲出大量商业往来信件和财务报表的打字机的咔嚓声。空气中弥漫着烟丝燃烧产生的烟雾，其中夹杂着零星的对话："是的，默里先生会在星期二上午十点半见你……"，或者是"丹尼尔先生目前正在玻利维亚旅行……"在这里，直呼其名是一种必要的传统。早年，当访客前来拜访兄弟中的某一位，要求见"古根海姆先生"时，总会有几个脑袋同时从各自的办公桌后伸出来。于是就形成了这样一种惯例，即在称呼所有兄弟时，都要使用他们的名字，现在侄子们也沿用这一惯例。

堂兄埃德蒙德大部分时间都会待在百老汇 120 号，这让哈里在办公室里有了一个知己和盟友。哈里的叔伯们总是和来访的投资者、采矿工程师、律师及金融家举行小型秘密会议，此外来访者当中也会有大量的江湖骗子。许多人来这里寻求开发矿业地产的资本投资，或是以矿业企业的股权换取融资。与哈蒙德不同的是，哈里喜欢叔伯们接连不断的会议，尤其是在合伙人会议室里召开的那种。哈里和他父亲一样衣着入时，总是穿着剪裁优雅的三件套西装，6 个扣子的背心凸显出宽阔的胸膛。在他背心左边的口袋里放着一个小巧的银质火柴盒。会议开始后，哈里会划着一根火柴，点燃他的英国直柄式烟斗，将它咬在齿间，耐心地听叔伯们分析在世界各个遥远的角落出现的最新经营挑战。丹尼尔经常和弗洛伦丝出游，他的指示常常是通过电报传来的。有时候，他和弗洛伦丝有时似乎被这种旅行癖弄得筋疲力尽。丹尼尔告诉伯蒂・查尔斯・福布斯，他在 40 岁时就已经横渡大西洋 70 次了。

矿场遭遇致命劫掠

哈里在智利的工作证明了他具有在异国他乡管理庞大的预算、自负的员工及复杂的财务账目的分析能力。现在至关重要的是，所有合作人都必须了解最近颁布的公司和美国联邦税收政策的新规则。哈里潜心钻研这些迷宫般错综复杂的新税收规则，似乎从中获得了莫名的满足感。所以，当古根海姆兄弟公司任命他为智利勘探公司的执行委员会主席时，他应该是高兴的。这个委员会负责对古根海姆兄弟公司在智利的公司财务方面的运营做出关键性的决策。当美国联邦税务局向智利勘探公司开出 450 余万美元的欠税单时，哈里立刻采取行动。他与会计师一同撰写了一份分析报告，认为有一大批库存的铜被错误地认定为应纳税项目。这份申诉报告为合伙人企业节省了近 400 万美元。哈里向丹尼尔、艾萨克、所罗门、默里、西蒙和埃德蒙德发送了一份得意的备忘录，指出："你们一定想知道，智利勘探公司原本可能面临政府的额外税收……高达 4 538 278.49 美元。"据他报告，实际税单仅为 63 870 美元，并在报告末尾对公司前五大竞争对手的类似税额进行了比较，得出所有竞争对手的税额都比自己公司高的结论。

几个月来，哈里在办公室里的例行公事包括仔细阅读前一天晚上从欧洲和拉丁美洲发来的新闻。虽然欧洲地区的战争对金属的巨大需求给古根海姆家族带来了一线希望，但是在距美国本土更近的墨西哥发生的战争却给古根海姆家族的供应链带来了实实在在的风险。

哈里在革命爆发前夕结束了在墨西哥的学徒生涯。战争客观上破坏了波菲里奥时期稳定的经济和全国采矿业的正常生产。迪亚斯的私有化政策为外国投资者打开了大门，使墨西哥寡头变得极端富有，穷人和工人阶层则滋生出大量怨恨情绪。在哈里去剑桥求学期间，曾经推翻迪亚斯并当上总统的弗朗西斯科·马德罗在维克托里亚诺·韦尔塔（Victoriano Huerta）领导的军事政变中被赶下台，并遭到暗杀。权力争夺引发了一场血腥的内战。美国的威尔逊总统试图通过支持墨西哥当时立宪派领导人贝努斯蒂亚诺·卡兰萨（Venustiano Carranza）来对抗韦尔塔的夺权之举。立宪派的军事支持者包括潘乔·比利亚。旧日的墨西哥又重现了。

古根海姆家族在墨西哥北部经营着大约 30 座矿场和 5 家大型冶炼厂，其中有许多位于由潘乔·比利亚领导的北方师农民军所控制的边境所在州的中心地带。在阿瓜斯卡连特斯举行的墨西哥四大军事竞争对手的会议上，比利亚与卡兰萨决裂。这给古根海姆家族带来了一个不小的难题。威尔逊总统继续支持卡兰萨，而古根海姆家族不能违抗美国政府，他们也只能支持卡兰萨，这自然激怒了比利亚。因此，比利亚将丹尼尔和哈里视为自己的敌人，开始抢劫古根海姆矿场。

除了对古根海姆矿场造成严重破坏外，比利亚还对其他美国目标进行报复性劫掠，以期破坏美国和卡兰萨之间的关系。由于时局不稳，工人们的安全得不到保障，古根海姆矿场也就不断地复工又关停。

时势造英雄

潘乔·比利亚的空中侦察兵在墨西哥革命中并不是特别重要，但是哈里对于欧洲上空的新战场却非常着迷。报纸对法国、英国和德国战斗机参与的空对空小规模冲突进行了夸张的戏剧性回顾与评述。当时的飞行员驾驶着非常易损的机器，这些飞机大部分由易燃木材制成，几乎没有导航设备。在任何天气条件下，飞行都依靠目测导航。在战争初期，战机飞行员用左轮手枪和霰弹枪对射。但空战发展十分迅速。例如，早期的意大利卡普罗尼战斗机就要求另一名飞行员站在中央发动机上方的金属笼子中，背对飞行员，用机载机枪向尾随而来的飞机开火。这项工作绝对不适合胆小的人去做。

公众舆论仍然支持美国继续保持中立，但是这种态度在 1915 年 5 月开始动摇了，一艘德国 U 型潜艇在爱尔兰海岸附近击沉了英国皇家邮轮卢西塔尼亚号。哈里熟悉这艘船，他和海伦第一次去剑桥大学时乘坐的就是它。这次有超过 1 000 名乘客遇难，其中包括 128 名美国人，据史料记载，船上载有弹药。但令美国人怒不可遏的是，德国人在击沉这艘船之前没有发出任何警告。

这场战争很快就影响到了哈里个人：哥哥罗伯特入伍，成为第 69 军团的一名将军助理；堂兄埃德蒙德报名成为陆军二等兵，被派遣到梅格斯营，在军需部工作。哈里在彭布罗克学院同班的大部分毕业生都已经奔赴法国和比利时的战场，还有哈德利院长的儿子们，一个在战斗中受伤，经治疗无效死亡，另一个则失去了一条腿。就连“老伙计”也穿上军装，在法国布洛涅的英军情报部门担任少校。

每天看报纸的人都对地面战的残酷程度心知肚明。曾 4 次获得温布尔登网球冠军（其中包括哈里参加过的那回）的网球明星安东尼·怀尔丁在新沙佩勒附近一个防空洞掩体中，被落在上方的榴弹炮弹炸死。接着传来了哈里在剑桥大学的双打搭档韦布的消息。韦布在边防团第五营担任上尉，于 1914 年 10 月被派往前线，在法国的勒阿弗尔登陆。这支部队经历了一系列小规模战斗，最终参加了索姆河战役。这次战役是军事史上最血腥的战斗之一，韦布在指挥一个迫击炮连时，遭到敌军炮火袭击，当场阵亡。

哈里失去了在剑桥大学求学的岁月中最好的朋友，他们俩曾经一同度过了他人生中最快乐的时光。哈里后来说，韦布的死是他决定入伍的一个转折点。问题在于他要参加哪个兵种。那个年代，任何对航空感兴趣的人都会阅读《航空时代周刊》（*Aerial Age Weekly*），该杂志用插画生动地描绘了空中作战的情形，并且有令人惊心动魄的关于飞行员在几千米的高空作战的描述。法国空中战队的飞行员装备了机枪，每分钟可以发射 600 发子弹。新的空中战场极其危险，但是对许多人来说，它似乎是陆地战壕之外一个较好的替代选择。

欧洲在军用航空方面遥遥领先于美国。当时，美国海军和陆军的服役飞机数量极少。哈里的叔叔所罗门对此一清二楚，他曾在美国航空俱乐部发起的一次宣传活动中慷慨捐赠，为每个州的民兵组织筹集资金建立一个飞行中队。正如美国航空俱乐部的一份声明所说："欧洲的每一个军事部门现在都认识到，一支没有'空中之眼'的海军部队就像一艘没有潜望镜的潜艇一样无助……而一个没有空中力量的国家就像'卢西塔尼亚号'沉没时一样无助。"

在黄金海岸，一群耶鲁大学本科生想成为海军的"空中之眼"。他们开始上飞行课，进行大量的训练，以便为美国海军预备队组建一支军事航空部队。这一切是由弗雷德里克·特鲁比·戴维森（Frederick Trubee Davison）组织的，他是新成立的美联储的组建者之一亨利·戴维森（Henry Davison）的儿子。当哈里听说这些年轻的耶鲁人进行飞行训练的消息之后，他备受启发，立刻行动组建了自己的规模较小的飞行志愿者小组，并且给自己安排了飞行课程。

丹尼尔是否对儿子决定为海军预备役训练临时飞行队而感到担忧呢？那是肯定的，但哈里应该已经成功地安抚了父亲，保证自己的飞行训练相对安全。他在一架柯蒂斯水上飞机上接受训练，这是一种混合型船型水上飞机（如果一旦坠毁，那一定也是在水上）。密封性好的水密舱意味着飞机永远不会沉没。哈里可能还向丹尼尔解释过，飞机在水域上空比在陆地上空更加稳定，因为河流、湖泊和海洋有一望无际的平坦表面，而陆地和近距离建筑物之间则更容易形成气旋。

哈里作为一名富有的年轻人，于1917年3月购买了一架属于自己的柯蒂斯水上飞机进行训练。水上飞机的制造者，传奇人物格伦·哈蒙德·柯蒂斯（Glenn Hammond Curtiss）还开办了飞行学校，哈里在那里上了一些初级课程。柯蒂斯是一位一丝不苟的老师，在训练中给未来的飞行员仔细地讲解飞行器的每一项独特技术。学员们学习了如何使用肩轭式副翼以保持侧面平衡、V8水冷活塞发动机的工作原理，以及动力是如何从发动机气缸传导到发动机曲轴上的。哈里对自己那辆老梅赛德斯车发动机的工作原理略知一二。汽车发动机不必全速运转，在行驶到目的地的过程中速度常会发生变化，而飞机发动机却不是这样，飞机发动机在大部分时间里必须全速运转。如果发动机开始发出噼啪声，那么飞行员就需要快速确定问题所在：发动机不启动是因为化油器那里没有空气流动，还是因为燃油管路堵塞？是否知道答案可能决定着飞行员的生死。

柯蒂斯水上飞机从机头到机尾长8米，被13.7米长的巨大机翼一分为二。在开放式驾驶舱内有两套完全相同的控制装置，分别供教练和学员使用。哈里一直记得教练告诉他的第一件事情："看到那些仪表了吗？不要理它们。首先，它们并不准确……我要求你找到开飞机的感觉，不管仪表是怎么显示的。"他最初的几次练习相当于飞行员们所说的"割草"，飞行高度距离水面只有几米。哈里很快就掌握了诀窍，学会了如何选择俯冲和改变轨迹的时机，朝着一个或另一个方向推动控制装置，以便让巨大的飞机能够保持直线和水平飞行。在训练时，哈里肯定没少听柯蒂斯抱怨主要竞争对手莱特兄弟如何将他告上法庭，指控他侵犯专利权。柯蒂斯可能会说，就是因为这些诉讼影响了新设计的机翼的推出。即便如此，通过委托生产现有型号的飞机，海军还是取得了进展。在海上基本上没有雷达的时代，水上飞机可以巡逻侦察敌舰并进行海空救援，还可以提供火炮定位和战术侦察。美国海军当时正寄希望于这些能力。那年春天，当哈里购买自己的柯蒂斯水上飞机时，全美大概只有38名海军飞行员。到了第二年底，已经增加到了1 650人。

同年4月，美国加入其盟友英国、法国和俄国等所在的行列，向德国宣战。

听到这个消息，哈里兴高采烈地用力敲打着键盘，给他的前导师、彭布罗克学院的新院长威廉·谢尔顿·哈德利写了一封信：

> “亲爱的院长，我终于可以高兴地告诉您，我们加入了你们的阵营……当然，目前我们处于一种非常糟糕的战备状态，而且还需要花很长时间才能向法国提供实质性援助，但是现在这个国家的所有资源都正投入准备工作中。我认为宣战是在所难免的事，所以在此之前好几个星期，我订购了一架水上飞机，趁着在佛罗里达州棕榈滩两个星期的假期（这是我和您分别后第一次度假）开始学习飞行。几个星期内，我和其他一些拥有水上飞机的人将建立一支非正式的飞行小队，在那里，我和其他一些买不起水上飞机的人熟练掌握了飞行技能，在美国政府甚至还没有组建自己的飞行培训学校之前，我们就可能获得飞行部队的委任。在这个伟大的国家里，飞行员和飞机的数量都屈指可数，而美国目前还没有用于教授飞行的专业场所……而我们能够提供帮助，您不知道我有多开心。爱你们所有人。”

两个月后，哈里准备驾驶柯蒂斯水上飞机完成首次独立飞行。他驾机起飞，高高地升到水面上空，身后是发动机震耳欲聋的轰鸣声，狂风将他的护目镜吹得紧贴面部。可以想象他第一次独自驾驶这艘巨大的、带着机翼的摩托艇时有多么欣喜若狂。接着，他在华盛顿港和长岛的贝肖尔进行了飞行演练。最后，哈里获得驾驶柯蒂斯水上飞机 F 型双翼机和三翼机的资格。不久，他就被任命为美国海军预备役中尉，并被派往位于贝肖尔的美国海军航空站。在那里，他学习了军事地图的绘制、无线电报通信技术和仪器仪表的运用。1917 年 9 月 14 日，哈里在美国海军预备队注册，服役期 4 年。

9 月 18 日，哈里再次给哈德利写信：

> “亲爱的院长，我刚刚收到海军预备役飞行队初级中尉的委任令。我将在华盛顿待一两个星期，然后，根据目前的安排，我将在 10 月份的第一个星期或第二个星期启航。我非常希望能够途经英国……请告知

库默先生和查皮，因为我猜您一直与库默先生保持着联系，而查皮也一直在您的身边。后会有期。”

哈里于10月20日乘坐轮船离开美国纽约前往法国巴黎。在旅途中，他看到报纸上依然大肆描写鲁莽大胆的飞行员在近距离空战中获胜的冒险故事。不过，这些报道并没有提及战斗飞行员的预期寿命极短。在某些情况下，飞行员甚至只接受了几个小时的训练就开始飞行。军方几乎没有时间关注飞行员的安全，他们的目的就是赢得战争。他们急需有能力的人检查飞机的机械安全性和结构完整性，并查明是否有人企图破坏飞机。军方需要具备强大分析能力的人对位于欧洲海岸线上的几十处预选的地址进行评估，以建立新的海军航空站。

从各方面来看，哈里都符合要求。他从柯蒂斯那里学到了许多关于水上飞机建造、维修和运输方面的知识，而这些专业知识在当时都是稀缺的。于是，哈里的第一个任务就是前往海军作战办公室，首先对由15个水上航站组成的航站系统进行长时间的检查，以支持法国的飞行任务。另外因为哈里拥有丰富的知识，比如，飞机库必须离水多远，或是如何为执行特殊任务的飞机进行改装。他随后被派往英国和意大利，帮助组织建立此类作战中心。

第二波西班牙流感给位于法国布雷斯特和葡萄牙蒙奇克的军人带来了巨大损失，而哈里正好打算去那里检查仓促建成的水上飞机和系留气球航空站。所幸这项任务耗时不长。他的下一站是波亚克，在那里参与制订飞机组装及维修的工作规程。该地区是美国海军飞机运往法国的关键枢纽。从那里可以前往智利的拉卡诺，收集运抵飞机的性能数据，也可以前往法国阿卡雄评估部署飞艇停放地点。哈里被派往法国的罗什福尔和圣特罗让莱班的航空设施点做同样的工作，随后又被派到意大利的博赛纳湖和科尔西尼港协助开展海军航空站的选址工作。

哈里在意大利的任务是去罗马出差，从意大利制造商那里为美国海军采购卡普罗尼轰炸机。但是他遇到了一个小问题，那就是陆军也想要轰炸机，而且其代表已经赶到了当地。哈里的竞争对手是一名人脉很广的军官：来自纽约州的美国众议院议员、陆军少将菲奥雷洛·拉瓜迪亚，他当时正处于休假中。即使对古根海姆家族的人来说，这也是一场激烈的竞争。拉瓜迪亚的意大利语说得很流利，刚与意大利国王埃马努埃莱三世共进过晚餐。这位未来的纽约市长试图通过散布谣言来破坏哈里的努力，他说哈里正在寻找飞机保护古根海姆铜矿场的运营。正如哈里后来所言："这是个巧妙的策略，但没有奏效。"哈里成功地说服意大利人把轰炸机卖给了美国海军。

最后一项任务将哈里带到了英国基林霍尔姆的海军航空站，美国制造的柯蒂斯 H-16 水上巡逻机就是在那里组装的，然后起飞执行反潜和在空中掩护北海护航队的任务。后来哈里被提拔为少校指挥官。在服役期间，他没有与敌军战斗机进行过近距离空战，也没有击落过任何一架福克三翼机[①]。但是他已经学会了飞行，并且获得了大量实用性航空知识。航空运输，无论是军事领域还是民用领域，都还处于起步阶段，但是在哈里看来，很显然，有朝一日它将在这两个领域发挥变革性的巨大作用。

1918 年交战双方签署了停战协定。12 月 2 日，英国皇家邮轮"毛里塔尼亚号"在纽约 54 号码头下锚，首批 4 000 名美国官兵返回家园。哈里属于首批下船的人员。海伦站在那里迎接他，她当时正在红十字会食堂的码头工人分会服务。随后在剑桥大学彭布罗克学院小礼拜堂的回廊里很快就出现了很多石碑，上面刻着 305 名从彭布罗克学院毕业的男人的名字，他们再也回不来了。这一惊人的死亡数字占彭布罗克学院所有参战男性的 27%。死亡数字如此之高反映了这样一个事实，即大多数彭布罗克学院毕业生担任的是军官职务，而军官的伤亡率是军衔较低者的两倍。

战争使哈里和海伦分开了一年之久，这让他们之间本就日趋严重的隔阂变得更深。先前哈里总是在百老汇 120 号没日没夜地工作，或者长途跋涉前往智利，动辄离开好几个星期，接着他又在战争期间离家好几个月，聚少离多给他们夫妻的关系造成了恶劣影响，导致他们常常争吵。也许，哈里和海伦结婚时确实太年轻、太冲动了。

① 德军著名机型，几乎每一位德国空军飞行员在第一次世界大战时都驾驶过。——译者注

家族危机突如其来

当哈里在柯蒂斯那里学习飞行课程时，丹尼尔在黄金海岸完成了一笔令人瞩目的房地产交易。哈里的叔叔威廉在该地区买了一座占地约 20 公顷的庄园；艾萨克在伍尔沃思庄园旁边建造了一座意大利文艺复兴风格的宫殿，并称之为卡罗拉别墅。但是与哈里的父母所购置的房产相比，这些豪宅只能算小屋。据报道，丹尼尔以 60 万美元买下了古尔德城堡，而它的价格大概只有实际价值的一半。古尔德城堡是美国当时“最不正常”的一对夫妇所拥有的庞大房产，它是一座有 40 个房间的都铎式和哥特式豪宅，并附带一座城堡，城堡中另外还有 40 个房间。城堡被护城河包围，需通过吊桥进入。丹尼尔将它买下后，重新命名为亨普斯特德庄园，因为在这里能俯瞰亨普斯特德湾。

至此，丹尼尔在自己的黄金岁月里拥有了一座世外桃源，在铜业正陷入动荡的时期，这是一件令人欣慰的事。丹尼尔和另一位铜业大王约翰·D. 瑞安在战争期间降低了铜价，预想铜价日后会反弹。然而，铜价在战后暴跌，从 1918 年的每千克 53 美分跌至 1919 年的每千克 40 美分。停战协议签署后，各国铜储备释放，压低了国外需求。铜的二级市场也在苦苦挣扎。欧洲战场上的废金属被收集起来，用于生产铜，再一次降低了海外需求。大约在这个时候，美元和智利比索之间的汇率下降，推高了丘基的运营成本。在接下来的几个月里，铜价上涨，然后再次持平，导致丘基矿石的预期收入大幅下降。雪上加霜的是，10 年前为开发丘基而发行的债券很快就要到期了，支付这些债券的时刻一旦来临，古根海姆兄弟公司就将面临铜业资金短缺的问题。

所有这些都给合伙人带来了沉重压力。就在古根海姆兄弟公司斟酌他们的下一步行动时，哈里和威廉·C. 波特正准备视察公司在玻利维亚的锡矿，他们计划在那里建造一条耗资 20 万美元、长度近 10 千米的空中缆车线，以便将更多的锡矿石从矿场运到冶炼厂。他们在各自妻子的陪同下乘坐轮船旅行。这是年轻的古根海姆夫妇和波特夫妇多次结伴旅行中的一次。在这些漫长的旅途中，哈里与身材苗条、富有艺术气质的卡萝尔·波特越来越亲密，他们俩很快就走到了一起。

哈里开始和上司的妻子谈情说爱，很显然，如果你上司的上司是你的父亲，风险就会小一些。

锡业的销售额不足以弥补古根海姆家族的铜业困境，但是丹尼尔和哈里都认为，硝酸盐这种新的经营项目可以为公司带来巨额收入。硝酸盐是智利的主要出口产品，用于医药、化肥和炸药。在去丘基出差的途中，哈里总会路过一片片广袤的沙漠硝酸盐田。当时人们在使用尚克斯法获取硝酸盐，那是一种缓慢而艰辛的提炼过程。在与古根海姆集团的工程师 E. A. 卡佩伦 · 史密斯讨论之后，哈里确信这一加工工艺可以得到根本性的改进。丹尼尔同意他的想法，并认为如果合伙人能够将行业充分整合，那么由此制得的硝酸盐就可能成为未来的主打产品。接着，史密斯研究出一种新的精炼工艺，它具有更高的提取率，可以将生产成本降低 25%。“硝酸盐，”丹尼尔称，“将使我们拥有超乎想象的财富！”

年轻的古根海姆夫妇和波特夫妇从玻利维亚回来后，卡萝尔向威廉提出离婚，哈里也向海伦提出离婚。法院的离婚判决宣布得很快，几天后，哈里和卡萝尔就悄悄前往新泽西州举办了一场秘密的婚礼。他们都是第二次结婚，各自已经有了两个女儿。卡萝尔与丈夫离婚，理由是他对事业的痴迷导致他完全不顾及个人生活。哈里没有就他与海伦的离异发表公开声明，只是在几年后，他把他们婚姻的失败归咎于自己。他一定感到了某种程度的自由：现在他是一名退伍军人和专业级别的飞行员，在家族企业中前途光明，而且最重要的是，他再次坠入爱河。

但古根海姆兄弟公司的情况正在发生变化。管理 ASARCO 的三巨头丹尼尔、默里和所罗门决定退休，他们将专注于经营家族合伙人企业，让西蒙接任 ASARCO 总裁，并接纳几名由古根海姆家族支持的新董事会成员。这导致了与该托拉斯的主要股东之一卡尔 · 艾勒斯（Karl Eilers）的摩擦，艾勒斯是 ASARCO 托拉斯的一位联合创始人的儿子，也是西蒙的长期竞争对手。艾勒斯认为，多年来，古根海姆兄弟公司为了个人利益操纵 ASARCO 的财务，并且让 ASARCO 的股东们无法从丘基的巨额利润中获益。经过一系列法庭辩论，并且经过美国前总统塔夫脱在两派间进行调解，双方达成了妥协。古根海姆家族同意选举产生一个不受其利益支配的新的董事会。一篇报道指出，这个庞大的矿业托拉斯从此不再是古根海姆家族“毋庸置疑的领地”，或者不再是古根海姆家族的“橡皮图章”。西蒙将继续担任总裁，这充其量只能算作一场代价高昂的胜利。

一场董事会的斗争虽然结束了，但另一场又开始了。随着铜价持续下跌，一位熟悉的竞争对手提出了一笔不同寻常的交易报价。这位对手就是约翰·D. 瑞安，他在银矿产业和电力领域拥有举足轻重的股权，并且掌管着安纳康达铜业公司（Anaconda Copper）。丹尼尔就将要讨论的提案向众人分发了一份备忘录。当这一天到来时，古根海姆家族的老一辈和小一辈齐聚在合伙人会议室里，老一辈们严肃的表情使得空气中弥漫着一种沉重的气氛。丹尼尔，那个坐在大椅子里的小个子男人首先打破了紧张气氛，迅速切入正题。他指出，近期铜价的预测不容乐观，而向债券持有人结算的日子也即将来临。他说，来自安纳康达铜业公司的交易报价将同时解决这两个问题。他列出了交易条款：安纳康达铜业公司出价7 000 万美元（约相当于今天的 10 亿美元）购买智利铜业公司 380 万份股票中的200 万股，这将使安纳康达铜业公司获得古根海姆家族智利铜矿的控股权，而古根海姆家族则将成为少数股东[①]。

出售丘基的多数股权？哈里知道这件事迟早要发生，但是从自己的父亲嘴里听到这个消息对他来说是一种毁灭性的打击。很明显老一辈们已经做出了决定。丹尼尔认为，这笔巨额资金将用于公司未来的投资，从而进行资本重组，接下来公司将专注开发下一项重要业务：硝酸盐。哈里则认为丹尼尔的论点很荒谬，因为在丘基，古根海姆家族已经拥有了当时世界上最大的单一低品位铜矿资源，这座矿藏预计在今后 100 年内都会持续带来财富。而在近一个世纪后的今天，事实也证明确实如此。丘基是公司的未来，因此也是哈里和埃德蒙德的未来，难道不是吗？哈里瞥了一眼桌子对面，想看看埃德蒙德的反应，他的目光中一定充满了反感。这笔交易是对哈里为丘基付出的血汗的一种背叛。他曾经成功处理了令人

① 指持有 50% 以下投票权股票的公司股东。这种股东在公司没有绝对经营权和管理权。——译者注

难以置信的物流难题；他为了做成各种事情而不得不逢迎自负的经理们；他解决了寻找劳动力的重重困难；他无休止地寻找建筑材料，即使在欧洲战争使得此类采购变得异常艰难的情况下。**难道说，所有这些努力都是为了给老一辈们创造一个退休福利“礼包”，最后只剩下一家规模小得多的公司，而被套住的小一辈们还得再去寻找未必比得上现在本已拥有的矿产的新矿业财产吗?**

据报道，会议持续了一段时间。老一辈们对小一辈们的愤怒争辩充耳不闻。丹尼尔用拳头猛击桌子，从座位上突然站起来，对着儿子大喊大叫，而哈里则试图提高嗓门盖过父亲。丹尼尔喊道：“像这样的交易千载难逢！”而哈里一直很敬佩的西蒙则不断地附和道：“除了卖出，别无选择。除了卖出，别无选择。”过去的合议制度被扔到了一边，那是迈耶定下的老规矩，即所有决定必须在达成共识后作出，也不复存在。所罗门似乎是会议中唯一一个心存疑虑的老一辈成员。他经常表现出对董事会中年轻成员的同情，那么他现在会支持他们吗？所罗门钦佩哈里的敢作敢为。很显然，哈里身上遗传了他父亲的基因，而且所罗门对硝酸盐的前景充满了怀疑。但是他衰老的脸上的皱纹似乎越来越深，因为很明显，这笔交易已经是板上钉钉。最后，所罗门与其他老一辈成员都投票赞成出售，是时候放弃丘基了。

那天，哈里和埃德蒙德怒气冲冲地离开了合伙人会议室。在这项他俩真心认为会让合伙人企业走下坡路的决定上，他们被多数票否决了。现在他们只剩下一张牌可打了。在董事会作出决定半个月后，哈里和埃德蒙德从古根海姆兄弟公司辞职。丹尼尔通常比其他人能多预见一些事情，但他显然没有预见这次反叛。老一辈和他们正在精心培养的下一代家族族长的年轻人之间出现了令人痛苦的分裂。

丹尼尔可能认为，随着时间的推移，哈里会改变主意。哈里和卡萝尔在几个星期前刚刚结婚，丹尼尔不想在他们生命中本该快乐的时候泼冷水。更何况，丹尼尔非常喜欢他的新儿媳。卡萝尔身材高挑，体型瘦削，气质沉稳，学识渊博，是个优雅的女人。她总能让哈里平静下来，她年轻的脸上带着一抹若有若无的迷人微笑，配上眉梢高挑、富有表现力的眉毛则更显灵动。卡萝尔具有艺术家的敏感，在绘制具象画和剪影画方面颇有天赋。她的家世也颇为显赫，纽约和她的家乡芝加哥的社会名人录上对莫顿家族也早有记载。她是西奥多·罗斯福总统手下的海军部长保罗·莫顿（Paul Morton）的女儿，是格罗弗·克利夫兰（Grover Cleveland）总统手下的农业部长朱利叶斯·莫顿（Julius Morton）的孙女，还是莫顿盐业公司（Morton Salt）创始人乔伊·莫顿（Joy Morton）的侄女。

丹尼尔不希望这场突如其来的家庭危机加剧。于是丹尼尔和弗洛伦丝送出了一份哈里和卡萝尔无法拒绝的结婚礼物：一块从亨普斯特德庄园分割出来的约 36 公顷土地，大部分位于俯瞰海湾的悬崖上。这份礼物还包括 25 万美元（约相当于今天的 400 万美元），供新婚夫妇建造一个家，既不是租来的城堡，也不是新建的城堡，而是属于他们自己的黄金海岸豪宅。

如果丹尼尔想通过这个把哈里留住的话，那么他算是成功了。哈里和卡萝尔谦恭地接受了这份礼物。他们选择在这块土地上建造一座诺曼风格的庄园，并将其命名为“法莱斯”[①]。这个词在法语中的意思是“悬崖”，但是哈里的灵感可能来自征服者威廉出生地的法莱斯城堡，威廉发动了诺曼人对英格兰的征服，并成为英格兰的第一位诺曼国王（哈德利一定会赞同这一说法）。哈里将设计和施工分别交给了纽约著名建筑师弗雷德里克·斯特纳（Frederick Sterner）和波尔希默斯和科芬公司（Polhemus & Coffin），该公司专门从事建造法国小城堡和庄园风格的住宅。

就在 7 000 万美元的支票抵达百老汇 120 号的一个星期之后，哈里和卡萝尔登上了“巴黎号”轮船，前往欧洲度蜜月，同时为新家寻找家具。斯特纳陪同他们完成了部分行程。哈里和卡萝尔拜访了在法国巴黎、马赛、阿维尼翁、枫丹白露、里昂和鲁昂的艺术品和古董经销商，然后前往意大利的罗马、佛罗伦萨、索伦托、佩鲁贾和巴勒莫，接着又去了阿尔及尔和突尼斯。他们运回了来自中世纪

① 在 20 世纪 20 年代，法莱斯一词也常在新闻中出现，当时亨利·德拉·法莱斯侯爵，一位在第一次世界大战中因作战英勇获得十字勋章的法国王牌飞行员，与电影明星格洛丽亚·斯旺森结婚。格洛丽亚·斯旺森婚后改名为格洛丽亚·拉贝莉·德拉·法莱斯。——作者注

的建筑碎片、荷兰砖块、文艺复兴时期的画作，以及 17 世纪的木雕。他们购买了一个巨大的需要拆开之后再重新组装的石制壁炉罩，还有准备用来做法莱斯拱形木质大门框架的熔岩石柱，这个造型很容易让人联想到剑桥大学彭布罗克学院的 14 世纪门楼。

几个月后，当这对夫妇从欧洲归来时，哈里和丹尼尔继续就先前未解决的问题进行沟通。哈里没有改变离开公司的决定。丹尼尔认为合伙人企业的理念很明确：年轻成员享受成为正式合伙人的好处，同时也应该承担大量的工作，而老一辈则出资并管理公司资本，以使年轻人的工作得到回报。丹尼尔认为，像哈里和埃德蒙德那样辞去董事会成员的职务，但却继续在公司投资的企业里担任职务是一种背叛。哈里却认为，卖掉丘基对小一辈成员的未来造成了重大损失，这才是真正的背叛。

丹尼尔给儿子写了一封令人不快的信："我原以为你会决定继续从事你感兴趣的事情，并且会主动站出来承担你的责任，因为我认为你有责任这样做，这会使我们的企业取得更大的成功。我们老一辈基本上同意承担财务负担，因为我们必须维持现有的财务状况。与此同时，我们也默认小一辈应承担工作重负。我无法理解，在你和埃德蒙德作为公司成员承诺共同经营企业的决定之后，你们如何推理得出结论，觉得自己有理由退出并让我们老一辈同时承担这两项职责的。诚然，你提出私下里分担我的工作并协助我履行职责，但我当然不能接受这一解决方案……时光在流逝，我们中的任何一个人，无论是老一辈还是小一辈，都可能死去。我们都应该以某种方式……将我们像棍子一样紧紧捆在一起。"啊，棍子。换了迈耶·古根海姆会怎么做？丹尼尔没有发出这封信，却以稍显柔和的语气重新撰写了一封与这个版本内容差不多的信。

哈里的反驳很简短："亲爱的父亲，我面前放着您昨天的来信，收到它时我有些惊讶……我已经非常努力地在我们最近的谈话中阐明我的观点了，无论是在我动身去欧洲之前还是从欧洲回来之后。很显然，这些谈话让您感到不快，但对我来说也一样不愉快。"哈里反驳了父亲关于背叛的指控，说他知道父亲的信"是出自您对我的幸福的热切关心以及对我的爱，我在读信时可以感受这一点”。但是哈里的立场很坚定，“如果您喜欢的话，我认为您‘误解’了整个事件，自始至终，我一直在努力践行莎士比亚笔下的波洛涅斯[①]给他儿子的建议，即：‘**你必须对你自己忠实；正像有了白昼才有黑夜一样，对自己忠实，才不会欺诈别人。**’”

几个星期过去了，父子之间展开了更多的对话，不是通过信件，而是在穿过亨普斯特德庄园广阔的领地一同散步时进行的，当时法莱斯庄园已经竣工。卡萝尔一定在哈里与父亲的谈话中起到了缓和气氛的作用。最终，丹尼尔接受了哈里离开公司的决定，很显然，他知道哈里有一天会重返公司。1924 年 4 月 23 日，哈里和卡萝尔给丹尼尔和弗洛伦丝带来了另一个孙女戴安娜，这是哈里和丹尼尔重修旧好的契机。从此以后，老古根海姆越来越倚重小古根海姆了。

①《哈姆雷特》中，哈姆雷特所爱之人奥菲利娅的父亲。——编者注

06

动用家族财富支持飞行事业

THE
BUSINESS
OF
TOMORROW

如果我是一个试图在科学或商业领域开创事业的年轻人，我会毫不犹豫地转向航空业。我认为这是通向机遇的绝佳之路。

THE BUSINESS OF TOMORROW

飞行将成为不可思议的大生意

1923 年，丹尼尔辞去了他在 ASARCO 的董事职务，这是他在该托拉斯及家族企业中担任的最后一个正式职位。伯蒂·查尔斯·福布斯，那位前来拜见丹尼尔的年轻记者，将丹尼尔列为美国第 13 位最富有的人，估计其净资产为 7 000 万美元。古根海姆家族被称为美国的罗斯柴尔德家族，任何参观过亨普斯特德庄园的人都会认可这一说法。当访客走近城堡的主门廊时，一个巨大的日晷会从入口上方映入眼帘，在它的后面，是围墙的垛口，这是仿古设计，守卫城堡的弓箭手会在此处向敌人发动攻击。走进去之后，抬头仰望近 20 米高的门厅时，脖子都会仰得酸痛，那里的空间就如同大教堂一样宽阔。在通向二楼的楼梯两侧的栏杆上雕刻着古老的凯尔特结图案。一楼的墙壁上挂着中世纪挂毯、英王詹姆士一世时期的古董和杜比尼、霍默·马丁及柯罗的画作。丹尼尔将古尔德的书房原样保存下来，这是一个仿照英王詹姆士一世时期的建筑风格建造的房间。台球室的天花板用富丽堂皇的金箔装饰，而台球室那些巨大的门则是从一座 17 世纪西班牙宫殿中搬过来的，上面雕刻着中世纪的士兵的肖像。大厅尽头有一个两吨重的保险箱，用于在他们频繁出国旅行期间存放家里的银器和弗洛伦丝的珠宝。

丹尼尔在庄园里增加了一些其他设施：几个网球场和一个九洞高尔夫球场。根据当时的描述，丹尼尔作为一位乡绅，享受着自己的土地上自给自足的生活，他“经营着一个牛奶场，屠宰自养的牛，风干牛肉，腌制火腿、香肠和培根，自己种植水果和蔬菜，自己制作果酱，宰食自家的母鸡和树林里的野鸡。”人们可以通过一扇专用的门进入屋顶上带有栏杆的瞭望平台，从那里可以看到方圆 3 千米的庄园全景。哈里和他的兄弟姐妹们都在亨普斯特德庄园拥有自己的“套房”，还时常在庄园里骑马。庄园拥有约 200 名工作人员，其中包括 50 名日间服务人员和 18 名家庭仆佣。庄园所使用的标识多少体现了一些上天注定的巧合。古尔德制作了字母 G，放在所有的大门和拱门上代表他的家族姓氏，而古根海姆家族的首字母也是 G，这个不需要更改。

丹尼尔曾是众多犹太人协会、纽约市交响乐团和纽约市各植物园的慈善捐赠者。当时年近 67 岁的他开始思考如何能够让自己的财富产生更久远的影响。他早期的两个想法分别是资助农业教育和在原有基础上进一步推进他在工作场所进行的改革。这两个想法都很有用，但都是渐进式的，而且政府已经开始在这两个领域发挥更大作用。几个月来，在与哈里修复关系的过程中，丹尼尔经常听自己的飞行员儿子滔滔不绝地谈论即将到来的飞行时代。丹尼尔从未见过哈里如此专注于一项爱好。哈里总说，飞行将成为未来的大生意。丹尼尔很想知道，如果是这样的话，那么飞行是不是也值得进行慈善投资？他无法确定。

摆脱了家族企业束缚的哈里在飞行上花了很多时间，驾驶着自己的飞机在长岛上空翱翔。他还花了很多时间与其他飞行员交流，谈论缺少简易机场及没有任何气象信息可供飞行员参考的现状。哈里深知自己新痴迷的飞行事业存在各种危险，但是它可能发展成为一项不可思议的大生意！战后，欧洲的航空旅行呈爆炸式增长。但是，在哈里看来，美国在这方面已然落后了。

莱特兄弟于 1903 年在基蒂霍克发明了动力飞机，然而直到 15 年后才首次出现定期航空邮递服务。为什么会这样？一个原因是莱特兄弟不欢迎竞争对手。当水上飞机的制造者柯蒂斯，也就是哈里最初的飞行教练之一，在自己的飞机上采用了新的机翼弯曲设计时，莱特兄弟向柯蒂斯提起了专利侵权诉讼，导致柯蒂斯的生产被迫中止。在之后的几年间，莱特兄弟花费了 15.2 万美元与柯蒂斯打官司，而且之后针对其他制造商的诉讼花的钱更多。后来，一项关于早期航空业领导地位的研究证实："莱特兄弟以顽固的方式保护自己的发明的技术进步，这极大地影响了美国航空业的早期发展。"

20 世纪 20 年代中期，美国政府通过了《航空邮件法》(*Air Mail Act*)，允许美国邮政部将航空邮件的投递工作外包给殖民空运（Colonial Air Transport）和西部航空快运（Western Air Express，WAE）等航空初创公司。而常规客运服务事实上不存在，除非将每年约500名喜欢冒险的人算在其中，他们会购买航空邮递航班的机票，然后坐在邮袋上面飞往目的地。

当时的美国人仍然认为乘坐飞机是危险且鲁莽的。大多数人除了在巡回航展上看看飞机之外，从未亲眼见过飞机。在航展上，巡回飞行表演队用飞机表演特技，而这些飞机特技表演者似乎比空中飞人艺术家冒的风险更大。在美国人心目中，“正当合法”的飞行员就是那些运送美国邮政邮件的人，或者是像哈里这种曾在战争期间加入过海军航空后备队的年轻人。

被航空世界吸引的年轻人往往对各种风险不以为然。在纽约大学，由4门科目组成的航空航天试验课程是大四学生的最爱。该课程主要讲授飞机和螺旋桨设计，以及空气动力学原理。当时羽翼未丰的航空工业规模很小，几乎每一位选修该课程的大四毕业生都能找到一份工作。因此，纽约大学决定设立一个永久性的航空工程课程，前提是能筹集到资金。为此纽约大学成立了一个组织委员会，哈里受该校教员亚历山大·克莱明（Alexander Klemin）的邀请加入其中。克莱明是一位才华横溢的英国工程师，也是一名飞行爱好者，哈里大概是在长岛认识他的。

组委会估计需要50万美元的费用，委员们提出开展一项公共筹款活动。哈里反对说，要为一所学校筹集那么多资金是很困难的。相反，他提出，如果纽约大学校长埃尔默·埃尔斯沃思·布朗（Elmer Ellsworth Brown）愿意亲自写一封游说信，比如说成立一所“古根海姆航空学院”，那么他可以去试探一下自己富有的叔伯们是否有兴趣捐赠这笔资金。哈里把校长的信带回家，交给自己的父亲。当时法莱斯庄园的工程正在收尾阶段，哈里和卡萝尔都住在亨普斯特德庄园里。据一篇报道所描述的：“丹尼尔阅读这封信时就像在审视矿石样本，他说他要好好考虑一个晚上，然后就上床睡觉了。”哈里将在第二天得到他的答复。“丹尼尔早上起来，和儿子一起坐在用胡桃木镶板和彩色玻璃窗装饰的伊丽莎白一世时代风格的早餐室里，在一名穿着制服、戴着白手套的男仆的服侍下，享用着炒蛋、培根、吐司和咖啡。丹尼尔告诉哈里不要再费事把信分头寄出去了，他会自己支付需要的所有费用。”次月，丹尼尔公开宣布捐赠这笔资金，用于赞助一个螺旋桨实验室和风洞实验室，资助 3 名教授和研究助理，并建造一座两层高的研究楼。

这是一条重大新闻：古根海姆父子突然动用家族财富去支持一项大多数美国人都知之甚少的项目。他们的这份捐赠受到全美各地报纸的赞扬。令哈里非常满意的是，莱特兄弟中的弟弟，奥维尔·莱特（Orville Wright）同意担任古根海姆父子为航空事业所成立的基金的咨询委员会主席。同年 10 月，400 名教员、学生和来宾聚集在纽约大学，观看丹尼尔·古根海姆将一把铁铲插入泥土中，并为丹尼尔·古根海姆航空学院（Daniel Guggenheim School of Aeronautics）揭牌。丹尼尔指出：**“如果我是一个试图在科学或商业领域开创事业的年轻人，我会毫不犹豫地转向航空业。我认为这是通向机遇的绝佳之路。”**

比美国任何人都了解航空业的动态

丹尼尔的这次捐赠表明，航空已不再是一种新奇事物，而是一种可能与铁路和公路相匹敌的新型交通方式。正如《费城询问报》（*The Philadelphia Inquirer*）所言：“很显然，将航空变成公共事业的梦想即将在这个国家实现。古根海姆的捐赠会为实现这一梦想提供强大的助推力。”这是一种富有想象力而有些夸张的观点。事实上学术界离实现这一梦想还有相当长的距离。全美只有 5 所大学开设了航空工程课程。哈里开始把纽约大学的课程看成是一种更宏大的试运行的全国模板。对纽约大学的捐赠已经将家族品牌和传承从其传统的采矿业领域转移到一个新的商业领域。许多投资者和慈善家仍然认为航空业风险太大，而这正是问题所在。哈里争辩道，作为一名飞行员，他知道只要遵守基本的安全预防措施，那么驾驶飞机就和驾驶汽车一样安全。

美国联邦政府的行政部门也在谈论航空业，但当时还没有推出什么指导性政策。柯立芝总统任命了一个委员会评估政府应该扮演什么样的角色，它由柯立芝在阿默斯特学院的老同学、摩根大通集团（J. P. Morgan）的合伙人德怀特·莫罗（Dwight Morrow）领导。该委员会很快制定了一个规范空中航行和颁发飞行员资格证的框架。莫罗也曾是古根海姆矿业公司的出资人，他将和哈里就此事进行讨论。1925 年 12 月下旬，哈里前往华盛顿拜访莫罗。他做了充分准备，打算和莫罗讨论他父亲已经认可的一个想法，但这个想法还需要得到柯立芝政府的帮助，建立一个数百万美元的全国性基金会来推进航空业的发展。哈里向莫罗解释了他设想的新型金融模式：该基金会将不是传统意义上的慈善事业，也无意为航空业提供任何形式的永久性补贴。相反，哈里将其视为金融火花塞。

这一思路与公私合作的先驱，商务部长胡佛的“联合主义”（associationalism）学说有点不谋而合。哈里所制定的金融模式以及他父亲愿意给予的惊人的支持显然给莫罗留下了深刻的印象。

接待哈里的人只问了一个问题：“稍等一会儿，您是否有空与柯立芝总统会面？”哈里欣喜若狂，但他也知道柯立芝是一个节俭的、信奉小政府主义的保守派人士。有一次，柯立芝被要求在军用航空上多花一些钱，然而他冷冷地问道：“为什么我们不能只买一架飞机，然后让所有飞行员轮流驾驶呢？”哈里必须让柯立芝相信，古根海姆计划将在政府几乎或根本不提供财政援助的情况下促进美国航空业的发展，但这取决于柯立芝愿意听他讲多少。一般情况下，总统认为，有 90% 的来访者不配得到他们要求的东西。通常，总统会静静地靠在椅背上听来访者发言：“如果你保持纹丝不动，他们就会在三四分钟后偃旗息鼓，不再继续讲下去。”

哈里来到白宫行政楼，然后被引荐给坐在椭圆形办公室里的总统。以沉默寡言著称的柯立芝靠在椅背上，听着哈里概述该基金可能实现的目标。哈里向柯立芝保证，该基金会的运作范畴完全属于自由市场方式，而不是像欧洲体系所采取的补贴方案。这将为航空业羽翼未丰的研发工作提供动力，从而激发私营企业的投资。该基金会将在两个方面独树一帜：首先，它不用于盈利，由它产生的任何收益都将返还给基金会；其次，它不是永久性的，它将作为金融火花塞存在一段时间，仅帮助推动航空产业的车轮运转起来即可。

柯立芝似乎很感兴趣。他拿起电话，打给了他的商务部长。“胡佛，十二点半到白宫来吃午饭。”他说完就挂断了电话。不久，第一夫人格蕾丝·柯立芝（Grace Coolidge）也来了，她开朗外向，喜爱交际，正好与她丈夫完全相反。随后，胡佛部长也到了。在吃午餐的时候，哈里进一步概述了基金的目标及其独特的融资方式。

吃完午餐，他们将讨论地点转移到了总统的书房里。哈里希望柯立芝能够对“城际航班的早期乘坐者将成为商务旅行者”这一设想产生兴趣，毕竟乘飞机前往出差目的地的速度要比乘火车或汽车快得多。可总统对此似乎持一种怀疑的态度。“如果你到达时没有更好的话要说，那么更快地到达那里有什么用？”他问道。撇开这句挖苦不谈，柯立芝显然对设立该基金会的想法很感兴趣。胡佛也很喜欢这个概念。访问临近尾声时，哈里已经成功获得了美国现任和未来两任总统的支持，并且参观了白宫西翼的一些地方。然后，柯立芝转向他的商务部长，很突兀地说：“胡佛，带古根海姆先生去电梯。”会谈就此结束。哈里很快回到纽约，把好消息带给了父亲，并指出总统“对工作助手的态度相当专横”。

华盛顿之行对哈里而言是一座里程碑。哈里突然有幸获准进入行政领域，这一机遇令其陶醉。哈里与父亲进行了全面讨论，最后一致认为该基金会将只存在几年，因此关键是要珍惜它存在的每一刻。这一新实体将被命名为丹尼尔·古根海姆航空促进基金会。丹尼尔投入了 250 万美元的种子资金，后来又追加了 50 万美元（共约相当于今天的 4 400 万美元）。有父亲当他的经济后盾，再加上柯立芝和胡佛的支持，哈里很轻松地召集到商业、科学、航空和军事领域的最重量级人物担任该基金会的董事。接受邀请的有：海军少将哈钦森·科恩（Hutchinson Cone）（第一次世界大战期间美国所有驻欧洲的海军的总指挥）、乔治·戈瑟尔斯（George Goethals）（曾指挥修建巴拿马运河）、伊莱休·鲁特（Elihu Root，西奥多·罗斯福总统的国务卿）、阿尔伯特·A. 迈克尔逊（Albert A. Michelson）（第一位获得诺贝尔物理学奖的美国人），以及奥维尔·莱特、德怀特·莫罗和弗雷德里克·特鲁比·戴维森。

当时距离莱特兄弟首次飞行已经过去20多年了。在这段时间里，飞机飞得越来越高，越来越快，这主要是因为它们利用了功率更大的发动机。1903年，飞机发动机的平均功率为12马力；1908年为35马力；1914年为112马力；1917年为243马力；1918年则达到了450马力。

这让哈里明白了一个基本事实：飞机的发明阶段已经结束。现在已经到了做以下事情的时候了：让飞机飞得更快并且能够在恶劣天气下航行；让公众了解飞行本身的安全性；建立劳动力队伍，建造用于生产的基础设施，以扩大航空制造业规模。哈里认为，这些方面就像轮子上相互依存的轮辐，没有它们，航空旅行将需要花很多年时间才能超越区域航线，而飞机基本上仍然是手工制作的产品（当时一般的飞机制造厂每天大约生产三四架飞机）。

现在，前来采访丹尼尔和哈里的报社记者不再是来征求矿业或股市方面的意见，而是为了询问他们对于未来航空旅行的看法。在采访中，父子俩明确了各自的角色：丹尼尔是赞助者，哈里则是战略家。“我不是航空专家。”丹尼尔在一次采访中承认，**“事实上，我对航空业的所有兴趣都来自我的儿子哈里，他在战争开始时应征入伍，曾经在国内外驾驶飞机。他的热情极具感染力，我被他的热情俘获了。”**

哈里在曼哈顿麦迪逊大道598号为基金会找到了办公场地。在那里，墙上没有柯罗的巨幅风景画，没有格调优雅的套间，电梯里也没有电话。它更像是一间作战指挥室，服务于这场航空圣战。虽然即将到来的拨款十分丰厚，但是哈里坚持将基金的管理费用保持在每年总开支3%左右的低水平。

在哈里看来，莱特兄弟在基蒂霍克的试飞成功无异于一次具神圣性质的事件。他弄来一件早期飞行的遗物：莱特兄弟飞机库的一块碎片，将其装裱起来放在董事会会议室的桌子上。哈里对航空的强烈热情如同精神修行。他说：“航空业给我带来的最大鼓舞在于，它为增强世界各国之间的联系和扩大文明世界的边界提供了可能。”

与百老汇 120 号一样，该基金会总部也是一个信息中心，它的架子上堆满了最新的航空简报、时事通信、公司公告，以及《航空时代周刊》的过刊。哈里现在拥有了自己的会议桌，可以召集世界一流的智囊前来开会，充分利用他们超强的智慧和广泛的人脉。**在早期的会议上，哈里会引导大家对航空业进行全面分析，评估发展趋势和新兴飞机制造商的能力和需求，并且将美国航空业与世界其他地区的航空业进行比较。**正如一位航空历史学家所言：“到了 1925 年，哈里·古根海姆应该比美国其他任何人都更了解全世界航空领域的动态。”

为了对外宣传基金的用途，哈里聘请了曾为洛克菲勒家族工作的公关领域先驱艾维·李（Ivy Lee）。艾维·李撰写了一系列关于该基金的公开声明，在第一份声明中指出美国的航空业与欧洲的相比有多么落后。“截至 1926 年，欧洲国家有 500 架商用飞机在总长达 22 900 千米的航线上定期飞行，而在美国，飞机制造商‘几乎只从事’军用飞机的生产。要想与欧洲的投资相匹配，美国需要 5 000 架飞机，这相当于一笔 1 亿美元的投资。”

欧洲仅仅凭借在空中的乘客和飞机的数量就击败了美国。他们是怎么做到的呢？答案只有一个：美国人。乘坐欧洲飞机的大多数乘客都是美国游客。他们购买了意大利水上客运飞机的座位，并预订了整个夏天在英国伦敦和法国巴黎之间的航班。在美国航空公司几乎不提供任何客运服务的时代，欧洲航空公司正在将美国人空运到整个欧洲。

哈里与科恩少将组织了一次实地调查旅行，以深入了解欧洲经济增长的其他驱动因素，尤其是在航空方面的研究。他们调查了 3 个月，拜访了英国、法国、西班牙、德国和荷兰的飞行员、高管和发明家。众所周知，当时飞行事故最常见的原因是空中失速。失速并不意味着发动机停止运转，而是飞机的速度不够快，无法让它停留在高空，从而导致飞机“倒栽葱”。因此，哈里第一站就是去英国观看一项旨在解决这一问题的突破性设计的演示，该设计叫作“前缘缝翼”，它被安装在飞机机翼的前缘。这种“迷你机翼”可以切断机翼顶部的气流，减少飞机减速时的升力损耗。它可以稳定飞行中的飞机并降低其着陆速度。正如航空历史学家理查德·P. 哈利恩（Richard P. Hallion）所言："1926 年生产的没有前缘缝翼的双翼飞机可能会在时速为 80 千米的时候失速。如果有前缘缝翼的话，其失速速度可能降低到每小时 56 千米，这可以大大降低飞机出现'倒栽葱'情况的概率。"简言之，这是一项了不起的创新，它提升了飞机着陆时的安全性。（该设计至今仍在飞机上使用。）

哈里花了数周时间研究技术培训课程，并访问了欧洲航空服务运营商。他发现了两个明显的问题：首先，欧洲航空业的优势植根于政府支出；其次，这项支出暴露了该体系的一个巨大弱点。欧洲对小型航空公司进行补贴，因为它们中的大多数都在亏损。然而这些补贴让创新失去了动力，欧洲的很大一部分航空交通工具是由日趋老化的第一次世界大战时期的飞机组成的。

这次旅行让哈里深刻地认识到，美国比欧洲拥有更多的内在优势。欧洲的各种地理边界使航线更短，而美国各州之间不存在这种边界问题；北欧的恶劣天气会使航空公司出现严重的延误，导致有些地区的服务质量相对较差，但美国的天气通常要好得多。很显然，美国在航空方面拥有许多潜在的优势，只是暂时没有加以利用。

在横渡大西洋的长途返程中，哈里坐在船舱里，将他和科恩少将的发现综合起来，列出了 35 条发展思路，每一条都附带了预估资金成本，这相当于 35 个金融火花塞。哈里策略的基石是在全国范围内推广以综合性大学为基地的航空学教育和航空学应用研究。这些钱既是为了激励航空时代培养工程师、机械师和技术人员等劳动力的种子资金，也是为了资助那些能够使飞机变得更安全、更易驾驶的研究发明。

哈里等基金会成员向他们认为最有前途的两所学校提供了捐赠，斯坦福大学获得了 19.5 万美元（约相当于今天的 300 万美元），加州理工学院获得了 30.5 万美元（约相当于今天的 440 万美元），用于研究和教学。哈里通过加州理工学院执行委员会主席、诺贝尔物理学奖获得者罗伯特·A. 密立根（Robert A. Millikan）

与该学院达成了一项特别的协议。该协议要求密立根劝说西奥多·冯·卡门（Theodore von Kármán）博士前往加州理工学院领导新的古根海姆项目。冯·卡门是当时欧洲最顶尖的航空科学家，他正在德国的一所理工学院任教，已经发表了多篇关于喷气推进和空气动力学的开创性论文，第一次世界大战在奥地利空军服役期间，他研制出了世界上最早的直升机之一。

冯·卡门接受了邀请，很快就抵达了美国的帕萨迪纳，后来他将该项目一分为二，一个是在加州进行的航空研究，另一个是在俄亥俄州阿克伦市设立的实验室进行的飞艇研究。冯·卡门被哈里邀请为基金会选定的另外两所开办航空研究项目的学校提供咨询。这两所学校分别是密歇根大学和麻省理工学院，前者获赠7.8万美元（约相当于今天的100万美元），后者获赠23万美元（约相当于今天的330万美元），都用于研究航空工程学。

成为"飞行教父"

当哈里在美国西北部地区寻找一所候选学校资助时，他收到了当时羽翼尚未丰满的航空业先驱威廉·E. 波音（William E. Boeing）的一份建议书。波音当时正在招聘工程学专业的大学毕业生到他的小型飞机生产厂工作。波音向基金会申请资金以在华盛顿大学建造一座航空教学楼。基金会同意向这所大学拨款29万美元。因为这所学校靠近通往阿拉斯加的航线，所以对其投资有巨大潜力。同样出于地理位置考虑，佐治亚技术学校（Georgia School of Technology）也获得了类似的拨款（美国南部当时几乎没有航空学教育），它得到30万美元，用于成立一所航空学院和一个航空研究中心。

随着这场规模浩大的大学教育运动的展开，哈里在基金会主持了一系列讨论会，开展了一场"安全飞机"竞赛，为能够以最低速度展示最佳操纵性能的飞机提供最高达10万美元的奖金。由于哈里在英国受到前缘缝翼试飞的启发，基金会还将提供5个1万美元奖金的二等奖。类似的比赛举办了许多年，《航空时代周刊》也一直在报道，10 万美元的奖金要比绝大多数同类比赛的奖金丰厚得多。哈里任命奥维尔・莱特主持竞赛委员会的工作。关于哪些性能指标才是“安全”的争论持续了数月之久。达成一致的性能指标包括：参赛飞机必须在不失速的前提下以每小时 56 千米的速度飞行，并以每小时 61 千米的速度滑行；其爬升速度至少达到每分钟 122 米；必须在一条 30 米长、周围环绕着障碍物的跑道上起飞和着陆。“任何能满足这些要求、经受这种严苛考验的飞机都将是非常安全的飞机。”哈里说。

这场比赛①吸引了 27 名初赛选手，但是哈里的规则太苛刻了，只有两名选手进入了资格赛。被淘汰的飞机中甚至有两架坠毁。最后一轮比赛于一月份一个寒冷的早晨在长岛米切尔机场举行，那个地方就在法莱斯庄园南面。最后，“柯蒂斯・塔纳格号”，一架拱翼下方有一个锥形座舱的双翼飞机以一分之优势击败了“汉德利・佩奇号”。只要看一眼它的起飞情况就会知道为什么了。在获胜的飞行中，“柯蒂斯・塔纳格号”先是滑行了一小段时间，然后以接近 45° 的仰角离开地面。下翼上的浮动副翼和上翼上的前缘缝翼提供了巨大的升力。着陆时，飞行员在约 30 米的滑行距离内将飞机停了下来。“柯蒂斯・塔纳格号”上的缝翼和襟翼为飞机提供了独特的控制水平，尤其是在着陆过程中。

飞行员都明白这一类创新为何能极大地提高安全性，可公众了解吗？**哈里认为，要想让公众真正了解飞行的安全性和可靠性，就需要进行一种更具亲身体验性的演示。**他的解决方案是赞助一次“可靠性巡回表演”。1926 年，弗洛伊德・贝内特（Floyd Bennett）和理查德・E. 伯德（Richard E. Byrd）完成了飞越北极的开拓性飞行。此后，关于他们是否真的到达了北极一直受到历史学家的质疑。哈里询问贝内特是否愿意驾驶他和伯德曾经驾驶过的采用福克三型引擎的“约瑟

① 当飞机在空中飞行时，诉讼也在地面进行中。福特利飞机的设计师向奥维尔・莱特抱怨，扬言要对另一个竞争对手英国飞行员汉德利・佩奇提起法律诉讼，起诉他窃取自己的“辅助机翼”设计。奥维尔・莱特对这一争议非常熟悉，多年前他曾因类似的专利纠纷起诉柯蒂斯。与此同时，汉德利・佩奇正在起诉柯蒂斯，因为柯蒂斯在自己的飞机上使用了佩奇的“前缘缝翼”设计，而佩奇正是因为这个设计（名称不同）被福特利的设计师起诉的。——作者注

芬·福特号”飞机在全国做巡回表演。从一个州飞到另一个州，这将把航空旅行的现实带到数十座城市，并引起公众对机场建设的兴趣。

贝内特同意了。在6周的时间里，他飞了11 000千米，在45个城市着陆。平均每一站都有12 000人观看，这样共有约54万市民亲自看到了飞机。贝内特在每个城市都接受采访，并发表演讲，向人们保证他的飞机不是特殊制造的或试验性的，而是那种普通乘客可以非常安全地乘坐的飞机。正如哈里在一份声明中所说的那样：“曾经载着飞行指挥官伯德和飞行员贝内特飞越北极的飞机成功完成了在全国各地的巡回飞行，其难度并不比在当今的公路上进行汽车旅行的难度大，我认为这是航空业已经取得进步的一个显著证明。”

这与当时最常见的关于航空业的新闻报道背道而驰。大多数报纸关于飞机的报道都是空中爆炸或坠机等灾难性事件。当时最伟大的讽刺作家之一、同时也是即将到来的航空时代的爱好者威尔·罗杰斯（Will Rogers）写道：“昨天有5人在飞机上遇难，今天每家报纸都在头条刊登了此事。但星期六在洛杉矶的一个十字路口，有7人死亡、6人受伤，各大报纸甚至都没有公布他们的姓名。看来，如果想让媒体宣传你的死讯的话，唯一的办法就是死在飞机上。死在汽车上已经不再是什么新鲜事了。”

哈里与艾维·李合作，试图改变媒体对航空事故的报道方式。他给主流报纸的编辑发了一封信，建议记者在报道飞机事故时应该问一些问题，例如：“飞机和飞行员都有执照吗？”“机场的情况是不是很糟糕？”“飞机的机械结构是否有缺陷？”“飞机上是否有足量的现代安全装置？”换言之，正如哈里所言：“我建议报纸应该找出真正的事故原因，因为在正常情况下，航空事故非常罕见。”

哈里列出的35个金融火花塞绰绰有余。该基金会认为有必要建立一个航空法信息方面的交换机构，以跟踪影响该行业的最新法律和监管信息。它被称为西北大学航空法研究所（Air Law Institute at Northwestern University）。基金会还推出了《航空法杂志》（*Journal of Air Law*，现为《航空法与商业杂志》，英文为*Journal of Air Law and Commerce*），这份杂志很快成为该领域十分知名的出版物。

这增强了航空领域的学术实力，哈里和其他董事力图通过委托撰写技术论文、举办讲座和召开涉及航空领域极其广泛的主题会议建立航空学术体系。

航空业向商业延伸的另一个领域是航空测绘，这对农业和房地产业具有显著意义。锡拉丘兹大学（Syracuse University）从该基金会获得了3万美元的资助用于研究航空测绘学。这给康涅狄格州的米德尔敦镇带来了意外的收获：航空测绘显示，有近2 000栋建筑物没有被纳入税务评估。令一些房地产业主非常恼火的是，测绘引发了当地税收的增加。

哈里和其他董事还花时间考虑如何将航空教育向下扩展到小学，因为年轻人关于飞行的最初知识往往是在小学获得的。哈里组织了一个航空知识普及委员会，制作了一份简要介绍飞行历史的速成参考资料汇编。它包括一份航空术语表和一份飞行类书籍推荐阅读清单。他们向全美各地的小学发放了大约7 000份这样的资料汇编。

还有一件事情，就是要正式表彰早期航空业的先驱和冒险者的事迹。哈里、丹尼尔和基金董事讨论了如何感谢他们的贡献。他们的解决方案很简单，设立一个奖项（艾维·李指出，这也将成为宣传该基金会所做工作的绝佳工具），并颁发"丹尼尔·古根海姆奖章"，用于表彰该领域的开拓者，其中包括奥维尔·莱特、威廉·E. 波音、唐纳德·W. 道格拉斯（Donald W. Douglas）、勒罗伊·R. 格鲁曼（Leroy R. Grumman）、马塞尔·达索（Marcel Dassault），以及后来的林白和戈达德。

该基金会几乎所有的工作都着眼于未来，但是应该如何保存航空历史呢？哈里和他的董事对此也有一个想法。他们批准向美国国会图书馆拨款14万美元，用于收集和保存海量航空技术和文献资料。一批由英国皇家邮轮"阿基塔尼亚号"运来的货物中包括了4批跨越数百年的航空领域的藏品，重约3吨。

无论拨款数额是大是小，哈里为这些基金项目注入了一种持续的活力。有人可能会批评该基金采用的突击式营销，但是丹尼尔的慷慨为哈里和该基金提供了一份风险资本，它不以股价或净利润来评判。这是一项风险慈善事业，其红利将以丹尼尔·古根海姆航空学院毕业生的培养、飞机安全性方面的突破及航空业发展的形式出现。

哈里和丹尼尔一致同意，该基金会只运作几年时间。如果金融火花塞都部署在正确的地方，那么这几年时间足以让它们完成自己的使命。由于哈里令人震惊的航空倡议层出不穷，《大众科学》（*Popular Science*）杂志将他称为“飞行教父”。该基金会最大的成就就在眼前，哈里一生中最重要的友谊也即将来临。

07

为人们注入飞行的信心

THE
BUSINESS
OF
TOMORROW

飞机不再被视为特技表演工具或昂贵玩具。林白驾驶“圣路易斯精神号”飞机如此轻松地来来去去，这为人们注入了对飞行的信心，即飞机能够以火车的精确度和汽车的安全性到达和离开。

跨大西洋直飞的传奇正在上演

1927 年初，有几名飞行员找到哈里的航空基金会，他们想获得资助，尝试从纽约直飞巴黎。法国出生的旅馆业大亨雷蒙德·奥泰格（Raymond Orteig）为第一位成功完成该壮举的飞行员提供了 2.5 万美元的奖金。哈里和基金董事拒绝资助任何一位，因为他们认为这段旅行太危险了。近几个月来，已经有两名飞行员在试飞的过程中死亡，还有两名飞行员在大西洋上空失踪。

然而人们并没有气馁，有更多的飞行员计划进行这一飞行。报纸用无数版面的专栏报道来跟踪他们的准备工作。参加这场角逐的包括曾经飞抵北极的理查德·E. 伯德海军少将，他刚刚结束了哈里资助的“可靠性巡回表演”。另一位角逐者是一位来自中西部地区的 25 岁邮政航空飞行员，他宣布自己将独自上路，不带副驾驶。该挑战需要不间断地飞行约 5 800 千米，大部分时间是在夜间飞越公海，它要求飞行员至少连续 30 余个小时保持清醒和警觉。

哈里拜访了伯德，祝这位海军少将好运。接着他想见见伯德的对手，那位年轻的单飞者，年轻人将从法莱斯庄园南面简易的柯蒂斯机场起飞。当哈里抵达机场时，他在一个敞着门却如洞穴般黑暗的机库里看到了飞机的机头，但飞行员本人不知去向。哈里与飞机发动机的设计师攀谈起来。那是一架装载了莱特旋风发动机的飞机，它有 9 个气缸，从螺旋桨后方排列成向外辐射状，就像车轮上的辐条一样。这种设计使发动机可以通过空气冷却，然而发动机也必须暴露在外面接受风吹雨打。这架飞机是银灰色的，小小的舱门上有一扇长方形小窗，就开在机翼下方。驾驶舱内的景象很奇怪，空荡荡的。一切非必要的重物都被拆除以抵消沉重的燃油负担。一张带椅垫的柳条椅胡乱地安装在驾驶舱的地板上，旁边的地上堆着简单的三明治，有两份烤牛肉的，两份火腿的，还有一份鸡蛋沙拉。

突然，飞行员出现了，那是一个身材瘦高的年轻人，有一头剪得很短的金发。他们互相做了介绍，然后飞行员邀请哈里到驾驶舱内看看。哈里爬了进去，当他坐在椅子上往后靠时，椅子很不靠谱地吱吱作响。他的面前是一个椭圆形仪表板，其实就是一块被漆成黑色的胶合板，各种仪表被螺栓固定在上面。飞机上没有前窗，驾驶员没有任何办法直视前方，这是为了装载更多燃油而做出的牺牲，也是为了使整个机身更符合空气动力学的要求。燃油储存在飞机前部和机翼油箱中以平衡重量。左边的窗户上架着一个被那位飞行员称为“潜望镜”的装置，它类似于潜艇上装有反射镜的金属鞋盒，里面装着从左窗向外横向延伸的镜子，飞行员可以通过它看到前方的情况。

在飞行过程中，通过飞行员手动打开和关闭阀门，飞机会每隔一段时间从各个油箱中虹吸燃油，将燃油输送给发动机，以便让重量均匀分布。由于预料到大西洋上空的低温可能会冻结水蒸气从而阻塞燃油进入化油器，飞行员来纽约之后，给飞机安装了一个化油器加热器。这些小创新让哈里感到很惊奇。飞行员设法预测一切可能发生的情况。哈里提出了有关安全设备的问题——其实就是安全设备的缺少。为了减轻重量，飞行员的座舱里没有配备无线电或降落伞，只有一个他在体育用品商店里购买的黑色充气橡胶筏。那堆三明治还有沙拉不是为了在飞行途中吃的，而是为了防备如果飞机在北大西洋坠毁后，他还活着的话借此生存。哈里爬出驾驶舱，礼貌地结束了谈话，并祝飞行员好运。“等你驾机归来时，一定要过来看我。”他热情地说，然后转身回到自己的车上。事实上，哈里认为这架飞机是一个配有柳条座椅的死亡陷阱。“他在劫难逃。”他边这样想着，边匆匆离开了。

那位飞行员就是林白，他在长岛花园城市酒店的房间里住了好几天，等待东海岸天气转晴。林白在城里逛了几圈，并在科尼岛上度过了一个下午。他虽然年轻，但却有着丰富的经验，当过飞行教练、机械师、航空邮递飞行员，他已经习惯了在恶劣天气中在芝加哥和圣路易斯之间的邮递航线上飞行。林白以第一名的成绩毕业于美国陆军航空队，并且获得了上尉军衔。他没有申请哈里的航空基金，因为他已经获得了资金支持。圣路易斯的一群投资者集资约 1 万美元建造了这架飞机。很多人都在支持这名不被看好的飞行员。在哈里与林白会面两天后，根据天气预报，北大西洋的天气似乎达到了最佳水平。当然，许多年以来，关于林白这次具有重要历史意义的飞行已经被讲述过无数次，但是，对这段旅程进行简要回顾可以让人们了解哈里与林白的亲密友谊的背景，这段友谊正是始于历史上的这一关键时刻。

那是 1927 年 5 月 20 日的凌晨。林白前一天晚上几乎一直没合眼。他为自己的飞机“圣路易斯精神号”装载了尽可能多的燃料，机上的五个油箱总共装了 1 700 多升燃油。经过一段颠簸的滑行，林白在清晨的细雨中起飞升空，飞越长岛。接着他向北倾斜转弯，飞向新英格兰，并开始查看纽约州地图上的地标。

“圣路易斯精神号”并不是一架很稳定的飞机，飞行员需要时刻注意控制它的操纵杆和方向舵。林白很快就进入了状态，按次序检视仪表：主罗盘（检查航向）、转弯和倾斜指示器（确保飞机是沿直线飞行）、高度表（对飞机的海拔高度做出概略估算，并根据已知地形进行校正）、风速表和时钟（用于计算距离），确认发动机转速和温度，以及油压。在接下来的时间里，为了估计风速，他还会降低飞机高度以评估海浪的高度。

林白飞越了加拿大的新斯科舍省，然后是纽芬兰，并在圣约翰斯的上空盘旋。几个小时后，他飞到了大西洋上空，驶向一个一侧是冰山、另一侧是开阔海洋的浩瀚区域，这里看不到任何地标。很快，黑暗和浓雾降临。他的飞机爬升到 3 000 米的高空，这一高度正好能清晰地看到他下面巨大半透明云层顶端的诡异轮廓。接着，飞机遭遇了恶劣天气，驶入了雷雨区，可能还遭到了磁暴袭击，导致他的两个罗盘失灵。他用手电筒照见飞机的机翼支撑杆上结了一层闪亮的冰。虽然林白极不情愿，但是由于极度恐惧和焦虑，他决定折返，避开恶劣天气。然而这样的调整消耗了大量燃料，并使飞机大大偏离了航线。

很快，夜空变得晴朗，可以看到月光和繁星。但这种情况并没有持续多久。在飞行了 20 小时的时候，他又开始盲飞，在一片巨大的浓雾中穿行。他已经习惯了这架单翼飞机的发动机的轰鸣和振动，在耳朵里塞满棉花来降低噪声。他在昏昏欲睡中继续飞行，与不断产生的睡意顽强斗争，他现在明白自己最大的挑战就是保持清醒，不要睡着。又过了好几个小时，在愈来愈近的曙光中，他可以看到一片广阔的海洋，上面点缀着白浪。他将“圣路易斯精神号”降到距离海面只有3米的高度，风裹挟着波涛上的白色泡沫透过窗户在他的脸上喷了一层薄薄的雾。当天下午晚些时候，他发现自己飞过了爱尔兰西南海岸，距离巴黎只剩下6小时的航程了。当他进入欧洲大陆的领空时，他感到自己的疲劳消失了。夜幕再次降临，林白可以看到塞纳河上灯火通明的船只来来往往。他循着河上的灯火飞抵巴黎。当埃菲尔铁塔映入眼帘时，他感觉到精神焕发，肾上腺素激增。他绕着这座地标建筑倾斜飞行，然后驶向他心目中的降落场地。当林白飞离长岛时，只有几百名群众为他送行，而那天晚上，当他在巴黎市郊的布尔歇机场降落时，却有约15万人在迎候他。林白是单人驾驶飞机在北美和欧洲大陆之间进行不间断飞行的第一人。据他自己计算，他当时已经连续63个小时没睡觉了。

航空业迎来天赐良机

任何一个想知道这次飞行有何重大意义的人都可以在第二天的《纽约时报》上看到，该报用巨大横幅标题写道：“林白做到了！”《纽约时报》将它的整个头版都用于报道这次飞行，还在内部版面增加了4页报道。在接下来的几天里，林白被授予法国荣誉军团勋章，并成为比利时国王阿尔贝特一世和英国国王乔治五世的客人。世界上所有的著名人物似乎都深受鼓舞，纷纷向林白表示祝贺。柯立芝总统派遣了军用运输机把林白和他的飞机接回美国。当林白抵达纽约时，有大约400万人簇拥在曼哈顿下城一条举办纸带游行[①]的路线上，这人数超过了纽约市人口的一半。之后，他与柯立芝总统及其内阁成员共进午餐，接受美国国会荣誉勋章，并登上《时代》杂志的封面。林白成为该杂志评选出的第一位年度风云

① 在美国城市中，有游行时，人们会从街边高楼里向窗外抛撒纸带，这常常用于欢迎重要人物。——译者注

人物，也是该杂志有史以来最年轻的封面人物。一位来自中西部地区的默默无闻的航空邮递飞行员突然间成为世界上最著名的人物之一！

林白在返回美国后的第一个月就收到了价值约 500 万美元的商业演出报价。好莱坞著名制片人阿道夫·朱克（Adolph Zukor）向他发出一份价值 30 万美元的合同邀请，让他出现在派拉蒙影业的一部电影中；报业大王威廉·伦道夫·赫斯特（William Randolph Hearst）开价 50 万美元，让他与女影星玛丽昂·戴维斯（Marion Davies）共同主演一系列电影。他全都拒绝了。“人们表现得就好像林白是从水上走过去的，而不是飞过去的。”传记作家 A. 斯科特·伯格（A. Scott Berg）这样写道。林白这个名字很快就出现在各种学校课本上，许多街道也以他的名字命名。“在全美以及世界其他地区，山脉、湖泊、公园、林荫道、岛屿、海湾和海滩都为纪念他而被重新命名。”

哈里将林白的飞行视为一个转折性时刻，一个“划时代事件”和一个“航空业的天赐良机”。这次飞行使基金会所做的一切都很容易被大众接受了。和新兴的飞行领域中的所有人一样，林白知道哈里和他的基金会正在为航空业做什么。当林白来到华盛顿时，他去见了古根海姆家族的长期密友德怀特·莫罗，莫罗的委员会在前一年成立了美国陆军航空队。莫罗敦促林白与哈里谈谈他未来的计划。事实上，哈里的脑海中对这位年轻飞行员的工作已经有了一个规划。根据安排，林白和哈里于 6 月 17 日在位于米切尔机场的运营办公室举行会晤。加入他们的还有唐纳德·基霍（Donald Keyhoe），他是美国商务部航空事务司的一名工作人员。他们达成一致，要举办一次亲善巡回表演，这很像伯德少将上次的巡回表演，只是规模更为宏大。哈里提出资助一次由林白担任飞行员的由美国东海岸到西海岸的为期 3 个月的航空巡回表演，让“圣路易斯精神号”飞 48 个州。这次巡回表演将延续林白跨越大西洋飞行的势头，大力宣传航空的安全性和可靠性，哈里和林白都对这一目标充满热情。他们一起研究了美国地图，设计一个活动大纲，细节也很快被制定了出来。

他们接下来在法莱斯庄园会面。林白很早就到了，打算和哈里一起去海湾钓鱼。当哈里和林白回来时，基霍和另一名商务部工作人员米尔伯恩·库斯特尔（Milburn Kusterer）正守在法莱斯庄园的阳台上。林白穿着卡其裤和法兰绒衬衫，脸被太阳晒成了浅褐色。哈里已经安排制作了一张超大地图，就放在庄园里的一张大桌子上。地图详细标注了一条拟议路线，它看上去弯弯曲曲的，起点是附近的康涅狄格州哈特福德，然后沿着一条从城市到城市的路径横跨全国。基霍将担任林白的助手，库斯特尔则是先遣人员，负责提前进行联系和做好安排。

哈里最关心的是林白如何能够安全抵达数十个被选为着陆点的简易机场和军事基地。哈里建议在每一站设立禁飞区。"'圣路易斯精神号'是'失明'的，有人驾机可能突然飞到你面前来。"哈里说，"我想我们最好让所有人在你着陆之前不要在附近飞行。"林白摇头表示不同意，他说："我不想让所有飞行员都认为我们在对他们颐指气使。我可以避开其他飞机。"

"也许你能做到这一点，"哈里反驳道，"但是每一个会开飞机的人都会出现在空中，而技能比较差的飞行员很可能会撞到你。"林白想了一会儿便让步了，他意识到，只要发生一次撞机事故，巡回表演就会变成一场灾难。

接着，林白提出了另一个安全问题。他认为有必要制订一项计划，以阻止人群冲向"圣路易斯精神号"的降落地点。"我曾经见过一个人被螺旋桨撞死。我可不想让任何人被我的飞机撞到。"林白说。

哈里转向库斯特尔。"上校（林白从法国回来后就升为上校了）说得对。"他说。哈里告诉先遣人员库斯特尔，要在每个着陆点做好安全工作，以防止此类事故发生。库斯特尔会在每次着陆前几天乘火车到达目的地，进行相关安排。

哈里从伯德巡回表演中意识到新闻媒体报道规划的重要性。艾维·李会帮忙做这项工作，哈里指定基霍具体负责管理记者，并分配专门的时间让媒体接触飞行员。在这么多的降落、游行和演讲的巡回表演中，肯定会出现关于一些事情的负面新闻。"基霍，作为上校的助手，你必须作好缓冲工作，多承受些冲撞。"哈里说。在讨论了抵达时间和路线安排之后，林白会见了哈里的律师亨利·布雷肯里奇（Henry Breckinridge），他曾任威尔逊总统的陆军部部长助理。林白对和蔼可亲的布雷肯里奇很友好，并被布雷肯里奇的妻子艾达·德·阿科斯塔（Aida de Acosta）迷住了。阿科斯塔本人就是一名飞行员，而且是第一位独自驾驶软式飞艇的女性。布雷肯里奇很快就成为林白的法律顾问，帮助林白整理每天铺天盖地的商业演出报价。

在巡回表演开始前的几个星期里，林白计划出版一本关于他飞行壮举的书，这本书当时正有人在为他代写。他与出版人兼航空爱好者乔治·P. 帕特南（George P. Putnam）签署了一份合同，但当林白收到初稿时，他对此充满了厌恶。书稿中满是错误，并且采用了一种他觉得根本未能捕捉他神采的文风。所以林白决定亲自撰写这本书。他需要一个僻静的场所来写手稿。哈里有个主意：为什么不在法莱斯庄园写呢？林白同意并且立刻就动笔了。哈里和卡萝尔给林白安排了楼上一间东北向的俯瞰海湾的卧室，那里有一张旧写字台和一个小阳台。林白以代写版本为提纲，亲自撰稿。

一个月不到，他就完稿了，只写了不到 4 万字。这是一本简短的自传，从他的童年开始，以著名的布尔歇机场降落结束。这本书名为《我们》（*We*），据林白说，“我们”是指他自己和他的支持者，而不是像许多媒体报道的那样指他和他的飞机。这本书在几个星期后就出版了，在一个月内就售出了近 20 万册。

就在巡回表演开始前夕，哈里去米切尔机场与基霍和库斯特尔会面，同行的还有巡回表演团队的另一名成员菲利普·洛夫（Phillip Love），他是林白在为航空邮递和陆军工作时的飞行老友。作为项目资助者，哈里还有最后几句话要对林白的团队说：“林白上校是指挥官，如果发生任何特殊情况，你们都得听他的。再见，祝你们好运。”

巡回表演开始时，先遣飞机比林白和“圣路易斯精神号”提前半小时起飞。在哈特福德，有 10 万人在等待。飞机降落的每一站都按照同样的流程：飞机于下午两点降落，然后是游行，接着，林白就航空安全或对机场的需求等话题发表演讲、召开记者见面会，以及与城市领导人共进晚宴。在某些地方，林白会去造访医院或是预选的机场。他经常被邀请去狩猎小屋、庄园和私人牧场，但他谢绝了大部分的邀请，严格遵守预先安排的时间，在下午两点准时抵达计划中的每一座城市。

林白在巡回表演期间经常给哈里写信，最初都是些热情洋溢的报告。在宾夕法尼亚州匹兹堡，他写道："到目前为止，我对巡回表演的成果非常满意，但是每座城市的喧闹场面都让我回想起与你在长岛度过的短短两周的宁静生活，我经常希望在这次飞行途中能偶尔过上几天那样的日子。"

在威斯康星州密尔沃基，他写道："这架飞机很好地经受住了考验，发动机仍处于良好状态，飞行时间大约为165小时。'纽约－巴黎号'[①]的火花塞运行正常，这架飞机状态良好，在未来很长一段时间里的表现会依然不错。"到达密歇根州底特律后，林白在福特汽车公司的创立者亨利·福特（Henry Ford）的家中度过了一晚。第二天，福特搭乘林白的飞机第一次飞上天，整个飞行过程持续了15分钟。福特和林白一同挤在空间狭小的驾驶舱内，福特几乎是坐在了林白的膝盖上。

对于林白在飞行途中穿越但没有时间降落的城市，他们准备了一封信，放在一个帆布袋中。他们在袋子上缠了一根橙色的带子，好让它更加醒目。林白会在途中把它扔下飞机。信的内容如下。

> 来自正在巡回表演的"圣路易斯精神号"上的问候：
>
> 由于全美巡回表演时间有限，行程路线长，导致我们无法在你们的城市降落，在此我们深感遗憾。然而，我们希望从空中向你们送上这一问候以表示我们的由衷感谢，感谢你们对此次巡回表演及在美国推广和开拓商业航空技术的关注。我们认为，如果美国的每一位公民都对飞行感兴趣，并且对航空邮递服务及机场和类似设施的建设给予真诚的支

① 即"圣路易斯精神号"。——译者注

持，那我们的努力就得到了充分的回报。如果美国公民朝着这个方向共同努力，那么美国就会在不久的将来成为商业飞行领域的世界领导者。

信上的签名为“林白”“哈里·古根海姆”，以及“小 W. P. 麦克拉肯（W. P. MacCracken Jr.）”。麦克拉肯是美国商务部负责航空事务的助理部长。

每次着陆时，摄影师们都会蜂拥到林白身边，指导他拍照。“来吧上校，给我们一个标志性的微笑！”“和市长握个手，往这边看，林白保持住！”“挥挥手，上校。快给我们一个微笑！”在参加了几次欢迎的游行之后，林白的手臂上留下数处抓痕和瘀伤。粉丝们拼命抓住他，向游行汽车里扔鲜花或小型飞机模型。当他们在一个酒店停留时，菲利普·洛夫遭了殃。他的衣领和领带被拉扯得严重变形，他本人也遭到了警方的粗暴对待，因为警方没认出他是随行人员。洛夫说，他不仅遭到警方的粗暴对待，而且“在游行中有人用一盒糖果打了我的头”。

“糖果在哪里？”林白问道，“别告诉我你把它们给扔了。”

巡回表演进行了大约一个月后，有报纸报道称，巡回表演的节奏太快以至于林白疲惫不堪。林白否认了这些说法，他从南达科他州的苏福尔斯给哈里写了一封信。就像其他信件那样，他称呼哈里为“古根海姆先生”，这次他在信中说道：“关于媒体对我健康状况的报道，我所看到的那些报道纯属空穴来风。我已拒绝在对我的采访中过多谈论我的个人事务。尽管我已经发表了声明，但是媒体依然如故，似乎关于我即将崩溃的报道能成为吸引读者的绝佳题材。我们的巡回表演在过去的 30 天里大约飞行了 80 个小时，这比邮递飞行员的平均飞行时间还要多，但对于我们来说，这种飞行方式是悠闲放松的，而不是紧张疲惫的。”林白本应在星期四和星期六休息，但是他经常选择在那两天飞行，这使人们对他疲惫状态的报道产生了怀疑。

林白继续在一座又一座城市降落，一直都很准时。但是，一些负责报道巡回表演的记者抱怨基霍限制了媒体对林白的采访。他们还发牢骚说林白的随行人员行动太快，以至于人们都没有时间看到他。基霍因此成了一个出气筒。《明尼阿波利斯每日星报》（*Minneapolis Daily Star*）的一篇社论指出："有数十万人守候在街道两旁等待林白上校出现，但是他们看到他的时间甚至都不到一秒钟，因为他乘坐的汽车一眨眼就开过去了。许多孩子，甚至还有一些头发灰白的老妇人因失望而哭泣，只由于这位善于飞行的上校飞驰而过，他们根本没有看到他……林白上校正在全国进行的巡回表演，目的是为航空事业赢得人们的好感。然而事实上，基霍先生一直以来破坏形象的速度是林白上校赢得好感的速度的10倍。"

这篇社论引起了商务部部长胡佛的注意，他似乎也在指责基霍，这迫使林白从南达科他州的皮尔再次致信哈里为基霍辩解："我认为这些抱怨是不公正的。我知道基霍一直在竭尽全力让事情能够顺利进行。"不过他也向哈里保证："今后，如果有必要的话，我们得采取哪怕是不合理也得让记者们满意的方法。"

在洛杉矶，林白受到了好莱坞的热烈欢迎。著名影星玛丽昂・戴维斯和玛丽・璧克馥（Mary Pickford）在大使酒店宴请了他。第二天，米高梅公司老板路易斯・B. 迈耶（Louis B. Mayer）带林白去参观了米高梅电影制片厂，林白随后又拜访了威廉・伦道夫・赫斯特。在离开洛杉矶之前，林白收到了玉米片大王W. K. 凯洛格（W. K. Kellogg）的请求。如果林白同意飞越他的农场，那么凯洛格就将为该地区修建一座小型机场。这是一笔林白很乐意接受的、来自商业巨头的交易。

在巡回表演的最后一天，也就是10月23日，林白于下午两点在米切尔机场准点降落。有大约2 000名观众观看了他最后一次巡回表演的着陆。林白回答了记者的提问，然后和哈里前往法莱斯庄园，去度一个他所说的"长假"。据估计，那一年秋天，有3 000万美国人观看过林白的表演（至少占当时全美国人口的25%）。林白总结了这次巡回表演中的一些重要数据：

飞行里程：22 350英里（约35 969千米）

停靠站点数：82

迟到次数：1

演讲次数：147

出席晚宴数：69

游行里程：1 285 英里（约 2 068 千米）

访问州数：48

林白迟到的那一站是缅因州波特兰市，由于大雾遮住了着陆场，迫使他在空中盘旋了一个多小时。

林白巡回表演实现了哈里的愿望：改变航空旅行的现状。人们开始不再将飞机视为嘉年华上的特技表演工具或是休闲阶层的昂贵玩具。人们亲眼看到林白驾着“圣路易斯精神号”如此轻松地来来去去，这为他们注入了对飞行的信心。安全、准时的着陆强化了一种思维，即飞机能够以火车的精确度和汽车的安全性到达和离开。

由古根海姆家族支持的巡回表演也为自传作者林白带来了极大回报。不间断的新闻报道使《我们》始终在畅销书排行榜上名列前茅，在后来的几个月内售出了 60 多万册。从林白的角度来看，这次巡回表演唯一令他不满意的是，这让他成为一位更耀眼的明星，一个不断受到记者追逐的长着双翼的加拉哈[1]。

他在法莱斯庄园找到了避难所。林白可以驾驶水上飞机飞到哈里和卡萝尔那里，然后把飞机停靠在庄园下方的海堤附近，摄影师完全看不见。又或者，他可以把飞机降落在事先清过场的法莱斯庄园附近的马场。到了晚上，哈里的长期管家兼贴身男仆、出生于英国的沃尔特·莫尔顿（Walter Moulton）会在居住于这个家中的每个人的床边留下纸条，让他们写下早餐想吃什么。林白认识了哈里和卡萝尔十几岁的女儿南希和琼，她们充满敬畏地发现，眼前的这个人正是当时世界上最著名的男人。一个星期天，当每个人都在准备享用一顿惠灵顿牛肉晚餐时，南希来到餐厅，嘴唇上涂抹着鲜艳的口红。哈里一点也不觉得好笑，他把女儿拉到一边，对她说：“请你立刻上楼去把口红擦干净，好吗？”

① 加拉哈是亚瑟王传说中的一名骑士，相传只有他才能寻得圣杯的下落。——译者注

林白在古根海姆大家庭

林白成为古根海姆大家庭中的一员，他会参加哈里和卡萝尔组织的社交活动，如游泳、打网球。他对这个家族没完没了的正餐聚会感到惊讶，这些盛会甚至可以持续好几个小时。通常，哈里喜欢在位置较低的书房里以杜松子鸡尾酒和马天尼酒开始这些活动，然后大家从楼梯上去，进入门厅后面的餐厅。客人们来到餐桌旁，餐桌上整齐地摆放着成套的餐具，铺着色彩鲜艳的意大利绣品，每一角都装饰着流苏。餐桌中央是一个翠绿色的玻璃钵，里面装满了黄色的白叶菊。绿色是卡萝尔最喜欢的颜色，从那些淡绿色的酒杯、绿色的烟灰缸就可以看出来，就连椒盐瓶子也是用绿色玻璃做的。在莫尔顿的监督下，男仆们穿着黑色燕尾服和黑白条纹裤子，女佣们穿着绿色贡缎裙，系着白围裙。通常，午餐从一轮前菜开始：腌制朝鲜蓟、沙丁鱼、鲑鱼片、冰镇绿橄榄、火腿片、淋着少许调料的煮鸡蛋、一篮篮新鲜出炉的烤面包和薄饼。然后是主菜：放在精美的大瓷盘上的鸡胸肉，周围是棕色的土豆球，接着是菜豆和菠菜。再接下来是甜点：野生美洲越橘派，在耐高温玻璃盘中预先切好，放在桌子上，配上糖和奶油。每个人的冰水碗被端上来，每个碗里都有三个冰块漂浮在水中。紧接着的是一盘黑樱桃被依次送到每个人面前，客人摘下他们的樱桃，先把它们放进冰水里再享用。接着，大家回到书房，喝咖啡，点燃烟斗和香烟。如果天气好的话，抽烟仪式会在俯瞰海湾的甲板上进行。这时，莫尔顿将再次过来，用哈里最喜欢的装在一个雪松小木盒中的采用浓郁的布埃尔塔阿瓦霍烟草制成的古巴雪茄——赫尔曼·乌普曼雪茄招待客人。

与上述场合相比，在美国沙点的独处时光能带给林白更多的乐趣，比如说，步行到法莱斯庄园的果园，他可以在那里摘桃子，或者不受打扰地徒步穿过林间小路前往羊棚、马厩或庄园下方的海滩，在海湾的温暖水域中游泳。让哈里屡屡感到惊讶的是，林白不想与那些试图利用他的名人效应赚钱的人所提出的有利可图的商业交易有任何关系。林白似乎不想利用自己的名声。在大多数时候，名声似乎只是一种负担。林白无法理解，他在这么多人努力的基础上完成的一项壮举，怎么会变成一个转折点。正如他后来写的："我在法国的成功着陆对世界各国产生的影响让我备感震惊。在我看来，这就像一根点燃篝火的火柴。我认为，在那以后，人们把篝火的光辉与火柴的火焰混为一谈了，他们把由许多人所取得的成就都归功于一个人身上。"

哈里现在用林白的绰号"瘦子"来称呼他。哈里比林白大 12 岁，但他俩有很多共同点：天生都很有头脑，都能严格控制自己的情绪，都是一丝不苟的计划制定者，都是坚定的共和党人，都喜欢打猎和钓鱼。林白后来回忆道："哈里喜欢长岛海湾。我们经常去游泳或是捉龙虾（他会把一些捕虾篓浮在海岸附近的海域）。晚上，我们会用篙撑着一艘小型平底船沿着海岸巡游，在火把的照耀下，用鱼叉叉比目鱼。"

他们一同开飞机旅行，把想方设法躲避跟踪的记者作为一种乐趣。有几个夏天，哈里在圣巴巴拉租了一幢房子，林白飞往加州去拜访他时，有时会先在附近的一个小机场降落，然后离开这架"诱饵"飞机，登上另一架飞机，接着再飞往第二个机场，哈里会在那里开车等候他。这些诡计只能得逞一时，林白想长时间躲起来几乎是不可能的。

卡萝尔和"瘦子"处得很好，而且也很喜欢与他的母亲伊万杰琳为伴。伊万杰琳偶尔会与哈里和卡萝尔住在位于伊斯特河附近东 57 街 455 号的曼哈顿公寓里。林白也是那里的一位常客，他会住在卡萝尔位于公寓上方的艺术工作室里。古根海姆夫妇住的地方与布雷肯里奇夫妇的住所只隔了一个大庄园。伊万杰琳特别喜欢古根海姆夫妇最小的女儿戴安娜，曾送给戴安娜一整套玩偶屋家具。

在法莱斯庄园，哈里和林白会就航空业及其未来的发展进行无休止的交谈。每当这种漫长的会晤进行得如火如荼时，卡萝尔就会消失，前往她的艺术工作室独处。就像大卫·霍克尼（David Hockney）的著名插图《塔中公主》（*The Princess in Her Tower*）所描绘的那样，卡萝尔经常在画室里一待就是很久。画室位于法莱斯庄园庭院附近的诺曼风格的塔楼楼顶，那里是庄园建筑物中比较寒冷的地方（哈里和卡萝尔曾花好几个月的时间与一名承包商交涉，让他解决取暖问题）。卡萝尔在那里制作了她的许多剪影画。她会让绘画对象坐在那里，一侧放一盏明亮的灯，另一侧放一张黑纸，然后在纸上画出他们的侧影。她投入很多心血的一件作品是一幅刺绣样品，她称之为“贵妇和独角兽”，其原型是一张著名的巴黎挂毯，多年来一直挂在林白暂住的客房内。

全美巡回表演结束之后，林白收到一份邀约，让他再进行一次巡回表演。这一次，邀约来自最近刚被任命为驻墨西哥大使的德怀特·莫罗。莫罗想让林白飞往南方，从墨西哥的墨西哥城开始，进行一次拉丁美洲多国亲善巡回表演。林白对这个想法非常感兴趣。接受这一提议给他带来了意想不到的收获：在墨西哥城美国大使馆的一次招待会上，林白遇到了莫罗的女儿安妮，她当时是史密斯学院的大四学生。她立刻就被他迷住了，而他同样也喜欢和她在一起。

林白从拉丁美洲回来后，与安妮的第一次约会是在法莱斯庄园。当林白为这次约会离开庄园取回一架租出去的飞机时，卡萝尔和哈里抓住机会向安妮八卦了一番林白在空中巡回表演期间对其助手们所做的恶作剧。“我们必须提醒你要当心。”他们说。林白设计的一次特别成功的玩笑是伪造有熊来袭。在空中巡回表演期间，他们曾在蒙大拿州露营休息，林白拿着一张附有熊掌的熊皮消失在树林中，他用熊掌伪造了熊的足迹，并在营地附近摆出逼真的熊的造型后离开，从而引发了一场混乱。安妮或许还被警告过要保护好自己的香水瓶，因为林白曾在一次宴会开始前用祝福者送来的香水把助手们的外套淋得湿透。当然了，当他与安妮在法莱斯庄园约会时，没有发生这种疯狂闹剧。林白带着安妮进行了一次浪漫的空中之旅，欣赏海湾和曼哈顿的天际线。

林白与哈里夫妇就像一家人一样，他并没有隐瞒这一事实。有一次，林白约安妮去法莱斯庄园做客，他站在前门接上安妮后，没有让仆人通报就把她带到门厅，然后从桌上拿起一摞捆在一起的寄给他的邮件。哈里和卡萝尔有事情被耽搁了，未能准时回来，林白就带着安妮去了法莱斯庄园俯瞰大海的宽阔露台。他按下哈里在外墙上安装的按钮召唤仆人，等到管理家务的员工过来之后，林白就示意让他们带安妮去自己的房间。

两年后，他们结婚了。林白教安妮飞行，她成了他的副驾驶员。两个人接受了一系列海外航线的测绘任务。他们为新成立的美国西北航空公司勘察了后来被称为“大圆”[①]的航线，绘制了一条从美国纽约到日本东京可以减少 3 200 千米距离的航线。他们尽情享受独处的时光。回到美国后，他们发现，作为林白夫妇，他们不可能在没有粉丝和摄影师簇拥的情况下去银行、餐馆、百货公司、轮船码头或火车站。他们的避难所就是法莱斯庄园。他们希望在新泽西州霍普韦尔的土地上拥有一个属于自己的新家。但这么做并不能让他们解脱。“小报记者仔细翻找林白家的垃圾，窃取他们的邮件，并向他们的仆人行贿以索取有关他们私生活的花边新闻。”在接下来的几年里，安妮总是说，她只有在飞行时才能真正与丈夫独处。

① 如果把地球看作一个球体，则两点之间的大圆劣弧就是两点在地面上的最短距离，沿着大圆劣弧的航线被称为大圆航线，也是最经济的航线。——译者注

08

跨越通往安全飞行的最后一个障碍

很多飞行员认为飞机永远无法在恶劣天气下顺利飞行。哈里认为这样的观点很荒谬。他曾经目睹父亲基于潜在技术解决方案在采矿业投下巨额赌注。盲飞也一定有解决方案，这个问题可以靠技术来解决。

对航空业的想象已让所有人沉醉

位于麦迪逊大街 598 号的古根海姆航空基金会办公室是制图师的梦想世界，墙上挂着各种尺寸的地图，描绘了基金会的首创计划。它们是航空时代的飞行计划：一张地图绘制了全美 900 个新机场的预设位置，另一张地图展示了美国城市上空拟建的空中走廊。有些地图显示了即将创建的古根海姆航空学校及项目的准确位置，还有一些地图绘制了伯德和林白的可靠性巡回表演的路线图。

到 20 世纪 20 年代末，对航空时代的想象已经让所有人沉醉其中。许多报纸的周日版都开辟了一个新的“航空版面”，主要介绍新的飞行员培训学校或最新的航空时尚产品，比如定制头盔、护目镜，以及加热飞行服。坠机、空难和航空安全是永恒的话题。比如，一家飞机制造商研发出一种个人弹射座椅，在紧急情况下，会有一扇活动板门被打开，让座椅上的乘客穿过飞机底板跳下去，然后一个内置降落伞会将他们和他们的座椅安全送回地面。

当时私人简易机场随处可见，然而，在哈里长居的纽约市，还没有修建任何像样的机场。纽约市的政府首脑关于在哪里建造机场争论不休，争论持续了很久。许多人认为应该有 5 个机场，即这座城市的 5 个行政区各拥有一个。纽约市预算委员会、纽约市商会、纽约市房地产委员会及纽约州立法机构等都有自己的看法。美国众议院议员菲奥雷洛 · 拉瓜迪亚希望该市的主机场设于总督岛，即纽约港的炮台旁。他表示，那个位置将是水上飞机的理想中转站，可以将金融工作者送到华尔街。

1928 年，新泽西州率先在纽瓦克建成该地区第一座地区性机场，这好似给了纽约一记重拳。由于当时大部分空中交通工具都是美国邮政的飞机，所以纽瓦克就成为邮政服务的东部终点站。之后再由附近的铁路转运点将邮件快速高效地转送到最终目的地。当然，纽瓦克的新机场伤害了纽约人的自尊心。作为当时的世界通信之都，纽约居然要依靠新泽西州接收邮件。

商务部部长胡佛与纽约港务局合作，成立了一个咨询委员会，想以此打破纽约市首座大型机场选址的僵局。胡佛请哈里担任咨询委员会核心工作小组的主席，这是哈里在那一年中做的唯一一项非基金会项目的重要工作。其他所有基金会项目都在进行中，所以哈里和委员会能抽出时间来评估纽约市内大约 40 个预选地点，并列出了一份最有希望入选的短名单。这项工作又需要一张新地图，于是哈里下令制作了一张大型勘测细节图，并将它钉在麦迪逊大街 598 号一面最显眼的墙上。这张地图描绘了每一个拟议地点的边界到人口中心的距离，以及已知的天气模式。在此之后，哈里和另外一些委员会成员一同飞往这些地点，从空中观察飞行员在着陆时实际会遇到的问题。

哈里的工作小组最终推荐了 4 个地点，其中包括布鲁克林区牙买加湾沿岸的巴伦岛。它有许多优点：地势平坦，天气可预测，风速低，而且已经归纽约市所有。拉瓜迪亚不同意，他指出，他所选择的总督岛距离曼哈顿下城更近，但他未能说服纽约市。这座城市最终选择了巴伦岛，该机场后来更名为弗洛伊德·贝内特机场。机场的落成典礼吸引了大约 2.5 万名参加者，其中包括林白、弗雷德里克·特鲁比·戴维森和纽约市长吉米·沃克（Jimmy Walker）。观众们观看了 597 架飞机飞越该机场，这是美国历史上规模最大的单组飞机群之一。

在早期岁月中，弗洛伊德·贝内特机场相当成功，但是美国邮政局仍将纽瓦克作为其纽约大都会的航空邮件枢纽，因为弗洛伊德·贝内特机场一直缺少与曼哈顿的主要交通联系。它距离市中心约 30 千米，邮政部门认为这太远了，而且人们对于该机场将如何随着时间的推移而扩建也存有疑虑。弗洛伊德·贝内特机场未必是一个正确的选择，这一点在多年后得到了证明。纽约市在离曼哈顿更近的地方修建了其他机场，如拉瓜迪亚机场以及能够处理更多空中交通的肯尼迪[①]国际机场。

---

① 该机场的美国第 35 任总统的姓氏命名。肯尼迪，全名约翰·菲茨杰拉德·肯尼迪，也被称作杰克·肯尼迪。——编者注

空中测绘打通商业旅行之路

哈里渴望开展另一个更简单的项目，那是他和林白已经讨论了好几个月的一个全国性的“空中测绘”项目。在巡回表演期间，林白很难找到降落场，因为那些城市本身很难从空中辨认出来。美国的每一座主要城镇难道就不能在一个大屋顶上写出它的名称吗？名称旁边画一个指向最近机场的箭头，再把字母 N 叠加在指向北方的箭头上。哈里和林白甚至为这一标识系统推荐了颜色和规格：铬黄色，正体大写字母，长度为 3 ～ 6 米。

美国商务部已经启动了一个类似的航空测绘项目，但是胡佛一如既往，很乐意让哈里及其基金会负责此事。胡佛的工作人员为基金会弄到一份城镇的邮政局长名单，这些人可以协助确认标识的位置。哈里建立了与民间组织、火车站及石油公司的合作，并且得到福特汽车公司 7 600 名经销商的帮助，因为他们的展厅拥有符合他要求的巨大屋顶。

哈里亲自投入该项目的推广宣传中，有一天他来到了得克萨斯州的埃尔帕索。在为一群商界人士演讲时，他说，像埃尔帕索这样的城市，只需要付出几罐油漆的成本，就可以通过促进商业航空来实现经济扩张。**空中测绘看上去像是一个简单粗糙的想法，但实际上至关重要，“正如公路上没有路标会让汽车行驶受到极大阻碍一样，由于不能通过全国性屋顶标识正确识别城镇，商业航空发展也受到了阻碍”。**哈里还承诺了诱人的奖励：每一个参与的城镇都会得到一份由林白亲笔签名的用雕刻铜版印刷的感谢证书。到推广活动结束时，全国有近 6 000 个城镇已经在建筑物屋顶上用 6 米长的字母标出了自己的位置。

和林白一样，丹尼尔在麦迪逊大街 598 号也有一个办公室，他会经常过去。丹尼尔凝视着那些地图，看到儿子正怀着如此强烈的紧迫感开展基金会的计划，他深感震惊。丹尼尔从未坐过飞机（他有心脏病，医生禁止他乘坐飞机），但是美国的公司已经开始购买飞机用作行政交通工具，这对他来说是一个新兴市场：商务旅行。

能够自己买得起飞机的企业为飞机起了有助于品牌建设的绰号，如罗珀煤气灶公司的“飞行厨师”或摩根涂料公司的“王牌色调”。各大公司之所以要购买自己的飞机，是因为大规模空中客运旅行仍然是未来的事情。大多数航空运营商都认为，他们尚无法通过运送大量乘客赚钱。只有少数例外，其中包括一些名人初创的公司。传奇电影制作人塞西尔·B. 德米尔（Cecil B. DeMille）在洛杉矶创建了“短命”的美国水星航空公司。查理·卓别林（Charlie Chaplin）的兄弟希德·卓别林（Syd Chaplin）推出了一项从加州长滩到圣卡塔利娜岛的水上飞机客运服务，这项服务也没有持续多久。

哈里和丹尼尔一致认为，商务旅行者将是商业航空的早期客户。他们的基金能否为这一潜在市场设计一个创业火花塞？哈里和丹尼尔相信他们可以做到，于是决定成立一家能够展示安全性、可靠性和拥有盈利能力的示范性航空客运公司。但是哈里和丹尼尔在时间安排上产生了分歧。在基金会大规模推出教育和培训项目后，哈里认为在安全和导航方面仍有很多工作要做。可丹尼尔却认为，公众已经充分相信飞行的安全性，现在是开发业务模板的时候了，这样可以鼓励现有的航空公司考虑将业务扩展到客运服务。它们中的大多数目前从事邮政业务。最终，丹尼尔的坚持获胜了。

为了找到一家愿意启动这一试点项目的运营商，哈里锁定了已经开始在邮件航班上搭载少量乘客的私人航空邮递公司。他邀请他们到基金会办公室协商。在那个年代，航空邮递公司赚的钱太少了，以至于哈里不得不提前给他们寄送往返火车票以确保他们能出席。在约定的日期，受邀者聚集在麦迪逊大街 598 号的董事会会议室里，哈里提出了他的想法：借鉴铁路运营的商业模式。在美国，早期铁路公司的资金部分来自他们自己的金融火花塞，即政府提供的运输贷款。哈里推断，同样的原则也可以应用于航空业。哈里说，他的基金愿意向任何感兴趣的航空邮递公司提供慷慨的设备贷款以建立示范性航空客运服务，同时提供天气数据，并在规划航线时接受商务部的监督。

与会者的反应并不积极，各航空邮递公司对这一想法几乎表达了“普遍的遣责”。参加会议的航空邮递公司觉得他们的利润率已经很低了。即便有设备贷款，可要在一类新的服务分支上下注，他们也负担不起。一旦发生事故，就可能对他们的公司造成灾难性打击。然而，有两家航空邮递公司表示感兴趣。其中之一是西部航空快运公司，在加州市场经营邮政航线，那里的天气条件比较好，因此是一个较好的试验平台。它是几年前刚刚由绰号“波普”的前赛车手哈里斯·M. 汉休（Harris M.“Pop”Hanshue）创建的，他招募了前飞行员来驾驶他的邮政飞机。他经营着一条从洛杉矶途经拉斯维加斯到盐湖城的航线，他给自己的飞行员下达的飞行指令很简单：“始终保持在铁路轨道的右侧飞行，以避免与迎面而来的飞机相撞。”哈里与汉休达成了一项协议，并在协议中写道，多引擎飞机将是示范性航空客运公司的首选飞机。这是一个关键性安全因素，如果一个发动机出现故障，那么飞机还能够依靠剩下的发动机安全着陆。

不久，基金会向西部航空快运公司提供了 15 万美元的设备贷款，用于购买 3 架三引擎客机，客机将每天在洛杉矶和旧金山之间飞行。哈里和林白用其中一架飞机进行了试飞，认为该飞机具备适航性。这条试验航线的目标受众是商务旅行者，他们对该公司的描述感到很满意：“洛杉矶和旧金山之间的航线距离为 587 千米，飞越该航线所需时间约为 3 小时。飞机将于上午 10:30 飞离一座航站楼，并于下午 1:30 抵达另一座航站楼。”飞机升空后，乘客将享受到工作场所的所有舒适服务，“飞机上将提供午餐，还有杂志、最新的报纸、广播娱乐及市场报道”。

该公司没有提及这些客运航班中一些不太令人愉快的事实：飞机上很冷也很吵，因为机舱基本上没有保暖和隔音设施；客舱没有增压设备，这意味着飞机飞得不是很高，因而也更容易受低空湍流的影响。不过，如果一名商人打算从洛杉矶乘坐 3 个小时的飞机去旧金山开会，而不是花一整天时间坐火车，那么上述问题很容易得到谅解。

加州的试验得到了基金气象委员会的帮助，该委员会的工作是沿航线建立示范性气象服务。美国气象局提供了全国各地的每日天气预报，但这些报告对于没有在预报发布后很短时间内起飞的飞行员而言毫无价值。西部航空快运公司航班路线以西是太平洋。飞行员从加州北部起飞时，了解南加州沿海的海上雾浓度至关重要，正如飞离洛杉矶的飞行员需要了解旧金山湾区的清晨雾天的情况一样。任何类型的雾对飞行员而言都是一种变相的威胁，这会使他们有撞上山峦的危险，尤其是在加州的内华达山脉地区。

哈里及其基金会委托气象站每天向洛杉矶和旧金山的航班楼报告 3 次天气数据。该地区的任何飞行员都可以获得这些数据。这些气象站沿着航线分布，每两座之间相距约 20 千米，气象员跟踪记录风速、云层形成状况、能见度和雾浓度数据，所有数据都通过电报发送给航线两端的两个简易机场，然后通过无线电转发到飞机上的接收器中。哈里与一个美国联邦委员会合作协调该系统的运作，他再次委托胡佛的员工安排加州主要的电话公司在气象站和航班楼之间提供免费传输服务。

新航空公司开张后，乘客们蜂拥而至，不到两年时间，设备贷款就连本带利还清了。这项服务的影响力很快就显现出来，“在洛杉矶至旧金山航线繁荣景象的鼓舞下，其他航空客运服务，包括在东西海岸之间的航空和铁路服务组合……开始在美国各地兴起”。试验期结束后，哈里及基金会将其建立的气象服务系统移交给了美国政府，由美国政府接管运营。

让“盲飞”成为现实

到目前为止，哈里已经启动了 35 个航空火花塞项目中的大多数项目，这些都是他在从欧洲出发的长途轮船旅行中确定的。但是，有一个关键性问题仍然存在：盲飞，或者说纯仪器导航飞行。这是通向安全飞行的最后一个重大障碍——盲飞将使飞行员能够在非常恶劣的天气中飞行而不迷失方向；它可以使起飞和降落变得近乎万无一失。

林白的跨大西洋飞行为哈里发展纯仪器导航的计划提供了一些宝贵经验。如果没有仪表板，林白是不可能飞到巴黎的，但他的仪表有时并不可靠。比如，他带了两个罗盘，一个感应罗盘和一个磁罗盘。他原以为如果一个读不出来，另一个还可以弥补，然而事实却是两个罗盘同时失灵了。当时的仪器在最好的情况下，也只能给飞行员提供基于一定信息的猜测。高度表经常不准确，因为中间的齿轮不够灵敏，无法产生准确的读数。

想象一名飞行员在夜间着陆，他的高度表显示飞机离地面 12 米，而实际高度只有 3 米。这无疑是一次艰难的着陆。哈里在学习飞行时被告知："看到那些仪表了吗？不要理会它们！"但是，依赖视觉，尤其是在雾天，也可能会造成灾难性的后果。飞行员对恶劣天气的本能反应是减速，然而，当飞机的速度过低时，它就会失去升力，结果就是：飞机失速并坠地。

当时仍然有很多飞行员认为飞机永远无法在恶劣天气下顺利飞行，也不应该要求飞机按时刻表飞行。如果旅行者想按时刻表出行，那就让他们坐火车吧。哈里认为这样的观点很荒谬。他曾经目睹父亲基于潜在技术解决方案在采矿业投下巨额赌注。盲飞也一定有解决方案，哈里敢打赌，这个问题可以靠技术解决。

在剑桥大学，哈里曾经研究过天文学家、钟表匠以及其他人如何花费数十年的艰苦努力，只为在 18 世纪航海事业中找到测量经度这一最大挑战的解决方案。要想将海洋作为"海上高速公路"使用，从 A 点到达 B 点，船只需要知道自己的确切位置。但几个世纪以来，由于不知道自己在海上的位置，造成了大量船只沉没、成千上万人丧生。"整个欧洲的科学家，从伽利略到牛顿，为从天空寻求一个答案，都绘制过星空图。"这一问题通过航海经线仪的发明得到了解决。哈里考虑研发这种装置的航空版本，它可以在任何天气条件下与其他仪器共同测出飞机相对于地面的准确位置。

飞机的速度和性能日渐提高，飞行员依靠视觉对各种情况做出快速反应的能力就显得黯然失色。**哈里很清楚，随着飞机的速度不断提高，机动性不断增强，飞行员却仍主要依赖自己的视觉本能飞行，这是很危险的。**哈里的解决方案是在基金会存在的最后几个月里为其制定改进技术的计划：开发完全依靠仪器或盲飞进行起飞和降落的技术。基金董事会同意拨款 7 万美元建立一个研究中心，并为其配备最有才华的试飞员和航空专家。哈里将这个研究中心称为全飞行实验室。

哈里利用他在陆军中的人脉，要为一个可能具有重大历史意义的项目“借用”他们所拥有的最优秀的飞行员，军方同意了。他们当然会选择大名鼎鼎的詹姆斯·杜立德。航空界的每一个人都知道杜立德，在美国，他是仅次于林白的著名的飞行员。媒体称他为“速度恶魔”“胆大包天的王牌飞行员”。他是首个在不到一天时间内驾机横穿美国领土的人。他也是一名学者，是首个在麻省理工学院获得航空学博士学位的人。他思维严谨，诙谐机智，具有钢铁般的意志。他身材消瘦却很结实，身高 1.67 米，拥有灿烂的笑容，每当他像猎犬般咧嘴一笑时，这种笑容就显得格外醒目。在智利的一次国际飞行表演中，他表现出极端争强好胜的天性。在表演前的一个晚上，他参加了圣地亚哥的一个鸡尾酒会，几杯皮斯科酸酒下肚之后，他在一场事故中双脚脚踝骨折。然而，几天后，他还是来到了机场，拄着拐杖蹒跚着走向飞机，指示他的机组人员将他脚踝上的石膏绑在方向舵踏板上。

杜立德接受了哈里的工作邀请，来到法莱斯庄园，享用了一顿漫长的午餐，还有酒水和雪茄。他们在那里就实验室的动作方法进行了讨论。两个人一致同意全飞行实验室应包括：（1）两架飞机（一架 NY-2 飞机，用于试飞；一架沃特公司生产的“海盗船”飞机，用于运行部件和设备）;（2）杜立德及其家人的生活区；（3）一座机库和车间。这一切都将以米切尔机场为基地，那是以纽约市前市长约翰·米切尔（John Mitchel）的姓氏命名的军用机场。第一次世界大战期间，在美国陆军的一次训练飞行中，米切尔从正在 152 米高空做俯冲的侦察机驾驶舱中坠落，当场死亡，而这仅仅是因为他忘了系安全带。

杜立德喜欢“海盗船”飞机，它比 NY-2 飞机速度快，但它没有盲飞仪器。具有讽刺意味的是，正是这架飞机用一次令人毛骨悚然的濒死飞行体验证明了由仪器引导飞行是多么重要。那天晚上，杜立德在晴朗的天气状况下从纽约州布法罗起飞。他计划利用沿途的发光地标和高速公路作为引导标识飞到米切尔机场。

正如哈里所述："为了避开山区，他沿着一条越野路线飞行，途经罗切斯特、锡拉丘兹、尤蒂卡、斯克内克塔迪、奥尔巴尼，再顺着哈得孙河飞。杜立德飞过奥尔巴尼后，飞机遭遇恶劣天气。这时候他已经用掉了一半的燃油，因此没有足够的燃油返回天气正在好转的布法罗。杜立德越来越担心，他只好跟随一列正沿着哈得孙河谷向南疾驰的纽约特快列车的灯光飞行。当列车从视线中消失后，他开始沿着河岸飞行。有那么一会儿，他考虑在西点军校阅兵场降落，但最后还是决定继续前往米切尔机场，因为天气状况还算可以。纽约市上空一片晴朗，但是整个东河地区却完全被大雾笼罩。杜立德意识到他无法继续飞往米切尔机场，总督岛被大雾团团裹住，现在大雾也笼罩了哈得孙河。

杜立德飞越炮台上空，打算在炮台公园强行着陆，可就在飞机下降时，一名男子跑了出来，挥手示意他离开。他重新攀升到夜空中，决定在哈得孙河上迫降，但随后又放弃了这一计划，因为'河水看上去不太友好'。他还有最后一个机会：飞到新泽西州去，尝试在纽瓦克自由国际机场降落。然而，浓雾同样也锁住了这个机场。现在油量表显示'海盗'战斗机的燃油即将耗尽，杜立德驾着战斗机穿过浓雾，爬升进入清澄的夜空中，试着向西飞离市区，直到他可以在人烟稀少的乡村上空跳伞。

就在这时，在新泽西州伊丽莎白市附近，这位飞行员发现了一个不停旋转的航线信标灯，在它的旁边有一个适合紧急迫降的相当平坦的区域。杜立德仍然不能确定那是一片旷野还是一个湖泊，但是他打开了'海盗'战斗机的着陆灯，开始下降。他低空飞过这一区域，钩住了树冠，撕裂了飞机左下翼部分……杜立德掉转方向，找到一处看上去最空旷的地方，然后'让左翼绕着地面附近的树干打了个转'，这才把飞机降落下来。不过，这就彻底摧毁了'海盗'战斗机。"

杜立德最终安然无恙地脱险了，但是他认为："这件事告诉我们，如果我驾驶的是安装了盲降系统的NY-2飞机，而且全飞行实验室无线电台在米切尔机场发出警报，那么这本该是一次'毫不费力'的常规越野飞行。"

美国航空业迎来重大突破

杜立德和他的妻子乔瑟芬·杜立德（Josephine Doolittle）、两个年幼的儿子在米切尔机场的临时住所并不具备黄金海岸的品质。杜立德称他的临时住所为“一座长期空置、白蚁丛生的木头建筑”。杜立德夫妇对它加以维护，很快就将这座四处漏风的建筑变成了一个主要的社交中心，吸引了“一大批不拘小节的朋友”。科学家、飞行员、大学教授、基金顾问、机械师以及仪器制造商都会到这里来。乔瑟芬是一位啤酒酿造大师，厨房随时供应她最新酿造的啤酒。新来的客人都知道，如果他们想要满满一杯啤酒，就要给乔瑟芬送一份啤酒花，并不是说有人在意这些，但是在禁酒令最严格的时候，哈里实际上是在政府的地盘上资助了一家“自酿酒店”。

哈里和杜立德一致认为，纯仪器导航飞行问题的关键是提高仪器的灵敏度并增加它们的实用性。一天下午，杜立德与埃尔默·A. 斯佩里（Elmer A. Sperry）聚在一起。斯佩里是从事仪器创新的传奇人物之一，拥有350多项专利，正是他发明了陀螺稳定器。哈里在战前训练中驾驶的柯蒂斯水上飞机上就安装了该仪器。斯佩里和杜立德一遍又一遍地勾勒各种机械装置原型的草图，这些机械装置原型组合后形成高度精确的易读仪器，显示航向和准确高度，还可以作为某种人工地平线使用，“显示飞机是否在做直线飞行、水平飞行、爬升、俯冲或倾斜”。接着，杜立德绘制出他设想中的合成仪器的最终修订版。斯佩里说这是可以做到的，并指派自己的儿子设计新仪表。两个星期后，斯佩里准备了3个原型，其中有两个是基于陀螺仪设计的。

杜立德需要在不良天气中进行测试。1929年9月下旬的一个早晨，一场浓雾从长岛海峡滚滚而来，完全笼罩了米切尔机场，还是他们一直期待的黄色浓雾。机场的设施维护主管打电话给哈里和杜立德。当哈里赶到时，杜立德已经在天上兜了一圈，他用一架单引擎双座双翼飞机进行了试飞。试飞结束的杜立德迈出飞机，走向机库。“早上好，哈里，”杜立德握着哈里的手，“我要带她去盲飞。”这个“她”指的是杜立德一直在使用的主试验机：加固型NY-2飞机。它有一个完整的仪表盘，但是杜立德将完全依赖由实验室研发的3个仪表。那天早上，还有一位试飞员也在那里，就是本·凯尔西（Ben Kelsey）中尉。哈里立即表示同意，但又似乎有些犹豫。他担心的不是雾太浓，而是因为雾正在消散，这可能导致附近有其他飞行员起飞。

“有一个建议，”哈里说，“我希望本·凯尔西待在第二驾驶舱里以防万一。”

“什么万一？”杜立德问道。

“万一出什么岔子，”哈里说，“如果那样的话，本·凯尔西可以有足够的视觉辅助设备让飞机着陆。”

杜立德心不甘情不愿地同意让“控制飞行员”坐在前驾驶舱，在杜立德驾驶飞机时，本·凯尔西不会碰任何操纵杆。如果需要的话，他可以立即重获控制权。问题解决后，哈里爬上了下翼，祝杜立德好运，然后用沉重的帆布罩罩住飞机的整个驾驶舱，并且扣紧。大约有50名相关人士聚集在那里。杜立德在黑暗中借助手电筒的光亮扫过仪表板，检查仪表：转速表、罗盘、空速指示器、升降速率指示器，以及3个新仪表——改造过的高度表、人工地平仪和定向陀螺仪。凯尔西的双脚远离方向舵脚蹬杆，并且把双手放在机舱外，让其他人都能看到。

杜立德启动发动机，松开制动器，推动加固型NY-2飞机以完美的直线前进，直到它离开地面消失在浓雾中。为了在返航时定位跑道，他得依靠来自着陆区的航向信标波束或无线电信号。关于这次飞行，历史学家哈利恩是这样实时描述的：“杜立德让飞机沿着航向信标的航道爬升，直至305米的高度。在距离机场8千米的地方，他趋于水平飞行，然后向左转180°，并再次依据航向信标波束向西飞行，现在他距离米切尔机场约3千米。”几分钟后，“当他依据定位信标波束向西飞行时，他开始从305米高空逐渐下降，在61米的高度开始俯冲，然后继续沿着航向信标飞行，直到径直飞越着陆信标。现在，杜立德开始以每小时约97千米的速度平稳下降，并一直将这个速度保持到着陆。”着陆时有点儿颠簸，但整个飞行过程很完美。杜立德滑行着停了下来，迎接他的是哈里以及热烈的掌声和欢呼声。哈里重新爬到下翼，扯开帆布罩。他欣喜若狂，当即给奥维尔·莱特发了一封电报，指出在安全着陆的过程中只使用了 3 种仪器。当哈里准备发布他的新闻稿时，也给丹尼尔和弗洛伦丝送去一份复印件，并在最上面用红墨水写着："亲爱的爸爸妈妈，这就是整个故事。爱你们的哈里。"

盲飞的试验成功是哈里推动美国航空业发展的最重要的火花塞之一，也是基金会最后一次重大冒险。哈里做过的事情还包括：引导全国各地建立航空学院；推出了伯德和林白巡回表演；举办了一次很具影响力的安全飞行比赛；指导了一次全国性屋顶标识推广活动；承担了一项示范性航空客运业务和一项气象服务；成立了航空法研究所；支持航空测绘和小学航空教育项目；颁发丹尼尔·古根海姆奖章以表彰航空业先驱；拨巨款保护航空史上的技术和文献资料。

1927 年，在基金会运作满一年之后，申请飞行员执照的人数增加了 2 倍；获得执照的飞机数量是原先的 4 倍。到 20 世纪 20 年代末，着陆场和机场的数量翻了一番。乘客的数量也很能说明问题：1926 年的航空乘客人数不足 6 000 名，到了 1929 年，已经猛增至 17.3 万名，而到了 1935 年，则接近 80 万名。飞行生意正在成为一项真正赚钱的生意。20 世纪 20 年代末，航空上市公司的股票数量增长至原先的 3 倍。

哈里本可以投资这些上市公司，想投资多少家就投资多少家，以增加朋友和同事的财富，并且让自己在这一过程中变得更加富有。当然，他已经很富有了，而这样的行为会破坏他作为航空业推动者的形象。事实上，哈里曾公开警告过：不要投资那些不健康的航空企业。胡佛部长对事态进展感到满意。"明年我们获得的成果的数量将超过全世界其他地方的总和，"他说，"所有这些都是由私营企业在没有政府补贴的情况下完成的。"

在接下来的几个月里，至少对胡佛部长来说，会有更多的好消息：柯立芝不再竞选连任总统，胡佛通向总统之路的大门打开了。古根海姆家族也对胡佛寄予厚望：丹尼尔已经是胡佛的赞助者，哈里是一位热心的支持者和募捐者。商业航空，就像20世纪20年代的牛市一样，呈爆炸式增长，前程似锦。胡佛竞选时坚持走前两届共和党政府制定的路线，所有这些都与哈里产生了共鸣。卡萝尔也加入了这一行列，在胡佛总统委员会长岛妇女分会担任管理人员。

在胡佛获得共和党提名并赢得1928年总统大选后，哈里无法抑制自己的兴奋。他给当选总统发了封电报："您的胜利是世界历史上对民主制度的最有力证明。"哈里热情洋溢的电报很可能寄托于胡佛让自己实现年轻时的梦想：被任命到一个重要的外交职位上。这是他从剑桥大学毕业后，在顺应父亲的意愿去帮助开发丘基之前就一直想要的工作。而基金会的活动正在逐渐减少，很快就会关闭。哈里"飞行教父"的声誉使他成为美国家喻户晓的商人和慈善家。就算胡佛此前尚不知晓哈里的外交抱负，那么他那时也意识到了。此后不久，一个职位摆在哈里的面前：负责航空事务的商务部部长助理。

这一提议对哈里来说是个重大打击。**一个美国政府部门的中级职位？不，他想在世界舞台上占有一席之地，最好是海外派遣。**于是，哈里礼貌地拒绝了这个提议。

众所周知，这位当选总统认为，美国所面临的最棘手的外交问题就是美国与古巴、墨西哥的关系。德怀特·莫罗已经在着手改善美墨关系了，但是驻古巴的大使在应对局势方面并不顺利。

与此同时，胡佛已经看到了哈里在航空基金会的行动力，他能召集并组织商界、科学界和军事领域的精英，能应对那些各种自负而难相处的人物。林白的空中巡回表演是哈里资助和协调的，这场活动让全美上下为之沸腾。胡佛以敏锐的洞察力看到哈里委托进行的学术资助和技术研究所取得的成就。他知道哈里会说西班牙语，并且熟悉拉丁美洲的商业规则。哈里显然有能力胜任改善美国与古巴关系的工作。另外，在拉丁美洲，发展商业航空是胡佛的优先事项。大多数从美国飞往南美洲的早期航线都得取道古巴。

哈里显然得到了另一位有影响力人物的幕后帮助，他就是元老级政治家伊莱休·鲁特（Elihu Root），鲁特是美国与古巴关系的构建者之一。鲁特当时正与包括美国外交关系委员会主席在内的一些美国参议员合作，讨论美国在国际联盟中应起何种作用的有关问题。据说，作为基金董事会成员的鲁特公开表示支持哈里。促成这件事情又花了好几个月时间，但是新总统最终还是改变了心意，将哈里的名字列入驻古巴大使提名的名单中，交给美国外交关系委员会审核。胡佛非常清楚这里面的风险。而哈里知道这些风险吗?

09

在古巴的革命激流中全身而退

THE
BUSINESS
OF
TOMORROW

人生是不断追求幸福的过程，当一个人沉醉在比自己的个体存在更为重要的事情中时，他是最幸福的。

将公共服务视为人生使命

如果哈里获得美国参议院的批准，那么他就将在 39 岁时成为美国有史以来最年轻的大使之一。

当时哈瓦那被称为“加勒比海的巴黎”。那里的“马切特洛”[①]（代指甘蔗收割工人）使古巴成为世界上最大的蔗糖供应商，那里的“塔巴盖洛”[②]（代指雪茄工人）生产制作精良的雪茄。20 世纪 20 年代末，糖价急剧上涨，为这座古老的殖民城市带来了财富。在它的城堡、纪念碑和大教堂周围，一片繁荣景象。随着 20 世纪 20 年代美国禁酒令的实施，狂欢派对在美国结束了，但在古巴才刚刚开始。美国的小酒吧、地下酒馆、歌舞厅被关闭，然后在哈瓦那重新开业。大批失业的调酒师移民到古巴，在那里他们很容易就能找到工作。新开通的航班可以在不到一个小时内将游客从基韦斯特和迈阿密送到哈瓦那。泛美航空公司每天提供 7 趟飞往古巴的航班。在哈里被提名为驻古巴大使的那年，古巴接待的游客数量创下了 9 万名的纪录，其中绝大多数来自美国。那里的赌场、夜总会、餐馆、酒店、电影院、高尔夫球场及游艇俱乐部里到处都是美国人。

在美国人看来，古巴是一个遥远的、充满异国情调的地方，拥有美国所有的便利设施。当时的古巴本质上是美国的一个“被保护国”。这都是因为古巴与美国签署的《普拉特修正案》（*The Platt Amendment*），条约的其中一部分规定了美国在认为必要时可以用某些手段干预古巴内政。这项条约是由西奥多·罗斯福总统在任期间的国务卿伊莱休·鲁特（也是丹尼尔·古根海姆基金会董事）起草的。许多古巴人认为这项修证案是一笔浮士德式的交易，美国为了利益不择手段，损

---

① machetero，西班牙语，本意为“砍刀”。——编者注

② tabaquero，西班牙语，本意为“烟草商”。——编者注

害了古巴的独立。于是古巴领导人承诺将废除它。

但是这件事情短期内不会发生，古巴领导人需要美国的支持才能保住总统的宝座。哈里被提名后不到一周，合众社发布了一篇关于这位日益不得人心的古巴领导人的快讯："指控他镇压反对派政党，限制言论和新闻自由，废除了前美国大使伊诺克·H. 克劳德（Enoch H. Crowder）将军为古巴制定的选举法的若干部分，侵犯了美国人和古巴人的财产权，并阻碍工会活动。"

这位古巴领导人在古巴中部的维拉克拉拉省长大，当古巴独立战争于 1895 年开始时，他加入了起义军，后来成为抵抗运动中最年轻的将军之一。在冲突期间，停泊在哈瓦那港的美国"缅因号"战列舰被摧毁（260 名美国军人遇难）。此后，美国与古巴起义军结盟并参战，西班牙战败。但是，美国撤军的条件之一是古巴的宪法中承认由美国国会通过的《普拉特修正案》。

这位后来的古巴领导人成为圣克拉拉市市长，之后当上了内政部部长，并于 1924 年竞选总统。他承诺只任职一届，并且施行了一个公共工程计划。当选后，他下令修建了约 1 100 千米长的横跨整个古巴岛的中央公路。他治下的标志性项目是庞大的哈瓦那国会大厦，该建筑物外形酷似美国国会大厦，但却更为宏伟，是古巴立法机构所在地。哈瓦那国会大厦的中央雕塑是一座约 15 米高的青铜像：共和国雕像，是一名戴着头盔、手执长矛和盾牌的女性，其灵感源自古希腊智慧女神雅典娜。这座雕像铸造于罗马，表面覆盖了 22 克拉黄金，是当时世界上第二大室内雕像，仅次于奈良大佛。

这一切都传达了古巴文化的精髓是值得全世界钦佩的。古巴人感到乐观和振奋，他们对这位古巴领导人赞不绝口，但当他最终决定连任后一切都变了。他以不正当手段操纵选举，宣布竞选连任，策划修改了宪法，禁止他的反对者，也就是他最强大的政治对手、全国联盟政党领袖卡洛斯·门迭塔（Carlos Mendieta）参选。学生团体和工会在愤怒中爆发了，他们举行了示威和集会，其中有许多游行活动被警方残暴地制止。1928 年，这位古巴领导人再次当选，在竞选中没有遇到任何真正的对手，然而选举结果引起了一场半永久性的民众起义，以反对日益专制的统治。

哈里获得提名之际，这位古巴领导人的镇压手段正引起美国新闻界的高度关注。参议院外交关系委员会在考虑是否援引《普拉特修正案》对古巴进行干预，以及是否应该派遣一名具有丰富外交经验的特使过去。美国公司在古巴的投资超过了 10 亿美元，其中一半与制糖业有关。美方正在考虑：如果这位古巴领导人被推翻，美国的利益将如何得到保护？于是，哈里的提名被搁置了。尽管哈里得到了伊莱休·鲁特、德怀特·莫罗、国务卿亨利·史汀生（Henry L. Stimson）及总统本人的大力支持，也无法改变局面。哈里还得到了当时许多社论撰写人的支持，不是因为他们认为哈里能够制约这位古巴领导人，而是因为哈里被视为把古巴扩展为拉丁美洲航空门户的合适人选。“航空业人士说，无论胡佛总统是否考虑到这一点，总之，任命被多数人视为美国最重要的航空业支持者的古根海姆先生为大使，将会大大推动美国与南方各国之间已经迅速发展的空中交通运输。”

哈里的提名拖延了数周，一直悬而未决，直到 1929 年秋天出现了一系列社论，这些社论表明，不管哈里是不是正确的人选，但至少缺少一名大使将进一步削弱美国与古巴的关系。正如一篇社论所指出的：“古巴人威胁说，革命是摆脱这位古巴领导人的恐怖统治并恢复古巴人不可剥夺的权利的唯一途径。这位古巴领导人夸口说他得到了华盛顿的鼎力支持，我们不相信。但我们又无法解释美国政府的不作为。这就是我们需要古根海姆的原因。作为大使，他将向华盛顿报告并阐述这位古巴领导人的独裁统治情况。如果他能够敏锐地观察并毫无保留地报告，那么美国政府应该就能及时扭转这位古巴领导人的政策。”

最终，哈里的提名于 10 月 9 日获得了认可，由委员会提交上去，随后在参议院获得批准。哈里和卡萝尔在圣巴巴拉得到了这个好消息。对于哈里来说，他真真切切感觉到了梦想的实现。现在，公共服务将是他的工作重点。在一次采访中，哈里非常乐观地说：**“人生是不断追求幸福的过程，当一个人沉醉在比自己的个体存在更为重要的事情中时，他是最幸福的。”**他说，他无法在商业中沉醉，但公共服务可能是他真正的人生使命。

哈里是胡佛任命的除驻法国、英国和意大利大使以外的第四位重要大使。驻古巴大使的任命极其重要，哈里·古根海姆因此登上 1929 年 10 月 21 日的《时代周刊》封面。那一年，哈里抽出时间给“老伙计”亨利·戈登·库默写信，不是为了通报自己升职的消息，而是为了在自己开启外交生涯前的最后一刻送上一份礼物。哈里对外交的向往正是在剑桥大学就读期间深植心田的，所以他要致信剑桥。“我亲爱的老伙计，”他写道，“正如我在上一封信中所写的那样，长期以来，我一直期待着有一天能够以一种真正有用的方式稍稍表达我对彭布罗克学院的巨大感激之情。我从未忘记，您、彭布罗克学院和剑桥大学那么赤诚地接受了我这个美国人。我一直觉得，体育精神[①]这一剑桥的神圣财富，使得我一个异乡人，得到了比我应得的更多的东西。自哈德利教授成为院长前后，一直到他去世，我与他之间的交往和友谊一直是我生命中纯粹的快乐时光，并且让我获益匪浅。”接着，哈里开始切入正题：“我想向彭布罗克学院捐赠 2 万英镑（约相当于今天的 150 万美元），并请院长和校董们为其制订一个最能发挥其作用的处置计划。我对这笔钱的使用不做任何限制。”

按照计划，用于支持航空事业的基金会不久后就将关闭，但是哈里希望“航空”仍然是他的公众身份关键词之一。艾维·李向媒体发出了一幅哈里的侧面头像，画面里他身穿飞行员夹克，头戴头盔，额上架着一副护目镜。哈里告诉记者，他将驾机参加自己众多的大使会面。他立即被誉为“飞行特使”。丹尼尔接受了哈里职业生涯中的这一新方向，在亨普斯特德庄园为儿子举办了一场豪华的私人庆祝晚宴。丹尼尔说，哈里不久将在总统府中谒见拉丁美洲国家的总统，就像丹尼尔 40 年前会晤墨西哥总统迪亚斯那样。

10 月 24 日，报纸上刊登了航空基金会关闭的公告，但是提案仍在不断涌入。它们都被敷衍地拒绝了，但只有一个例外。林白寄来了一个包裹，里面有关于一位火箭科学家的详细信息，几个月前，哈里曾鼓励林白去访问这位教授。由于哈里要赴古巴就任新职位，所以林白想接触丹尼尔，为教授的工作申请资金。哈里

① 原指在比赛中尊重对方球队或球员，此处指尊重哈里的美国人身份。——译者注

几乎没有时间来评估林白的发现，但他同意了这一请求。

就在基金会关闭的当天，美国又发生了一件不祥的事情，那就是1929年的股市崩盘。股价连续几天暴跌，持续了近一周时间。矿业股股价急剧下跌，导致古根海姆兄弟公司持有的证券价值大幅缩水。尽管损失惨重，但许多华尔街金融家也只是耸耸肩，认为牛市的结束只是一个孤立事件。当股市开始恢复时，包括丹尼尔和哈里的叔伯们在内的大多数投资者都认为经济正在全面复苏。当然了，随后而至的并不是另一轮牛市，而是大萧条。

11月，哈里乘坐私人飞机前往华盛顿，降落在国会大厦附近的博林机场。当晚，他与胡佛总统、新任驻英国大使查尔斯·G. 道威斯（Charles G. Dawes）及国务卿史汀生出席了庆祝晚宴。第二天，哈里和卡萝尔登上泛美航空公司的航班，从基韦斯特飞往哈瓦那，历时40分钟。之后，他们被专车送到总统府，这是一座占据整个街区的新古典主义风格的大型建筑。其高耸的内部结构由蒂芙尼（Tiffany & Co.）负责装饰，采用了弧形的卡拉拉大理石楼梯和西班牙风格的雕塑。

这位古巴领导人将他的武官、行政办公室随员及内阁成员都聚集在总统府的蓝厅里。对哈里来说，到了面对“讨厌鬼”的时候了。令他惊讶的是，这位古巴领导人本人看上去并非威风凛凛，反倒有点儿不修边幅。他中等身高，大腹便便，穿着一件不合身的晚礼服。他满头银灰色的头发，有着宽大的鼻子、薄薄的嘴唇和饱经风霜略显粗糙的皮肤，剃得干干净净的脸上戴着一副圆形框架的玳瑁眼镜。他的左手塞在外套口袋里，通常不被人看见。这是一只名声在外的手，因为这只手的中指在古巴独立战争期间被炸掉了。

长达数小时的总统招待会让大多数人感到筋疲力尽，但是能说一口流利的西班牙语并且沉浸在个人夙愿得以实现的喜悦中的哈里却感到如鱼得水。招待会持续了大半个下午，之后，他和卡萝尔被专车送到一座3层楼高的殖民地时期建成的宅邸，这座建筑属于当时居住在巴黎的一位富有的古巴寡妇。哈里已准备好将这处房产视为自己和卡萝尔未来的家园，这座富丽堂皇的宅邸令人非常满意，他签署了一份为期两年的租约。

哈里心目中的大使榜样是当时的美国驻墨西哥大使德怀特·莫罗。莫罗自己花钱聘请经济专家向他提交简报，哈里也这样做①。就像影子经济委员会一样，哈里的金融和国际法顾问开始编撰关于古巴经济状况的报告和电子表格。哈里定期与这位古巴领导人总统会面，大约每周都会在总统府与这位古巴领导人共进午餐。在履行公共职能时，哈里会穿上与对方立法机关同行一样的服装，一套整洁利落的白色西装外加一顶草帽。

古根海姆夫妇开始了他们的新生活，社交日程安排得满满的。他们应邀与这位古巴领导人手下的官员推荐的古巴上流社会人士一同喝茶，并参加东方公园的赛马会和哈瓦那美国赛马俱乐部的晚宴舞会。拥有"芬卡斯"②的古巴富豪们会邀请哈里参加他们在广阔领地上举行的射击派对。哈里很快就习惯了每周长途跋涉到这些庄园，一天步行 13 千米去捕猎鹌鹑、雌珍珠鸡和千鸟。他也会在哈瓦那游艇俱乐部消磨时光，在那里，他从商人和富有的种植园主那里听到的大多数是支持这位古巴领导人的观点。大萧条仍在持续，这位古巴领导人的助手们辩称，他正通过在社会项目上进行大量投资与普通古巴民众建立友好关系。然而事实却是，大多数政府支出都被用于建造宏伟的公共工程和向美国银行支付贷款利息，哈里知道这一点，因为他在为这些利息支付提供便利。

然而哈里可能还没有充分意识到古巴政治和经济问题的风险。美国国务院建议他在发表任何公开声明时都要进行周密考虑。这位美国大使说的每一句话都会被仔细剖析，并被拿到公开场合进行解读。如果胡佛政府对叛乱表现出同情，那就可能引发政变；而如果美国表现出支持这位古巴领导人的政策，就可能使反对他的势力进一步激进化。

1930 年 3 月份，哈里乘坐由自己的"航空随员"驾驶的双座沃特海盗飞机去古巴的最东面进行了一次空中巡视。当时正值甘蔗收割的季节，从空中望去，映

① 哈里聘请的一些顾问包括后来成为创建联合国外交团队的杰出经济学顾问菲利普·C. 杰赛普，税收政策专家埃德温·塞利格曼，以及商务部财务司前司长格罗夫纳·琼斯。——作者注

② 原文为 fincas，西班牙语，意为"农场"。——编者注

入眼帘的是一片绿色海洋般的郁郁葱葱的农场，其间点缀着成千上万名戴着宽大帽子的“马切特洛”，他们弯着腰，砍断甘蔗的茎干。一些人在成群结队地磨砍刀，另一些人则将修整过的甘蔗茎干在两轮牛车上堆得老高，这些牛车的目的地是轨道车。一名“马切特洛”一天可以砍 6 吨甘蔗。对于那些在田间劳作的人来说，这样的时间可能会持续 4 ～ 5 个月，收割必须在 5 月雨季开始前完成。

飞了没多久，哈里注意到一件很奇怪的事情：许多农场上根本没有“马切特洛”，大片的甘蔗田都尚未收割。哈里的经济团队并没有受到这位古巴领导人的影响，经查，因为制糖厂在当地用工中扮演着非常重要的角色，所以依赖当地制糖厂的社区基本上都是公司小镇①。就像丘基的铜矿场一样，如果制糖厂倒闭，当地经济都将被摧毁。这就是正在发生的事情。1928 年，蔗糖的价格约为每千克 4.84 美分，华尔街大崩盘后下降到 3.82 美分，在 1931 年降至 2.42 美分。很多农场被抵押，而在过去 10 年中，在美国银行大量贷款的制糖厂也只能因拖欠贷款而破产。游客来到哈瓦那岛，看到哈瓦那赌场、酒吧和餐馆纸醉金迷的景象，会以为这里的经济十分繁荣。然而，古巴只有一小部分人口能真正受益于首都的商业。古巴约 85% 的劳动力受雇于甘蔗业，一项分析指出，这种情况的结果就是“出口经济不平衡，外国客户决定了该岛的繁荣程度”。

另一个压低蔗糖价格的因素是《斯穆特 - 霍利关税法》（*The Smoot-Hawley Tariff Act*）。胡佛在 1928 年的竞选活动中承诺会通过提高农产品关税来帮助农民。但是，当参议员里德 · 斯穆特（Reed Smoot）和众议员威利斯 · C. 霍利（Willis C. Hawley）共同起草的法案被采纳时，美国其他商业部门也直接跟进。最终，美国对大约 2 万种进口商品调整了关税。胡佛认为该法案将有助于经济发展，然而现在的共识是，关税加剧了大萧条，导致全球贸易大幅减少。该法案颁布两年后，斯穆特和霍利从国会退休。对古巴来说，关税带来了毁灭性打击，最终使古巴在美国糖类市场上的份额减少了一半。在古巴经济的单维性的背景下，当甘蔗工人失去工作时，他们几乎没有其他收入，成千上万失去生计的工人们该如何是好？

---

① 依赖一家公司提供全部或大部分必要服务或城镇生活功能的社区。——译者注

从古巴不断传来令人不安的经济消息，但哈里和卡萝尔一直坚持在公开场合露面。古根海姆夫妇在古巴度过了整整一年后，春天来了，他们公开出现在“缅因号”纪念碑前。以哈瓦那港闪闪发光的蓝色海水为背景，哈里在大约 5 万名参加年度战舰沉没纪念仪式的公众前发表了讲话。哈里戴着礼帽，穿着燕尾服，面对古巴的精英阶层、政府官员及军方人士侃侃而谈，看起来像个外交家。古巴军用飞机在人们的头顶盘旋着，将数百朵玫瑰撒落在纪念碑上。这时，美国国歌响起，然后是鸣放枪炮，与此同时，美国军舰静静地停靠在港口泊位上。当地媒体似乎很喜欢这位“飞行特使”，1930 年初，哈里在哈瓦那城中的一场慈善舞会上获得第一名时，哈瓦那的报纸亲切地称他为“阿普拉塔纳多”(aplatanado，西班牙语)，意思是像芭蕉一样植根于当地文化的人。

在大萧条的浓重阴霾和糖业经济跌至谷底的经济环境下，这些公共活动是一个难得的喘息机会。哈里第一次作为美国特使执行任务是在 4 月份，当时他花了数周时间准备一份法律分析报告，内容是关于一名富有的美国人对古巴政府提起的要求赔偿 900 万美元的诉讼。该诉讼涉及哈瓦那市中心一处房地产的所有权纠纷，那片土地曾经是西班牙政府赠地的一部分。美国国务院采纳了哈里的建议，即美国政府不偏袒任何一方，争议应通过仲裁解决。

卡萝尔定期与其他外交官的配偶在哈瓦那著名的塞维利亚-比尔特莫尔(Sevilla-Biltmore)酒店共进午餐。使馆办公室雇用了十几名工作人员，其中包括大使馆秘书爱德华·L. 里德(Edward L. Reed)和西点军校前橄榄球明星武官约瑟夫·奥黑尔(Joseph O’Hare)，以及两名外交秘书、5 名速记员和一名信使。哈里在那里举行了很多次招待会，单单是所需的酒类数量就点燃了美国媒体的怒火。有一批从波尔多直接托运给哈里的酒类货物重达 5 632 磅，相当于 2.5 吨，其中包括 57 箱葡萄酒、11 箱香槟、9 箱混装葡萄酒和白酒及 5 箱威士忌。关于这批货物的消息泄露后，引发了一场小型外交混乱。在禁酒令最严厉的时候，将酒类商品运往美国本土是违法的。美国报纸的社论纷纷指出，美国驻外大使馆本应该被视为美国领土，但是美国国务院对此似乎漠不关心。正如一篇社论总结的那样：“因此，古根海姆大使购置了重达 6 000 磅的酒水却没有获得任何惩罚。他应该知道自己作为一名外交官的使命所在，显然他无法单凭酒水就取得成果。”

但是有一个人可能确实喝得太多了，那就是卡萝尔，她正在与酗酒和不断发作的抑郁症作斗争，这无疑是来自一些巨大压力，因为她知道一个重要事实，但不得不保密：哈里正在反对派领导人和这位古巴领导人之间进行秘密协商。她的丈夫在谈判中的目标是就古巴当年举行大选的条件达成协议，这个目标显然是得到了美国国务卿史汀生的批准。哈里相信，一个影响巨大的妥协即将达成。但是，反对这位古巴领导人的激进分子却遭到了暗杀，铁路工会领导人被谋杀，并且这位古巴领导人的警察部队对举行抗议活动的古巴大学生进行了残暴镇压，这一切都使协商变得极为艰难。

遭遇政治背叛

美国国务院和美国国会议员们都在密切关注古巴。大萧条正在摧毁拉丁美洲的经济。巴西、秘鲁、玻利维亚和阿根廷政府已经被推翻。墨西哥和苏联的革命正在改变着这些社会的政府和文化。对华盛顿来说，这位古巴领导人代表着稳定，但却为稳定付出了可怕的代价。在与卡洛斯·门选塔以及这位古巴领导人会谈数周后，哈里达成了一项交易，至少他自己是这么认为的。这位古巴领导人表示会支持一项将在当年 11 月份重新颁布的关于自由选举制度的新法案，它将允许政治对手古巴民族主义政党参加竞选。但是当这位古巴领导人的橡皮图章国会就该法案进行投票时，他们却以压倒性的数量否决了该法案。哈里对这次背叛感到震惊，但他几乎没有任何手段可以迫使这位古巴领导人遵守协议。

5 月，门选塔的党组成员在阿特米萨镇举行了一次会议。当会议开始时，士兵们试图阻止第一位发言者发言，从而引发了混乱。这位古巴领导人的军队冲进去，向人群开枪，造成 8 人死亡，数十人重伤。“阿特米萨事件意味着政治解决方案在古巴已经行不通，对暴行的回答必须是反抗。”曾任古巴众议院议长的拉蒙·扎伊丁（Ramón Zaydín）指出。

这是一个不祥的声明。哈瓦那弥漫着一种危难在即的气氛。首都到处都是关于内战即将爆发的流言。卡萝尔告诉哈里她想回美国，哈里同意了。哈里安排卡萝尔飞回纽约，让她在长岛南安普敦的一座家族住宅中隐居。哈里宣布自己要请两个月的假，这立即引起了人们关于他打算辞职的猜测。哈里并没有辞职的打算，但是他必须返回纽约。1930 年 9 月 28 日上午，病入膏肓的丹尼尔·古根海姆躺在亨普斯特德庄园的床上。他的心脏病加重了，当天上午 11 点左右，他的病情恶化，随后离世。他去世时在场的有他的医生、妻子弗洛伦丝、女儿格拉迪丝和哈里，长子罗伯特当时正在从华盛顿特区赶来的途中。在以马内利会堂举办的葬礼仪式很简朴。纽约市市长吉米·沃克出席了葬礼。扶柩者中包括《纽约时报》出版人阿道夫·S. 奥克斯（Adolph S. Ochs）和林白。丹尼尔去世时，他的遗产价值约 2 000 万美元。他给哈里和格拉迪丝各留下了 200 万美元，给罗伯特留下了 200 万美元的信托基金。剩下的遗产，丹尼尔大部分都留给了弗洛伦丝。

早在哈里去墨西哥当学徒的时候，丹尼尔就已经准备好让哈里取代自己成为家族族长。现在这个时刻已经到来，然而哈里无法完全承担这一职责，也无法完全理解领导真空对整个家族意味着什么。古巴正处在分崩离析的状态，而他是维系古巴团结的关键人物。丹尼尔去世后不到一周，哈里就飞回了华盛顿。次日，他专注于处理古巴局势问题，会见了美国国务卿史汀生和国务院次卿约瑟夫·科顿（Joseph Cotton），还与负责拉丁美洲事务的助理国务卿弗朗西斯·怀特（Francis White）及国务院拉丁美洲分部负责人达纳·穆罗（Dana Muro）进行了磋商。美国国会中有一些人认为，即使这位古巴领导人的政府违宪，但他至少是他们所了解的人。而反对派各派之间则经常相互倾轧。如果后者获得权力，那么古巴的政治体制是否会瓦解，是否会形成一些相互竞争的权力结构，从而使国家陷入内战呢？他们劝告哈里继续支持这位古巴领导人，但是要提醒这位古巴领导人，镇压只会激怒他的对手并且削弱盟友对他的支持。

1931 年初，政府军控制了各家报社，数百名政治犯被关进监狱，暴乱变得司空见惯。2 月份，一枚炸弹在总统府爆炸，这是针对这位古巴领导人的一系列刺杀行动之一。这位古巴领导人的亲信中间有叛徒，可能是军方成员。哈里在给史汀生的一份报告中写道："几乎每个晚上都会有一枚或多枚小型炸弹在城市的不同区域爆炸。"然后他又补充道："这位古巴领导人在元旦当天的一次演讲中回应了人们对其政府的批评，再次宣布他无意辞职，并宣称'总统绝不会被纸屑推翻'。"

史汀生给哈里发去电报，建议他如果认为自己有生命之虞，就离开那个国家，如果他想留在那里的话，就必须非常小心。哈里选择留在那里。4月份，美国国务院又发来一份电报，突然命令哈里中止这位古巴领导人与反对派之间的谈判。哈里无视该命令，以"非正式对话"为借口继续会谈。然而，他在这位古巴领导人那里没有取得任何进展。

已经被这位古巴领导人关闭的古巴知名大学不断发生骚乱。动乱四处蔓延并持续了3天。这促使古巴参议院批准了这位古巴领导人实施军事管制的请求，但后来又被叫停了。那一年晚些时候，古巴全国各地发生了学生示威游行，位于哈瓦那以东约90千米的马坦萨斯也频频发生炸弹爆炸事件，于是这位古巴领导人第二次宣布实行军事管制。数百名学生遭到逮捕。首都哈瓦那流言四起，从这位古巴领导人即将辞职到哈里从关塔那摩湾召来两艘美国海军巡洋舰，不一而足，当然这两个传闻都是假的。哈里被召去参加这位古巴领导人及其内阁举行的一次秘密会议，会上讨论了紧急措施。美国报纸用大字标题宣称：古巴政府摇摇欲坠。除了军事管制以外，这位古巴领导人的橡皮图章国会还授予政府60天的媒体审查期。这项措施暂时禁止了言论自由和集会的权利，甚至剥夺了个人邮件的隐私权。

美国一些报纸的社论指责是哈里造成了古巴局势的不断恶化。"华盛顿的每一位务实主义者都知道，现在只有一根细线在维持这位古巴领导人的权力，而这根细线就是美国驻哈瓦那大使哈里·古根海姆对他的支持。在古根海姆先生的建议下，国务院相信古巴会得到和平，并且也这样告诉了报纸记者。然而，今天，古巴再次爆发了动乱，而古根海姆先生作为古巴的顾问和安抚者，自己也被一根细长的绳子吊着。无论美国是否会进行实际的武装干预，在古巴，政权更迭似乎都已是迫在眉睫了。"

古巴反对派也对哈里持批评态度，他们谴责这位古巴领导人是凶手，而哈里则是他的同谋。随后，这位古巴领导人改变战术，奋力进行了一系列的辩论。

生命正在受到威胁

那一年晚些时候，两名主要的起义领导人被这位古巴领导人的部队抓获。在被关押期间，他们指控哈里“干涉了古巴事务，试图阻止革命”。他们说，尽管美国国务卿史汀生宣布采取严格中立的“不干涉”政策，但是哈里却在幕后操作，试图让这位古巴领导人继续执政，以换取改革。“然后，古根海姆先生告诉我们的领导人，如果他们不愿意接受他摆在他们面前的计划，并且不同意让这位古巴领导人在‘短期’内继续执政直到1933年，那么他对达成和解的兴趣就结束了。与他进行磋商的反对派领导人声称，古根海姆先生说他不能接受任何让这位古巴领导人总统立即辞职的提议，因为这将意味着‘我的政策失败了’”。

这使国务卿史汀生与他的驻古巴大使之间的关系变得更加紧张。哈里指出，这位古巴领导人认为胡佛政府给予他的统治以很大的自由度。哈里建议华盛顿向这位古巴领导人发出强烈信号，表明对他的支持并不是无条件的。而且，哈里力争说，在合适的时机，《普拉特修正案》应该被废除。史汀生不同意，指示哈里不要向这位古巴领导人传达这种倾向，要保持严格的中立。

哈里再一次于革命前夕身处一个拉美国家。美国大使馆被军队包围了，它就像是一座军事检查站。这位古巴领导人的武官监听大使馆的来电，所有来访者都必须获得他们的批准。当哈里乘坐私人飞机从哈瓦那飞往华盛顿时，为了安全起见，部分旅途要由两架古巴军用飞机护航。对卡萝尔来说，事态已经变得让她无法忍受了。她再一次想离开古巴，回到纽约，在那里，她年幼的女儿与保姆、家庭教师待在一起的时间超过了与自己父母待在一起的时间。哈里陪卡萝尔回到曼哈顿，然后独自回到古巴。不久，他收到来自卡萝尔的医生的报告，说她体重急剧下降，经常头晕。卡萝尔的一位医生称她“情绪不稳定”，并建议哈里不要让她返回古巴。

这位古巴领导人所出入的公共场合变得越来越不安全，但他还是坚持这样做。每个星期六，他都会坐在一辆价值 3 万美元的豪华装甲轿车的后座上，前往一座有旋转木马的公园。公园里有一个小贩，售卖热带风味的酸角和刺果番荔枝甜筒。有一天，冰激凌小贩不见了，他的手推车被丢在路边。这位古巴领导人觉得很奇怪，于是让他的司机把车停在路边。这位古巴领导人的曾孙路易斯·桑泰罗（Luis Santeiro）在回忆录中描述了接下来发生的事情："他们刚走过半个街区，巨大的爆炸就把冰激凌车炸飞到半空中。停在附近的汽车像小锡兵[①]一样摇摇晃晃，车窗都被炸成了碎片……绿色的柠檬冰从一名男子的额头上倾泻而下……周围所有人的身上都溅满了我们大家酷爱的海岛风味的冰激凌。尽管会让一些人失望，但是他依然活得好好的。"

这位古巴领导人还逃过了另一次刺杀行动，那是在这位古巴领导人的盟友参议院议长克莱门特·巴斯克斯·贝洛（Clemente Vázquez Bello）被枪杀之后。当时贝洛正离家出门，他的车遭到了机枪扫射。据报道，在贝洛的葬礼上，一个抵抗组织在贝洛下葬地点附近的一条隧道里埋下了 130 多千克的炸药，显然是希望在这位古巴领导人和他的整个内阁参加葬礼时将他们一锅端。然而，这位古巴领导人运气好，贝洛的家人在最后一刻选择了另一个下葬地点。

哈里知道自己的生命正受到威胁，很显然有一个反对派组织正在悬赏要他的命。就在贝洛遇刺几周后，哈里在大使馆收到了林白寄来的一个包裹，里面是一把左轮手枪、一个肩枪套和一张便笺。哈里称这种型号为"快拔式手枪"。林白写道："我希望你永远用不到这件礼物。"

由于记录了在首都哈瓦那不断涌现的暴力事件，哈里的工作人员发送给美国国务院大使馆的简报现在读起来就像是犯罪记录：有罢工的工会成员造成的各种

① 安徒生童话里只有一条腿的小锡兵。——编者注

火车脱轨事件，也有这位古巴领导人的“波拉”[①]即秘密警察，实施的谋杀案。每座主要的政府大楼、火车站和桥梁都有手持刺刀、荷枪实弹的警卫把守。在美国国内，胡佛总统的连任在竞选的最初几个月看起来很有希望，但最终却以惨败告终，输给了罗斯福。由于古巴已完全处于混乱状态，再加上美国出现了一个新的民主党政府，古根海姆大使很快就失业了。

1933 年 5 月，萨姆纳·韦尔斯（Sumner Welles）接替哈里。正如哈里所做的那样，韦尔斯一开始在反对派之间进行调解，只是这时的对话内容是为这位古巴领导人政府制订计划。和以往一样，讨论毫无进展。最后，发生在哈瓦那的一场摧枯拉朽的总罢工推翻了这位古巴领导人政府。一个由军官组成的联盟接管了政权，其中包括未来的古巴领导人富尔亨西奥·巴蒂斯塔（Fulgencio Batista）。这位古巴领导人逃到了巴哈马。哈里和他的顾问关于让古巴成为拉丁美洲航空枢纽、重建古巴经济、改革税收制度的所有构想都散落在美国大使馆的箱子和文件柜里。当这位古巴领导人出逃的包机抵达安德罗斯岛后，这位前总统只说了一句话：“我很累。”

①Porra，西班牙语为“警棍”。——编者注

10

为人类登月与星际旅行
开启早期探索

THE
BUSINESS
OF
TOMORROW

对于你无法摆脱的事，你唯一要做的就是从整体上改变自己的态度，从内心征服它，直到你不再介意。

重返家族企业

哈里回到了沙点，轮船托运的行李箱里塞满了他在外交生涯中积攒的小物件：一箱箱赤陶瓷砖，用来装饰法莱斯庄园厨房的墙壁；他在富有的古巴朋友的牧场里骑马狩猎的照片；一整套印有他的大使饰章的瓷器。

离开古巴只是哈里现在面临的若干生存挑战之一。刚刚 42 岁的哈里，进入中年危机还为时尚早。但他一定想过：自己短暂的外交生涯真的就这样结束了吗？对他而言，这也许是一个有益的休整期，用来对此前的 10 年进行反思，这 10 年被分成航空工作和外交工作两个阶段。过去，丹尼尔是家族财富的管理者。现在，哈里是家族未来声誉和财务的管理者。古根海姆兄弟公司是一个受经济大萧条重创的传统品牌和成熟企业，它的未来究竟会如何？

哈里的父亲很想把他培养成为继承人，然而大约 10 年前哈里一怒之下离开古根海姆兄弟公司，这使他走上了一条截然不同的道路。哈里审视自己的人生：他仍然是航空业的教父（毋庸置疑，他侥幸还活着）；他与两届美国总统建立了关系；他与林白的关系是众所周知的（一家报纸曾暗示：哈里比美国任何人都更了解林白）；他还曾担任美国最重要的大使之一。然而现在，他回到了法莱斯庄园，没有确定的职业，没有可以预见的新工作，但作为丹尼尔的继承人，他又肩负着许多新责任。

哈里虽不再是古根海姆兄弟公司的合伙人，但是他父亲的遗产和他自己的利益、家族企业的利益交织在一起，他又开始出席家族会议了。当时最令人担忧的是智利的政治危机，新政府有可能对古根海姆家族以及其他数千名投资者所持有的古根海姆硝酸盐债券协议违约。一些商界人士仍然认为股市即将反弹，然而古根海姆家族聘用的金融家伯纳德·巴鲁克不这么看，他说：“虽然我们还什么都没看到，但我们有可能正面临着一场真正的飓风。”看着资本市场日渐枯竭，古根海姆兄弟们不知道如何才能筹集到投资新风险项目所需的巨额资金。一些家族财富还受到了来自其他方面的威胁：默里叔叔由于为其继承人设立了一个 2 000 万美元的信托基金而收到一张 300 万美元的税单；弗洛伦丝也可能需要为来自丹尼尔的遗产支付巨额遗产税。哈里和母亲开始与家族会计师们会面，以期望减少潜在的经济损失。弗洛伦丝现在住在千花庄园里，这是丹尼尔去世后她在亨普斯特德庄园附近建造的一座规模较小的法国乡村风格的庄园。

报纸上刊登了令人震惊的报道：秘密警察实施的谋杀案、对农村叛军的空中轰炸以及古巴众议院内发生的枪战。根据一份报道，在古巴上一任领导人被推翻后，萨姆纳·韦尔斯在逃回华盛顿之前险些遭到暗杀。1933 年夏天，《纽约邮报》上刊登了一系列头版报道，其中有古巴上一任领导人对事件的诠释，标题是《逃亡者讲述自己的故事》。哈里拒绝接受记者意在询问他对局势看法的采访，他不愿意对古巴政局提供任何暂时性的意见。相反，他找到艾维·李来帮助他编撰自己关于古巴的专栏和演讲文集：《美国与古巴：国际关系研究》（*The United States and Cuba: A Study in International Relations*），这部汇编记载了自西班牙时代以来美国与古巴的关系，并敦促废除《普拉特修正案》，它得到了普遍好评。该书出版两周后，《普拉特修正案》被废除。

书籍受到了评论家的赞扬，然而这些好评对一个在大萧条期间不得不操心家族的财务状况、担忧自己的职业前程和婚姻前景的男人而言只是暂时的安慰。卡萝尔开始将自己的时间分成两半，一半是独自待在法莱斯庄园的塔楼工作室里，一待就是好几个小时；另一半用来在“第一世纪基督教团契”（又称牛津团契）中结交新朋友。

让哈里感到担忧的还有德国正在发生的事情。就在哈里从古巴返回美国的前几个月，希特勒就任德国总理，对犹太人的宪法保护很快就被中止，然后纳粹党组织了一次对犹太人名下企业的抵制活动。充满不祥的法令接踵而至：将犹太人排斥在公务员和大学工作之外；东欧犹太移民的公民身份被剥夺；禁止犹太人拥有财产；禁止犹太人从事记者工作。这导致德国犹太人大批出走，其中就包括当时已经获得诺贝尔物理学奖的爱因斯坦。

哈里与叔叔们讨论了家族应该采取什么立场，以及古根海姆家族能够帮助移民做些什么。西蒙最近出席了一次由纽约州州长赫伯特·莱曼（Herbert Lehman）和金融家费利克斯·沃伯格（Felix Warburg）为爱因斯坦举办的私人晚宴。莱曼和沃伯格都在筹划一次活动，要为遭受纳粹迫害的犹太人筹集 200 万美元的救济援助。大家一致同意由哈里主持这场宣传活动的正式启动仪式。在一次筹款项目启动晚宴上，哈里向出席的 1 000 名纽约富人发表了既激动人心又充满哀伤的演讲。哈里将希特勒治下由国家支持的暴力称为“一场偏执顽固对理性发动的战争，一场黑夜对时代之光发动的战争，一场野蛮对文化发动的战争”。他问道：“在这样一个法国诞生了白里安①，大不列颠诞生了麦克唐纳②，以及印度诞生了甘地的时代，历史将如何记录纳粹分子希特勒野蛮的倒行逆施呢？”

林白一家突遭变故

另一件让哈里感到非常沉痛的事情是一年前降临在林白家的噩梦。整个世界都在关注这件事：1932 年春天，林白夫妇那长着一头卷发的 20 个月大的大儿子在家中的儿童房被绑架了，而林白当时正和安妮在餐厅里吃饭。两个月后，当孩子的尸体在附近的树林中被发现时，全美国都能感受到林白夫妇的愤怒和心碎。这起案件的侦破过程成为美国报纸头版连载的犯罪剧，这种关注让林白夫妇感到无法忍受。当布鲁诺·豪普特曼（Bruno Hauptmann），一个在布鲁克林当木匠的

---

① 阿里斯蒂德·白里安（Aristide Briand），法国政治家，多次任法国总理，以非战公约和倡议建立欧洲合众国而闻名于世，曾获 1926 年诺贝尔和平奖。——译者注

② 詹姆斯·拉姆齐·麦克唐纳（James Ramsay MacDonald），曾任英国首相兼外务大臣，英国工党的重要创始人和领导人，主张反战。——译者注

德国移民被捕后，数百名记者蜂拥至审判现场，其中包括沃尔特·温切尔（Walter Winchell）和达蒙·鲁尼恩（Damon Runyon）这样的知名专栏记者。美国作家威尔·罗杰斯（Will Rogers）对此事尤为关注，因为就在绑架事件发生两周之前，他曾经去拜访过林白夫妇和他们的儿子。林白和安妮都出庭作证，回答了有关梯子、赎金勒索信，以及深夜前往墓地与绑架者见面的问题。林白家的婴儿死去时穿着的婴儿服被当庭展示，庭审以一种充满戏剧性的方式展开。H. L. 门肯（H. L. Mencken）[①] 称之为“自耶稣复活以来最精彩的故事”。

绑架事件发生后，法莱斯庄园成为林白一家的避难所。林白开始和哈里秘密商讨他们家在哈里和卡萝尔的领地上盖一幢房子的可能性。林白夫妇选中的地方在法莱斯庄园附近，离海湾不远。林白对景观美化和滨水区的改造方案有一些想法，因为根据法莱斯庄园的潮汐情况，船只有时很难从哈里家倾斜的海滩坡道下水。林白用铅笔画了一张示意图，勾勒出他的解决方案。这是对现有坡道的改建，需要使用钢轴、铜管和气动轮来移动船只下水，就像用滑道启动新建造的客轮一样。而哈里则把那块地清理干净，种上植物，并想好了新的船舶下水装置。

住在法莱斯庄园的梦想注定无法立刻实现，林白日益感到焦虑不安和危险，因为记者对他、安妮以及他们的小儿子乔恩过于关注了。报纸每周都用长长的专栏报道他们的生活。这对夫妇的一举一动，包括他们旅行的地方、吃的东西、拜访的朋友都被以详细得令人无法忍受的方式报道。林白向哈里透露，他正在考虑一个短期解决方案：离开这个国家，等待媒体对林白夫妇的关注降温。哈里对此极不赞成，因此，在一个星期天下午，他们俩在法莱斯庄园发生了激烈的争论。**“但凡你想在人生中做些有意义的事情，你就必须面对它，”哈里说，他指的是公众的关注，“你是无法摆脱它的。你唯一要做的就是从整体上改变自己的态度，从内心征服它，直到你不再介意。你必须停止与它斗争，停止尝试摆脱它。”**

林白不同意：“我在意的不是他们说了什么，而是他们随时闯入我的生活，

---

① 美国记者、编辑兼批评家，著有《美国语言》（*The American language*）。——编者注

只要我走出自家大门，就必定有闪光灯对着我的脸轰炸。”安妮同意丈夫的观点。“假设我们真的屈服了，”她说，“停止斗争，停止保护我们的私生活，向他们敞开大门，让他们做任何他们想做的事，拿走任何东西。然后呢？我们的生活就会太平吗？”

当然不会，哈里知道除非他们愿意过一种“百无聊赖且被遗忘”的生活。哈里的“接受你无法改变的事物”的建议并没能说服林白夫妇。对豪普特曼的审判结束，被告被判有罪，这一判决却引发了对小儿子乔恩的各种死亡威胁。有一天，当乔恩和他的老师坐车回家时，他们的车被尾随的狗仔队逼得冲出了马路，狗仔们从自己的车上跳下来，利用这个机会拍照。这是促使林白夫妇下定决心的最后一根稻草。就在圣诞节前的一个深夜，林白一家秘密登上了一艘驶往英国的“美国进口商号”轮船。一位英国记者打电话给哈里，向他确认林白一家是否已经离开，对此哈里只是简单地说：“是的，林白一家暂时告别了美国，正在横渡大西洋的旅途上。”

林白夫妇来到肯特郡的朗巴恩庄园，庄园主是一名英国下议院议员。夫妻俩和小儿子住在那里，过着相对而言不受媒体打扰的日子。但林白并没有放弃在法莱斯庄园生活的梦想，他在写给哈里的信中说道：“我们已经在这里生活了两个多星期了，让我们更喜欢的地方还是法莱斯庄园。法莱斯庄园是我住过的最令人向往的家，是一个人所能找到的最佳居所，既可以拥有海洋和乡村风情，又能够在日常拥有大城市的资源。”

哈里同样也很想念林白：“经常给我写信，能回来的时候就回来吧，我需要陪伴和友谊的慰藉。”哈里和林白在接下来的几个月里互相写了几十封信。他们的信件交流很少提及林白之子的绑架案，但其他方面几乎都有所涉及：美国的城市犯罪、纯种马、政治、出版、法莱斯庄园的景观美化、航空业的未来、英国的生活、犬类繁殖，以及将林白的旅行拖车（留在法莱斯庄园了）出售给哈里在古巴认识的一个买家。

为支持火箭事业迈出一步

哈里和林白的通信中出现最频繁的话题是罗伯特·戈达德博士的工作，当时他是马萨诸塞州伍斯特市克拉克大学的一位物理学教授。这位教授第一次引起他们的注意是在哈里夫妇某次从古巴回来休假期间的周末。一天上午，哈里和林白在法莱斯庄园享用一顿吃得很晚的丰盛早餐，他们坐在用橡木镶板装饰的餐厅里，一如既往地由戴着白手套的仆人上餐。之后，安妮上楼去了，卡萝尔、哈里和林白坐在起居室的壁炉旁。卡萝尔在浏览最新一期的《纽约时报》时突然说道："听听这个！"然后便开始大声朗读一篇关于马萨诸塞州伍斯特市的大学教授戈达德博士在他姨妈的卷心菜农场发射试验火箭的故事摘要。多年来，媒体一直对戈达德极尽嘲讽之能事，他们报道他的火箭试验，并将其嘲笑为科幻小说中的演习。在最新的"卷心菜农场发射试验"后，一条新闻标题写道："登月火箭偏离目标 238 799 英里[①]"。

有关戈达德的试验的报道读上去就像世界末日的前奏："一道火焰划过夜空，一声巨响像是末日来临。方圆数千米范围内的市民都被惊醒了，他们一开始以为这是世界末日预演。一位农民看到火箭射向天空，像彗星一样划出一条轨道。还有人说这是一颗流星。其他人确信自己看到了一架飞机爆炸并燃烧着坠落。这次爆炸让方圆约 3 千米范围内的房屋发生剧烈震动，人群很快聚集在一起，惊疑不定地到处探寻。"戈达德的最新试验确实引发了关于飞机坠毁的报警，导致一辆警车和两辆救护车赶往现场。

克拉克大学的校园和学生都无法在戈达德的试验中自我保全。每当听到教授的实验室里传出爆炸声，学生们都会想是不是有人遇难了。克拉克大学的研究生克拉伦斯·希克曼（Clarence Hickman）是戈达德的助手之一。希克曼是一位有抱负的魔术师和单簧管演奏家，有一天，他手里拿着一个装有硝化甘油粉末的弹壳，突然，弹壳爆炸了。"一时间血肉横飞，连骨头都露出来了。"希克曼回忆道，

① 约为 384 000 千米。——编者注

哈里（右）和队友在彭布罗克学院的网球场上。

1913 年，哈里（后排中）与剑桥同学一起参加温布尔登网球赛。

第一任妻子海伦和女儿琼在剑桥。

哈里的父母——弗洛伦丝和丹尼尔，与他们的孙女琼，约于 1916 年。

衣冠楚楚的猎手：哈里年轻时在狩猎。

哈里（左）和林白（右）在一次于加利福尼亚州的飞行测试之后。

20 世纪 20 年代后期出版的《大众科学》的插画，
称哈里为“飞行教父”。

指向未来：北卡罗来纳州州长麦克斯·加德纳、哈里·古根海姆和弗吉尼亚州州长哈里·F.伯德（从左至右），在1929年的一次军事演习中。

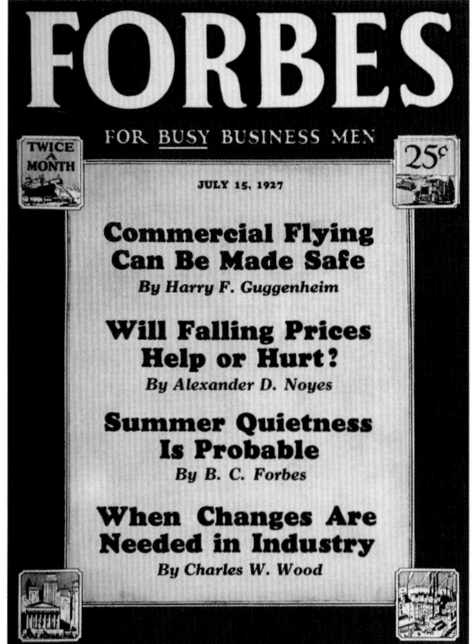
FORBES

FOR BUSY BUSINESS MEN

TWICE A MONTH

25¢

JULY 15, 1927

Commercial Flying Can Be Made Safe

By Harry F. Guggenheim

Will Falling Prices Help or Hurt?

By Alexander D. Noyes

Summer Quietness Is Probable

By B. C. Forbes

When Changes Are Needed in Industry

By Charles W. Wood

哈里在《福布斯》等出版物上撰写《商业航空是安全的》等文，为商业航空辩护。

法莱斯庄园（局部），哈里居住近50年的家。

建在长岛的诺曼风格的法莱斯庄园外景。

哈里和第二任妻子卡萝尔。

凯恩霍伊，哈里位于南卡罗来纳州的狩猎小屋，临近查尔斯顿。

MODÊLO S.C. 139

REPÚBLICA DOS ESTADOS UNIDOS DO BRASIL

FICHA CONSULAR DE QUALIFICAÇÃO

Esta ficha, expedida em duas vias, será entregue à Polícia Maritima e à Imigração no pôrto de destino

Nome por extenso Harry Frank Guggenheim.

Admitido em território nacional em caráter TEMPORARIO, digo TRANSITO (temporário ou permanente)

Nos termos do art. 6 letra - do dec. n. 7967, de 1945

Lugar e data de nascimento New Jersey, 23 / 8 / 1890

Nacionalidade norteamericana Estado civil casado

Filiação (nome do Pai e da Mãe) Daniel Guggenheim - Florence Guggenheim Profissão Comerciante

Residência no país de origem New York, U.S.A.

FILHOS MENORES DE 18 ANOS	NOME	IDADE	SEXO

Passaporte n. 156236 expedido pelas autoridades de Depto. de Estado, Washington na data 17-fevereiro-1948

visado sob n. 188.-

ASSINATURA DO PORTADOR:

Consulado Embaixada do Brasil em Santiago 22 de março de 19 48

O CONSUL:

NOTA—Esta ficha deve ser preenchida à máquina pela autoridade consular, sendo as duas vias em original.

哈里可能在墨西哥出差时认识了卡萝尔。

哈里·古根海姆，罗伯特·戈达德博士，查尔斯·林德伯格上校（从左至右）。

哈里身穿制服在第二次世界大战中。

大女儿琼参军。

第三任妻子艾丽西亚。

艾丽西亚（左二）在《新闻日报》的办公室。

哈里的正式肖像，约于 1930 年。

哈里的赛马“暗星”在德比赛马会上获胜。

希拉·雷贝：所罗门·古根海姆的缪斯，哈里的“麻烦”。

弗兰克·赖特在建造中的纽约市古根海姆博物馆中，该博物馆于 1919 年 7 月被联合国教科文组织列入世界遗产名录。

纽约市古根海姆博物馆开馆。哈里·古根海姆，时任美国驻联合国大使小亨利·卡伯特·洛奇，罗伯特·摩西，伯纳德·巴鲁克（从左至右）。

哈里和艾丽西亚（左）带领伊朗王后法拉（右）参观新建成的古根海姆博物馆。

米罗（左）和哈里（右）在米罗创作的纪念艾丽西亚的雕塑旁。

欢迎《新闻日报》的新出版人比尔·莫耶斯的庆祝宴。
美国参议员罗伯特·肯尼迪，哈里，比尔·莫耶斯（从左至右）。

“我认为他们会把我这只手截掉。”一位才华横溢的外科医生为希克曼动了几个小时的手术。他左手失去了拇指和另外两根手指，右手则失去了半根手指。24 小时后，希克曼又回到实验室里，只休息了一天就继续工作。这就是戈达德从他的学生那里获得的奉献精神。

林白打电话给他在航空研究部门的联系人，询问他们对戈达德的了解。那些人一致认为：戈达德的工作虽然危险，但富有远见，而且完全以科学研究为基础。法莱斯庄园的讨论结束几天后，哈里和卡萝尔返回了古巴，林白致电戈达德的办公室，要求前去拜访。戈达德沉默了一会儿，好像是在确认这个电话是不是一场骗局：世界上最著名的男人竟然想跟他讨论他的实验？之后他就同意了。

林白驱车前往教授在克拉克大学的实验室。在那里，戈达德的学生们在安全的座位上观看他的物理实验。这位略显驼背、瘦骨嶙峋的教授穿着一件斜纹毛料西装，上过浆的衣领挺得高高的，打着活结领带。他把计算结果整齐地写在黑板上。黑板的最左边是一个大圆圈，里面写着“地球”一词。最右边是一个较小的圆圈，里面写着“月球”一词。他那正在谢顶的脑袋像天体一样晃动在两个圆圈之间。接下来是一系列计算，估算将 454 克物质移动到地球低层大气中所需的力和速度。“大气层极限高度：321 千米”“气球极限飞行高度：32 千米”。事实上，戈达德在当时已经提出了将人类送上月球和进行星际旅行的建议。但是，把火箭发射到比探空气球更高的高度，其更直接的目的是携带能够收集数据和获取低层大气气象读数的科学仪器。

戈达德第一次对太空着迷是在 16 岁那年读到赫伯特·乔治·威尔斯（Herbert George Wells）的小说《世界大战》（*War of the Worlds*）时。当他还是个小男孩的时候，他经常爬上一棵樱桃树，好像这样就能更接近天空，然后去月球旅行。他的童年充满了科学发现：风筝、放大镜、显微镜、望远镜，外加订阅的一份《科学美国人》（*Scientific American*）杂志。高中时，他写了一篇文章，叫《太空航行》（*The Navigation of Space*），描述了发射航天器的各种方式，包括对磁力的使用，并讨论了这种航天器应该如何避开流星。他梦想着能发表这篇文章，并把它寄给了《科学美国人》，然而它被拒绝了。在大学里，他写了很多论文，建议使用陀螺仪来平衡和操纵飞机，并设想有一天，悬浮在电磁铁上的火车将以每小时19 300千米的速度行驶。

但是戈达德最大的兴趣点是火箭推进飞行。1914年，当他还是克拉克学院（后来与克拉克大学合并）一名教授电磁学课程的初级物理教师时，他首次获得了一项火箭专利。这项专利名为“火箭装置”，它是一种多级发射体，由依次连续点燃的燃料提供动力，这一理念后来成为将宇航员送上月球的核心设计。戈达德的第二项专利中描述了一种为火箭提供动力的液体燃料系统，该系统可以使发射物上升到远远高于探空气球的高度。

在与林白的第一次会面中，戈达德概述了他从固体燃料火箭向液体燃料火箭过渡的尝试。他的原型是一个巧妙的设计：在顶部用一个开放的矩形框架固定住一台发动机，它的下方是一个用于排气的开放空间，再下面就是置于底部的小小的液氧罐和汽油罐。框架的长边实际上是输送管，用于输送来自底部的空气和汽油，并在顶部将其混合在一起，从而在火箭发动机内部点火。点火成功后，来自框架顶部的推进力会将整个装置向上拉动。戈达德后来用这一设计发射了他的第一枚液体燃料火箭。它以每小时97千米的速度上升到了约12米的高度。戈达德的妻子埃丝特用胶片记录了这些发射试验。戈达德在林白来访期间为他放映了这些家庭影片。那天下午晚些时候，戈达德邀请林白去他家里，以便向他展示更多研究记录。

当他们到家时，埃丝特正在厨房准备点心。戈达德和林白吃着巧克力蛋糕，喝着牛奶，继续他们的交谈。在莱特兄弟于基蒂霍克试飞成功几年后，这位教授就开始了他的试验。在申请好最初的几项专利之后，戈达德成功地从克拉克大学、史密森学会（Smithsonian Institution）、华盛顿卡内基科学研究所（Carnegie Institution of Washington），以及第一次世界大战期间的陆军通信部队等一系列支持者那里为自己的工作争取到了研究资金，但数额并不多，而且大多数都是短期拨款。戈达德认为军方将是潜在的资金来源，因此设计了人们所说的第一枚“便携式步兵火箭”，这种装置后来被认为是火箭筒的原型。然而军方对戈达德的成果只是粗略地看了一下。

林白曾以他在圣路易斯的资助者之名命名了他那架著名的飞机，他深知为试验性项目筹集资金有多么困难，他认为戈达德在某种意义上称得上是他本人的翻版。林白和这位教授都是内向的完美主义者，都喜欢独自工作，他们也都曾被媒体误解和歪曲过，林白从戈达德的性格中看到了某些和自己相似的特质。“今天，他可能是一位保守的科学家，将他的‘高空研究项目’的目标局限在与地球上层大气相关的测量上，”林白写道，“到了明天，他就可能让自己的思想自由地穿越在星际战争的虚构故事中，或是写下人类移居遥远太空的新想法。”林白在戈达德身上看到了一位具有文艺复兴风格的科学爱好者的形象。戈达德非常熟悉自己的物理学研究领域，他可以同时将空气动力学、热力学、冶金和结构工程学的原理运用到自己的工作中。自从林白完成了可靠性巡回表演以后，他和哈里一直梦想着航空能向上延伸，在林白看来，戈达德的高空目标正符合他们这一梦想。

当时古根海姆基金会已经关闭，而哈里正忙于应对在哈瓦那发生的动荡，于是林白去其他地方为戈达德寻找资金，但结果并不乐观。因此，林白给哈里寄去了一包支持戈达德工作的机密文件，以及他与教授的交谈记录。这份包裹带着一个“问题”抵达了哈瓦那大使馆：哈里同意林白去找他的父亲丹尼尔资助戈达德的工作吗？

在收到来自林白的包裹 9 天后，哈里回信了：“从总体来说，我觉得既然现在基金已经清盘，那么再参与各种航空类试验性项目对于他（丹尼尔）来说就是不明智的……该基金是在非常有利的情况下清盘的，因此，做任何事情去破坏这一纪录似乎都是非常糟糕的。然而，我觉得，由于你个人对这个项目的赞助和兴趣，它可以成为一个例外。对于你的问题，我的回答是，我认为你完全有理由去和我的父亲仔细讨论一下这个问题。”

1930 年春天，林白去亨普斯特德庄园拜访丹尼尔。两人坐在大壁炉前，林白简要介绍了戈达德的试验。林白认为，火箭将是航空发展下一阶段的重点，而戈达德是制造火箭的最佳人选。林白告诉丹尼尔，哈里曾经鼓励他去拜访戈达德，现在他则想和丹尼尔讨论一下是否可能资助戈达德的工作。“你相信这些火箭真的有前途吗？”丹尼尔问道，“而且你的这位教授，他看上去能行吗？”林白对这两个问题的回答都是肯定的，并补充说：“据我所知，他对火箭的了解超过了这个国家的任何人。”

“他需要多少钱？”丹尼尔问道。林白回答说，戈达德认为他可以在 4 年的窗口期内取得重大进展，但这需要每年投入 2.5 万美元。把这么多钱花在一个孤军奋战、性格内向的科学家身上是一种冒险，也是极不寻常的投资。丹尼尔愿意这么做，但是有一个条件：他会在头两年为戈达德拨款 5 万美元，但是在第三年和第四年，只有在为监督戈达德的工作而成立的咨询委员会认为有必要再拨款的情况下，才会提供后两年的 5 万美元。该委员会将由哈里领导。林白打电话给哈里，重述了他和丹尼尔的谈话内容，然后再打电话给戈达德夫妇，向他们宣布这个好消息。这对夫妇欣喜若狂，直奔自己最喜欢的中餐馆，点了馄饨汤、鸡丁炒面和蛋皮春卷，以示庆祝。伍斯特的市民或许也会感激不尽，因为有了这笔新的资金，戈达德将找到一个新的火箭测试地点，不再把他姨妈的邻居们弄得惊恐万状。

哈里指示艾维·李发布了一篇关于该项目的新闻稿，他可能也没指望会得到什么回应，然而外界的反应令人震惊，有大约 3 000 篇报道特别提到了古根海姆给戈达德的拨款。仅在那一年里，关于戈达德的报道数量就超过了前 10 年中相关文章的总和。更重要的是，来自古根海姆的资助所暗示的项目可信度彻底改变了媒体关于戈达德的叙事方式。在戈达德获得古根海姆家族这一公开首肯之后，几乎再没有任何报道将戈达德称作“怪胎”了。这笔拨款是哈里为支持火箭事业迈出的一小步，对戈达德本人而言则是一次巨大的跃进。

现在，戈达德可以建造自己的车间，并在更适合进行火箭测试的地点雇用工作人员。他游说克拉克大学的同事帮助选择新的发射地点，将气象数据和气象图、地形、风速和温度都考虑进去。戈达德需要在晴空和高能见度的地方测试。

最终，他在新墨西哥州罗斯韦尔附近的高原上找到了一个地方，那里有美国气象局的一个气象站。他和埃丝特及技术人员立刻开拔，去往新墨西哥州东南部，他们携带的设备装满了一整节车厢，包括车床、电焊机、卡钳、扳手以及钻头。

当时，罗斯韦尔拥有约 1.2 万名居民，是一座典型的西部城镇。尘土飞扬的宽阔街道两旁种植着柳树。这里被大草原、农场和牧场所包围，是一个养牛区。每逢周末，主街上就挤满了戴着宽边帽的牛仔、年纪很大的探矿者和赶着牲畜穿过镇子的牧场主。在罗斯韦尔东北 4.8 千米长的一条土路尽头，有一座梅斯卡莱罗牧场，就是戈达德的新工作地点。这块地以阿帕切印第安人的一个分支梅斯卡莱罗人的名字命名，梅斯卡莱罗人就曾经生活在这片干燥的砂质黏土地上。牧场的中央是一座破旧的土坯农舍，周围是摇摇欲坠的棚屋、一间独立的传教士风格[①]小屋和一口自流井。

很快，每天从早上七点半开始，空气中便充满了钻孔和敲打的声音，那是戈达德的 6 名工作人员在制造用于测试火箭的各个零部件。戈达德会坐在一条长凳上，把从锡罐上切割下来的金属条焊接在一起，做成火箭设计的原型，供他的工作人员参照。

当大家就设计修改达成一致意见后，机械师就开始制造戈达德的分级发射火箭。然后，他们要对发动机、泵和阀门以及燃料箱进行静态测试，主要就是在原地运行机器，用数百千克的重物防止它喷射出去。如果测试结果与预想一致，那么火箭就会被带到发射塔去进行真正的测试。在最初的日子里，所谓的发射塔只是一座顶部被锯掉的废弃风车屋。

经过多次点火失败，以及多次修改、测试、再测试，戈达德于 1930 年 12 月 30 日准备好进行他的第一次大型试验性发射。他的“任务控制中心”是附近的一个棚屋和观察站，用从罗斯韦尔的一家五金店采购来的瓦楞板和胶合板制成。戈达德点燃了他的液氧驱动火箭，接着，他目瞪口呆地看着它上升了 610 米，然后

① 传教士风格强调简单的水平和垂直线条设计，多采用橡木材质。——译者注

偏离垂直轨道，坠落回地面。火箭的速度约为每小时 800 千米，“可能是有史以来人工制品到达的最高速度”。戈达德向哈里和林白报告了取得的初步成功，两人都向他表示了祝贺。

在接下来的 18 个月里，戈达德的测试结果好坏参半。发动机的推进力有所改善，但是却被一系列发射故障抵消了。当申请第二个两年资金的时刻到来时，他相信自己的请求会得到批准。然而，自从哈里、卡萝尔和林白在法莱斯庄园第一次讨论戈达德以来，许多事情在短时间内发生了很大的变化。丹尼尔去世了；戈达德的强大支持者林白深陷于儿子死亡事件的调查中；哈里则因为哈瓦那的政变而焦头烂额；大萧条没有任何好转的迹象，导致古根海姆家族的财富缩水。

因此，当戈达德来到华盛顿，手里捏着帽子，向哈里所领导的咨询委员会陈述自己的请求时，他受到的接待十分冷淡，而哈里甚至都无法出席这次会议。委员会成员礼貌地倾听着，然后勉强同意戈达德续约。接下来，才是真正的会晤——他与哈里的律师亨利·布雷肯里奇进行了坦诚的交流。根据哈里的指示，戈达德被告知“大萧条使古根海姆家族的资产严重缩水”，所以给他的拨款将被无限期暂停。戈达德虽然很沮丧，但他仍然乐观地认为资金会在晚些时候到位。他关闭了罗斯韦尔的车间，暂时回到克拉克大学继续教书。

在接下来的几个月里，戈达德继续上他的物理课，举办讲座，并继续在他的大学实验室里做火箭试验。他再次提出了一些将他的研究应用于军事的想法，但是却遭到美国陆军和海军军械处的拒绝。

然而，资金供应的停滞丝毫没有阻止戈达德。“他的脑海中活跃着各种想法。他的笔记本上画满了设计图，有泵、点火装置和燃油喷射装置；有太阳能发动机、离子发动机和前锥体；有用来保护宇航员在重返地球大气层时不被火化的滑翔模式。”尽管资金暂停，但是戈达德的研究工作仍吸引着火箭爱好者对此的关注，其中一位就是《纽约先驱论坛报》（*New York Herald Tribune*）记者、美国火箭协会主席 G. 爱德华·彭德雷（G. Edward Pendray）。彭德雷收到大量德国业余火箭制造者对戈达德的工作的询问信，他将这些信件转给了戈达德。这位教授尽管不曾透露过很多关于他的试验的信息，但是却很享受这种关注。彭德雷经常向戈达德提出自己的问题，两个人一直积极地通过频繁的书信进行沟通。彭德雷是一个身材魁梧、蓄着范戴克式胡子、性格开朗的人，他记录了自己在火箭领域做的业余试验。在业余时间里，他会和他的同伴们在纽约斯塔滕岛的海滩上发射 2.1 米长的火箭。

彭德雷同时也密切关注着德国的火箭研究，尤其是一个由私营企业的火箭爱好者组成的组织在泰格尔火箭发射场开展的工作。泰格尔火箭发射场是一个专门用来发射火箭原型的场所。该组织于 1931 年 5 月首次成功发射了绰号为“反重力号”（Repulsor）的液体燃料火箭。德国人正在设计与戈达德的模型几乎完全一样的发射物，包括未来的 V2 火箭，戈达德当时并不知道这些信息。第一次世界大战后就开始改良装备的德国军方认为，火箭技术在未来的任何军事战争中都将具有战略价值。事实上，在 1930 年，德国就从其军事预算中拨款 5 万美元用于新型火箭武器的研究。

哈里从古巴回来之后，与林白恢复了关于戈达德的研究的谈话。1934 年的年中，哈里邀请戈达德夫妇和林白夫妇去法莱斯庄园度周末。戈达德习惯在晚餐前自己调制干马天尼酒，哈里也总是以自己能调制这种烈性鸡尾酒而自豪。和往常一样，晚餐是独特的法莱斯庄园风味，与戈达德夫妇所习惯的中餐完全不一样。就着一道又一道的菜肴和来自哈里的酒窖里一瓶又一瓶的葡萄酒，谈话持续了几个小时，其中一些内容涉及：如果用火箭将测量装置送到更高的高度的话，可能会发现高层大气的哪些秘密。戈达德夫妇住在楼上的一间客房里，管家沃尔特·莫尔顿一如既往地来取早餐订单。所有人在次日上午再次讨论了一会儿，之后戈达德夫妇回到马萨诸塞州等待消息。第二个月，戈达德等到了哈里给他发的电报，通知他资金即将到位，用于明年重启测试，总金额略高于 2 万美元。戈达德夫妇终于要重新开始做研究了。

11

坚定推进火箭计划

在未来 50 年内，与火箭相关的研究和开发很可能会拥有与航空业在过去的 50 年中相似的地位。

火箭发射几经波折

戈达德打开他在梅斯卡莱罗牧场上的废弃机器车间，看到自己留在工作台上的一顶旧帽子。他把它拿起来，拍去上面的灰尘，然后环顾四周。这里被关闭了两年，现在它的房客就是沙漠蜈蚣和黑寡妇蜘蛛。他的旧写字台还在那里，毫发未损。

团队中的每个人都重返了原先的工作岗位。埃丝特负责记账，去城里兑现古根海姆家族开的支票、提取物资、跟踪设备和材料的采购。在最初的日子里，埃丝特会耐心地站在发射台附近，拎着一桶泥土准备扑灭由火箭升空的炽热高温引发的小火焰。在罗斯韦尔，埃丝特成为每一次发射试验的首席纪录片制作人。她使用了一台相机，并且在农场建了一个暗室来冲洗发射照片。埃丝特还用电影摄像机记录了她丈夫的工作，拍摄了火箭升空以及当降落伞正常打开时缓慢、优雅地返回地球的过程。

戈达德火箭的试验场地是伊登谷，位于梅斯卡莱罗牧场以北约 16 千米处。这是一片开阔平坦的灌木丛，其间点缀着牧豆树和刺柏。它的主人是当地的一位农场主，他对戈达德的工作很感兴趣，所以允许他自由使用自己的土地。戈达德的发射物变得越来越重、越来越高，有的高度约 4.6 米。每一款新模型都被称为“nell”（内尔）[①]，这是一位工作人员起的通用名称。由于哈里继续进行着投资，所以戈达德很快就开始进行他的“A 系列”测试。这是他工作中的一个转折点，标志着火箭首次能够保持自己的直线轨道进行飞行。

戈达德用一种类似于斯佩里所发明的陀螺稳定器的装置实现了直线轨道飞

① 意指闪耀的光芒。——译者注

行。它通过控制火箭尾翼在火箭喷出的强劲气流中旋转来引导火箭的位置。“在发射前，陀螺仪处于启动状态，当火箭竖立在发射装置中时，陀螺仪在一根与火箭轴平行的轴上旋转。如果火箭偏离其垂直轨道，陀螺仪就会打开一个阀门，带动活塞工作，迫使一对叶片进入火箭喷出的气流中，从而使该装置得以纠正偏差。”这一“陀螺仪—阀门—活塞—风向标”装置是古根海姆家族资助的第二项戈达德专利：第1879187号“飞行导向机械装置”。

凭借这一巧妙的系统，戈达德于1935年春季达到了一个新的高度。在一次试验中，“内尔”优雅地从发射塔升空，先是向左摇晃，然后向右摇晃，但每一次都会自我纠正，直到爬升到约1 460米的高度，然后坠落到大草原上的干燥灌木丛中。“它就像一条鱼在水中奋力向上游！”埃丝特称。那年夏天还进行了另一次令人印象深刻的发射，这一次火箭飞到了约2 300米的高度，是戈达德在此之前达到的最高海拔。

戈达德对每一次飞行都做了记录，并且向哈里和林白发送工作进展报告。最后，他想，是时候邀请自己的资助人到梅斯卡莱罗来亲眼见证一次测试了。林白计划在那年秋天返回美国，而那个时候哈里在南方，所以他们确定好时间，由林白驾飞机去南卡罗来纳州，在途中接上哈里，然后继续前往新墨西哥州。

哈里向记者们通报了这次旅行，并且为新闻机构准备了一份3页纸的声明。9月22日下午，林白和哈里降落在罗斯韦尔简易机场。一些记者已经在那里等候了好几个小时，但是当林白爬出双座飞机时，他还是保持着一贯的沉默，没有透露他们将逗留多长时间或是将要做些什么。不久，哈里向记者分发了与试验相关的宣传资料。他指出，自5年前古根海姆家族首次提供资金以来，戈达德已经进行了30次火箭发射。“这项工作的目的是在远超任何类型的气球所能到达的高度上获取气象、天文、地磁及其他数据，”他解释道，“在高度超过48千米的区域获取数据对科学而言至关重要，因为那里是各种现象——包括电离和无线电波反射等电学现象发生的区域。”

哈里和林白在戈达德的土坯农舍的客房里安顿下来，很早便上床休息。黎明时分，车队集合。戈达德开着他的福特卡车，前面是一辆拖车，牵引着约 4.9 米长的火箭。随着白天气温上升，车队从罗斯韦尔向北驶往伊登谷，途中经过废弃的水井和起伏的低矮灌木丛。最后，他们抵达一间观察棚屋，那是一座巨大的木头房子，外墙内衬瓦楞板。棚屋的门框上连接着一个金属臂，其末端用螺栓固定着一副望远镜。转动金属臂，就可以将望远镜提升到下巴的高度进行观察。另外还有一个金属臂上固定着一个矩形控制台，每个刻度盘下都连接着独立的电线。在距离棚屋约 60 米处，矗立着发射塔。戈达德和他的团队将火箭拖到了发射台。

待一切准备就绪，戈达德和他的技术人员们回到棚屋，开始调整刻度盘，给点火系统加油。从远处传来咔哒咔哒的声音，显然是发自火箭的底部。戈达德头上戴着一顶宽大的遮阳帽，他焦急地转动另一个刻度盘，并微微弯下腰，透过望远镜向远处张望。他的眼睛一会儿望向上方，一会儿回到发射台那里。发射台已经准备好点火了。戈达德按下遥控点火按钮。火箭底部爆发出一道火焰，闪烁了大约 15 秒，然后就没有动静了。大家又等了一会儿，但是火箭纹丝不动。戈达德在他的笔记中描述了遇到的问题："显然，在填充氧气罐的过程中，氧气通过腔体向下传递，在运行前造成了腔体内固定点火器的绳子过早燃烧。因此，点火后，推进剂完全在火箭外燃烧。"换句话说，这是一次哑火。

然而，当时的戈达德觉得，还有一线希望。他事先准备了一个后备"内尔"。戈达德让他的工作人员把失败的火箭运回车间，然后把替补火箭拉出来。在工作人员返回试验场的途中，一场暴风雨袭来，淋湿了备用火箭。教授认为，只有在完全干燥的条件下才能发射火箭，不然风险太大了，所以他取消了第二次测试。在离开试验场之前，戈达德向哈里展示了液氧的特性。他将液氧倒在一团巨大的风滚草上并将之点燃，制造出一个巨大的火球。与此同时，林白则在大草原上漫步，手里拿着一把装着子弹的柯尔特左轮手枪。他发现了一条角响尾蛇，然后是一只大狼蛛，于是用一发子弹把狼蛛打得粉碎。

两天后，戈达德再次尝试。那天的前一晚哈里睡得不好，显然是因为担心戈达德的进展，不仅担心是否能到达一个新高度，而且担心是否能够顺利起飞。哈里早早起床，帮埃丝特为大家准备了一顿丰盛的早餐。车队满怀希望地来到了发射场。这时天空已经放晴，这是个好兆头吗？埃丝特举着她的电影摄像机，准备就绪。戈达德走完了倒计时程序，然后按下点火按钮。这一次，火焰从发动机上的好几个点喷发出来，看上去声势浩大。然而，火箭再一次未能升空。戈达德很快做出推测：这一次的问题是通过阀门燃烧的氧气过多，导致点火时间延迟。尽管大家都感到失望，但是林白和哈里都看到了戈达德发射时的周密计划，以及他对失败原因的快速确认。他们向戈达德表达了同情，但也表示无法留下来观看接下来的进一步尝试了。

戈达德在当天的日记中写道："古根海姆先生和林白上校在牧场农舍中匆匆吃了顿午饭，很快就离开了。在吃午饭时，林白上校说，这项工作目前的水平与1912年的航空科技水平差不多。我开车送他们到机场，他们于上午11点左右起飞。上校飞到发射塔前，绕着发射塔转了两圈，倾斜机翼向它致敬……我睡了一个午觉。"

在离开之前，哈里安慰戈达德说，这次访问绝不是一次失败之行。"戈达德坚信自己的工作终将取得成功，他的信念极具感染力，"哈里说，"我答应他会再回来的。"哈里认为，埃丝特拍摄的"内尔"不断攀升到更高高度的影片足以证明戈达德取得的进步。媒体似乎也对戈达德很有信心。全美国有大约600家报纸报道了哈里和林白对罗斯韦尔为期4天的访问，大多数报纸都对其进行了热情洋溢的报道。事实上，一直龟缩在罗斯韦尔城内的记者们似乎都不知道这两次发射都失败了。

在接下来的几个月里，戈达德用功率更大的发动机和更坚固的燃油泵重新设计了"内尔"，于是又需要做出工程学调整，从而使试飞之间的时间间隔进一步拉长了。哈里每年延续一次对戈达德的资助，而不是遵循原先由丹尼尔确定的每两年一次的资助方案。很快，又到了戈达德申请下一年资金的时候了，当时哈里正受到无数其他可能有价值的航空和火箭科学项目的资金申请人的游说。

林白提出了他的建议，他写信给哈里说："我完全相信，在不久的将来，火箭将被发射到数百千米的高度。我还相信，如果戈达德在经济上有能力继续他的工作，那么他可能会成为第一个完成真正高海拔火箭飞行并实现具有明确科学价值观测的人。我认为在这件事情上，我们很可能会用相对较少的费用取得极为重要的成果……在我看来，这是你作为丹尼尔·古根海姆基金会董事长对航空事业的兴趣的合理延续，在许多其他方面也是如此。当然，这种事情是不可预测的，但我相信戈达德的研发工作最终很可能会在某种程度上与莱特兄弟和兰利[①]的成就旗鼓相当。**就燃料输送而言，戈达德是目前人类思维所能想到的最终的也是最先进的方法的开发者和领先者。**我相信，在未来 50 年内，与火箭相关的研究和开发很可能会拥有与航空业在过去的 50 年中相似的地位。”林白再次发挥了重大影响力：哈里批准再拨出一年 2 万美元的经费。

在与教授继续维持关系的同时，哈里希望能将戈达德的工作与自己在加利福尼亚州承保的火箭计划协调起来。哈里让戈达德去帕萨迪纳拜访密立根博士。博士曾任加州理工学院院长，后来在学院组建了自己的火箭研究团队，从而使该学院成为航空科学领域的领导者。当然，“戈达德害怕与密立根碰面，而且他是有充分理由的，”历史学者米尔顿·雷曼（Milton Lehman）指出，“因为这会再次提醒人们，火箭可能不再是他的专属领地。”不过，戈达德还是答应了哈里的要求。他开始了对帕萨迪纳的拜访，以回应哈里关于与加州理工学院的科学家们分享研究成果和合作的建议：或许可以将戈达德的某些工作分包出去，以加快他的火箭试飞进程。这看起来是一次令人相当愉快的拜访，每个人都在理论上同意关于分享研究成果的理念。但事实证明，密立根的规范化做法令戈达德感到十分厌恶。这位教授几乎不想分享他近 30 年来的任何研究成果。戈达德走了，这些计划无疾而终。

回到罗斯韦尔之后，戈达德开始测试他的“L 系列”火箭。该系列火箭设计了一个新的冷却系统和一个“集群式”发动机。1937 年 3 月，戈达德举办了一

---

① 指塞缪尔·皮尔庞特·兰利（Samuel Pierpont Langley），美国航空先驱，天文学家和物理学家，发明了测热辐射计。——译者注

个庆祝活动，因为他的“内尔”达到了当时 2 700 米左右的具有里程碑式的最高海拔。然而，在接下来的几个月里，戈达德未能重复这一壮举。哈里起初欣喜若狂，但后来就开始怀疑那次飞行是不是纯属侥幸。第二年，戈达德改进了“内尔”底部的活动尾翼部分，并改善了燃料喷嘴的流量。然而，在随后的测试中，没有一次飞行能大大超过 600 米。哈里虽然感到失望，但他还是将戈达德的资助又延长了一年。**哈里和林白把赌注押在了这位教授身上，现在他们是不会放弃的。**

1930 年丹尼尔去世之后，哈里与他的叔叔所罗门变得越来越亲近。所罗门经常让哈里去比格瑟维玩，那是他在南卡罗来纳州耶马西的狩猎和骑马度假场所，附近是伯纳德·巴鲁克的庄园：霍布卡巴洛尼。自 1905 年以来，巴鲁克每年都在这里过冬。就连哈里的哥哥罗伯特也在南卡罗来纳州寻求属于自己的领地，最终买下了一块名为波克萨博的大型隐居地。

该地区的土地在大萧条时期可谓价廉物美。哈里决定在南卡罗来纳州购买大片森林。他在这片土地上做起了木材和牲畜生意，最终抵消了部分购买费用。他对地点的选择很可能是听从了木材商维克托·C. 巴林杰（Victor C. Barringer）和伯德少将的弟弟汤姆·伯德（Tom Byrd）的建议。汤姆是伯德家族在弗吉尼亚州苹果生意的合伙人之一，对南方土地的情况了如指掌。他陪同哈里寻找地产，帮助哈里在查尔斯顿东北部南卡罗来纳州的低地购买了大片基本未开发的土地。该地区比哈里和卡萝尔经常去租房过冬的佛罗里达州或圣巴巴拉更靠近纽约。哈里找到的这片土地上林木众多，还有大片的湿地，古老的沙土路在其间纵横交错。

1936 年 2 月，在前往南卡罗来纳州的火车上，哈里向林白报告了关于寻找地产的好消息，他亲笔写道：“我刚刚结束了购买查尔斯顿附近木材区一块最重要地产的谈判。我在南方一直和汤姆·伯德在一起，我们花了大约一周时间考察这处地产，我对它可能会带来的收益感到非常满意，打算立刻开始经营木材生意，希望能在几年后收回大部分投资。这是一处非常有吸引力的地产，它的三面被河水环绕，另一侧是一座国家森林。那里有一个地方可以盖房子，我打算建一座狩猎小屋，有一条我所见过的最可爱的弗吉尼亚栎树车道通向那里。……这块土地盛产长叶松、短叶松以及火炬松。……据专家介绍，这里松树幼苗的生长速度可以说是全国最快的。这里是鹌鹑、鹿和火鸡的天然栖息地。”哈里将他新开发的项目称为“凯恩海伊”。他解释说，这个词指的是当地一种被称为凯恩海伊的植物，它的叶子可以作为牛饲料，茎干则被用来编篮子。随着时间的推移，这个名字的语音演变为“凯恩霍伊”。

据报道，哈里以 9 万美元买下了第一批土地，然后又抢购了更多土地，总面积约为 6 000 公顷。该地区还包括一些稻谷种植园和一座砖窑旧址，查尔斯顿一些最早的建筑物所用的砖块就产自那里。哈里再次聘请波尔希默斯和科芬公司来建造凯恩霍伊，法莱斯庄园和弗洛伦丝居住的千花庄园也是他们建造的。在南卡罗来纳州这一偏远地区的建筑成本与法莱斯庄园大致相同，大概 25 万美元（约相当于今天的 470 万美元）。

凯恩霍伊采用的是种植园住宅风格，门廊由 4 根白色立柱构成。在设施完善的狩猎小屋内有 4 间乡村风格的客房。客厅一侧的镶板墙后隐藏着一个酒吧和一个木柴储藏室（那里有一扇外门，方便直接从外面将木柴运送进来）。餐厅可以容纳 10 个人舒适地围坐在一张由白色玻璃台面和紫铜基座组成的宴会式长餐桌旁。在餐桌上方，荷叶状的赤陶吊灯散发的温暖的光芒照亮了房间。湿地和船库的前面有一个用古老的英国砖块砌成的大露台。花园由景观设计师诺埃尔·钱伯林（Noel Chamberlin）设计，他的著名客户包括查尔斯·施瓦布（Charles Schwab）和哈里的母亲弗洛伦丝（她曾委托钱伯林设计亨普斯特德庄园的花园）。哈里会在俯瞰库珀河的户外野餐桌上请客人享用午餐，狩猎队伍当天打到什么猎物就吃什么猎物。卡萝尔为这片领地制作了林地艺术品：入口道路最下面的一对砖柱上有两个火鸡雕塑，小屋壁炉上方有一面镀铜的镜子，玻璃镜面上刻着野火鸡。凯恩霍伊很快便成为哈里的第二个家，是家庭聚会和社交活动的中心，也是前高级军官们每年狩猎和聚餐的固定场所。

除了建造主宅之外，哈里还出钱在自己的土地上修复了一座圣公会教堂：圣托马斯和圣丹尼斯教堂，与住在附近的当地人建立了友好关系。当时教堂的更衣室墙壁已经倒塌了，有一群山羊住在这片废墟中。哈里赶走山羊，并为更衣室重修了墙壁和屋顶。这座教堂能被列入美国国家史迹名录很可能跟修复工作相关。在接下来的岁月中，到凯恩霍伊来造访哈里的人中包括建筑大师罗伯特·摩西（Robert Moses）及其妻子玛丽；帮助创建了野生动物管理专业的著名自然保护主义者赫伯特·L. 斯托达特（Herbert L. Stoddard）；美国海军上将约翰·戴尔·普赖斯（John Dale Price），他是第二次世界大战后太平洋上所有美国海军航空部队的总司令；以及美国空军上将霍伊特·桑福特·范登堡（Hoyt Sanford Vandenberg），他是中央情报局的第二任局长，范登堡空军基地就是以他的名字命名的。最常光顾这里的客人之中有一位是美国参议员哈里·F. 伯德（Harry F. Byrd），他是伯德少将的另一位兄弟。

亲密友谊经受考验

20 世纪 30 年代末，追踪戈达德的火箭研究工作、开发凯恩霍伊和建造纯种赛马马厩，都耗费了哈里的大量时间和精力，同时，他还要筹集资金去帮助逃离纳粹德国的受迫害的犹太人。作为难民经济公司（Refugee Economic Corporation，REC）的创始董事，哈里已经开始为海外犹太人定居点筹集私人资本。该公司资助了约翰斯·霍普金斯大学一项耗时多年的关于欧洲难民重新安置问题的重要研究，这项研究是确定德国数十万犹太移民可能居住的国家的关键。该公司还资助了难民在菲律宾的定居点，以确保棉兰老岛有足够的牧场容纳多达 1 万名难民。作为一名董事，哈里为 25 万美元的计划筹集资金，为的是在巴勒斯坦的呼烈谷（Huleh Valley）重新安置犹太人。在那里，大片沼泽被排干，以便为定居者建造农场。一项研究声称，该项目最终使该区域成为“以色列最繁荣、最富裕和最肥沃的地区之一”。

林白也会尽自己的一份力量来暗中破坏纳粹的威胁，最起码哈里是这么认为的。林白听从了美国驻柏林武官，即研究德国重整军备方面的主要权威人士杜鲁门·史密斯（Truman Smith）上校的一个安排。史密斯德语流利，10年前，在希特勒上台之前，曾在慕尼黑与希特勒进行过面谈。但是，史密斯缺乏关于德国空军的可靠情报，于是他安排林白访问德国，以评估其空军力量。德国空军司令赫尔曼·威廉·戈林（Hermann Wilhelm Göring）曾是第一次世界大战中的王牌飞行员，他是否会接见林白、让他参观德国空军并检阅德国空军呢？戈林预感到这可能是一次千载难逢的公关机会，于是欣然同意。

访问计划宣布后，在古根海姆家族中引起了不同的反应，其中包括哈里的妹夫罗杰·斯特劳斯，他给林白发电报说："我坚信德国宣传部会试图把你的访问诠释为对他们政权的认可。"确实，戈林充分利用了林白访问过程中的每一分钟，从为期9天的访问的第一秒起就给了他英雄般的欢迎。林白参观了为第三帝国生产最先进战斗机和轰炸机的工厂，并观看了德国空军精英的飞行表演。林白对这些最先进的战争机器的速度和精度印象深刻，他在柏林航空俱乐部发表了一次午餐演说，传达出一种关于空中军事力量的告诫性信息。"与独木舟的建造者不同，我活着看到了你们所制造的翅膀变成了甚至比战列舰和枪炮更危险的毁灭性载体。"在1936年柏林奥运会开幕式当天，林白夫妇在包厢里坐在戈林旁边，标志着这一行程的气氛达到了高潮。

林白回国后，他形容第三帝国的空中军事力量在所有方面都优于美国、法国和英国。"如果德国愿意，就可以摧毁伦敦、巴黎和布拉格。"他报告说，"英国和法国加在一起也没有足够的现代战机能用于有效的防御或反击。"罗斯福一定程度上是根据林白的评估，从而下令大幅增加美国军用飞机的产量的。

林白对德国的访问被媒体解读为一项收集空中情报的军事任务，所以从新闻界收获的大部分是赞扬。但也有一些批评声认为，他的访问传递了一种纳粹政权合法性的信息。正如哈里给林白的信中所写的："在你出访前夕，我在加斯佩半岛的一条鲑鱼河上钓了3天鱼，这才避免了遭受来自犹太领导人的意见轰炸，他们担心你的出访将表明你对纳粹反犹太主义的认可，并将助力国内外的敌人。在你预定飞往柏林的那天，我被要求与你联系并提请你注意这一点。但当时为时已晚，更何况，我毫不怀疑你已经考虑过这些了。我表示，我非常坚信你会表现得让反犹太主义者没有任何可乘之机。”

但林白被他心目中的新德国迷住了。他认为，这是一个纪律严明、秩序井然的社会，一个没有贫穷和衰败的社会。最重要的是，德国对其记者进行了限制。林白所看到的社会运转高效、管理严格的情形，可能影响了他的判断。他认为，这一点与法国和英国形成了鲜明对比——法国和英国是文明正在衰落的、面对大量历史遗留问题的帝国。当然，也正是这些国家在林白生命中最黑暗的岁月里为他提供了庇护。历史学家林恩·奥尔森（Lynne Olson）指出，林白对希特勒德国的看法主要都是在有军队士兵护卫的情况下形成的，他所看到的正是戈林及其手下想让他看到的东西。林白不懂德语，他和安妮无论走到哪里都得依赖翻译。他们对德国媒体的评价的确没有什么可担心的。正如奥尔森所说：有哪位记者会愚蠢到去批评德国政府的贵宾呢？

在国外期间，林白夫妇最终放弃了在哈里和卡萝尔的庄园里建造一个家的计划。林白表示歉意，并坚持支付哈里栽种植物的费用。哈里当时并不知道林白夫妇对德国社会是如此着迷，他们甚至开始秘密地在柏林寻找一个家。据报道，他们在德国首都寻找房屋时得到了希特勒的首席建筑师阿尔伯特·斯皮尔（Albert Speer）的协助，当时斯皮尔正在改造柏林的大部分地区，以符合新帝国的形象。

哈里告诉那些认为林白持亲德观点的家庭成员，林白容易受到影响，但绝不是反犹太主义者。但随着时间的推移，哈里和“瘦子”的通信中也没有进一步提到纳粹日益增长的威胁或者林白对德国空军热情洋溢的评估，要么是因为他们怀疑自己的信件可能被别人看到，要么是因为这些事情太令人不适，无法通过信件讨论。他们转而讨论戈达德教授最新遇到的问题，比如最近的一场风暴夷平了火箭发射塔。哈里评估了戈达德在过去一年中发射试验的情况，并写信给林白，表示他将批准另一轮资助。“瘦子”一如既往地表示赞同：“我很高兴你再次决定延续戈达德的项目。戈达德太幸运了，能够有一个像你这样的人支持他，因为你非常理解研究工作会遇到的问题。很少有人会对一项没有获得更具体成果的研究保持这么长时间的兴趣。”

林白是对的。如果没有哈里的持续支持，戈达德很可能会回到他姨妈的农场。哈里再次对未来投下赌注，期待戈达德的工作有一天会带来巨大回报。然而，在私下场合，他还是会表示沮丧，说戈达德的项目虽然能带来满足感，但还不足以让自己全力以赴。**尽管离开哈瓦那前的最后几个月里充满了动荡和暴力，但是哈里还是想念外交职位带来的威望，以及那些在古巴总统府和白宫之间穿梭的日子。**他没有办法重获那一切，直到有一天出现了一个机会，他将被再次推到公众的视线中。

分析数据，粉碎犯罪

20 世纪 20 年代，朗姆酒走私者和非法买卖酒精饮料者像组织完善的企业一样进行非法经营。当禁酒令于 1933 年取消之后，他们将其组织管理方式应用于新的经营项目：赌博、卖淫以及敲诈勒索。其中最深受其害的是曼哈顿下城的富尔顿鱼类市场，它是美国最大的鱼类批发交易所之一。鱼贩们每年不得不向敲诈勒索者支付数千美元的保护费。一篇社论指出：“每艘停靠在码头的拖船都必须付费；每辆进入市场的卡车也必须付费……”敲诈勒索者“以高效和商业化的方式收取保护费，不时上演一出盗窃的戏码，然后再立即归还赃物，以证明商贩们需要他们的服务”。

这种牟取暴利的行为远不止针对鱼类市场。敲诈勒索者要求各类商家缴纳保护费：家禽销售商、卡车运输公司、烘焙店、餐馆、服装制造商。对涉案人员的起诉非常有限，因为证人和陪审团经常受到犯罪家族的贿赂或恐吓。

纽约州州长莱曼任命托马斯·杜威（Thomas Dewey）为特别检察官，调查并彻底铲除这些敲诈勒索者的活动。杜威曾是一名助理地区检察官，在起诉有组织犯罪方面有着丰富的经验。刚被任命不久，杜威便将吉诺维斯犯罪家族中绰号为

“幸运儿”的第一任老板查尔斯·卢西安诺（Charles “Lucky” Luciano）抓了起来，并成功以组织卖淫和敲诈活动对他起诉。在接下来的两年里，在杜威经手的案件中有72起被判罪名成立，1起被判无罪释放。

随着选举周期的变化，警察局长和地方检察官的任职也会随之变动。杜威希望有一个永久性的组织机构来监督执法。他提议成立一个由纽约商界有威望的人士组成的委员会，这个委员会可以作为纽约刑事司法系统的永久性附属机构。“据我判断，”杜威说，“这或许可以解决有组织犯罪的问题。”

这一监督组织将效仿在芝加哥、巴尔的摩、克利夫兰和费城的类似协会。但是它该由谁来领导呢？杜威与最近刚当选纽约市市长的菲奥雷洛·拉瓜迪亚讨论了这个问题，后者在1933年的竞选中把粉碎有组织犯罪作为竞选纲领中的重要一项。拉瓜迪亚想到了哈里。哈里曾在拉瓜迪亚成功竞选纽约市市长的过程中短暂地为之助威。拉瓜迪亚以进步共和党人的身份凭借联合选票参加了市长竞选，并承诺摧毁腐败的“坦慕尼协会（Tammany Society）[①] 政治机器”。虽然在政治上，拉瓜迪亚比哈里偏左（哈里是一名温和派共和党人），但是哈里和拉瓜迪亚有一个共同爱好：航空。在一次竞选晚宴上，两个人再次见面。“你就是那个在意大利给我制造了许多麻烦的家伙！”拉瓜迪亚开玩笑道。

拉瓜迪亚邀请哈里领导该工作组，哈里接受了。该工作组的正式名称是“纽约控制犯罪公民委员会”（Citizens Committee on the Control of Crime in New York），在非正式场合，它被称为古根海姆委员会。哈里在一次采访中描述了委员会的职责：“我们既不是一群义务警察，也不是一群改革者。我们既不是一支鲁莽行事的行动队，也不是一个讨论理论和抽象问题的团体。”他说，确切地说，该委员会追求“粉碎犯罪组织，改善本市的刑事司法状况”。哈里在1937年启动该项目，年预算为5万美元，从其他30名委员会成员中筹得。哈里的同事包括著名银行家和金融家，此外还有：他的律师亨利·布雷肯里奇，他在黄金海岸的邻居、

① 建立于1789年，原是一个慈善互助机构，后来逐渐发展成为纽约最重要的政治组织，在19世纪和20世纪初期成为一个操纵纽约市政界的腐败政治组织，有时泛指腐败政治组织。——译者注

《纽约世界报》(*New York World*)编辑赫伯特·贝亚德·斯沃普(Herbert Bayard Swope),大陪审团协会主席李·汤普森·史密斯(Lee Thompson Smith),纽约信托公司总裁阿蒂默斯·盖茨(Artemus Gates)以及纽约融合政治运动创始人 C. C. 伯林哈姆(C. C. Burlingham)。

领导反敲诈勒索委员会与担任大使所带来的威望不太相称,但是哈里看到了在公共服务领域有一个独特的理想位置亟需填补,在那里他的分析能力可以发挥作用。他后来承认,这也是一个提升杜威政治运势的机会,如果杜威像大家所认为的那样想要寻求更高的职位,那么他头顶冉冉升起的政治幸运星或许会将一些机会之光洒向哈里。

无论哈里的动机是什么,总之他认为,围绕犯罪的政策制定之所以受阻,不是因为人们没有去努力了解犯罪发生的方式和地点,而是因为人们没有去努力了解犯罪者被捕后发生了什么。为了了解这一点,哈里采用了类似“魔球理论”[①](Moneyball)的方法跟踪和分析了过去 12 个月的犯罪数据。从理论上说,就像古根海姆矿场完整的资产负债表一样准确的数据,可以揭示各种犯罪模式。在接下来的一年里,哈里和他的员工制作了 9 000 张档案卡,追踪每一类犯罪:高利贷、抢劫、谋杀、卖淫等。委员会工作人员花了无数时间将街头逮捕数据与罪犯的个人信息、地理位置以及他们获得的保释金额列成表格。他们研究了每起案件从始至终的各个环节:逮捕、保释、起诉、判刑。他们收集了陪审员的背景简介,以及纽约 5 个地区的检察官办公室收到的对每一起重大案件的判决。

最终,古根海姆委员会收集了足够的数据,然后对行政区逐个地进行关联。哈里非常仔细地研究了布鲁克林区检察官的办公室。长期以来,该办公室一直被怀疑存在系统性腐败,而且也被认为是民主党“坦慕尼协会政治机器”的堡垒。数字显示,布鲁克林区某些惯犯的保释金往往低得令人生疑,这表明大陪审团已经被人搞定,这一结论的得出还参考了陪审团对被调查者的审议信息。

---

① 源于迈克尔·刘易斯(Michael Lewis)所著的《魔球理论》(*Moneyball*)一书,它的一个原则是重视客观数据,尤其是长期积累、经过精确计算的数据。——译者注

哈里和他的委员会成员利用表格和流程图来陈述理由，要求任命一名特别检察官进行调查。莱曼州长表示同意，并任命了约翰·哈伦·阿门（John Harlan Amen）。阿门刚刚打赢了一场官司，将暴徒莱普克·布哈尔特（Lepke Buchalter）送进了监狱。阿门在纽约的调查持续了 4 年，最后，他揭露了保释保证金办公室的腐败行径和一个精心设计的将赌博收益支付给警方的犯罪系统。地方检察官办公室的两名高级检察官被取消检察官资格，一名助理地方检察官被送进了新新监狱[①]。正如哈里所希望的那样，这些结果对杜威的政治前途起到了促进作用。

第二段婚姻破裂

然而，有一个人对哈里打击犯罪的新职业生涯并不感兴趣，那就是他的妻子。哈里被任命为反敲诈勒索委员会主席后不到一年，卡萝尔就搬出了法莱斯庄园。她的主要居所变成了他们在东 57 街的寓所。在卡萝尔看来，他们已经在生活中分道扬镳了。除了忙于出席反敲诈勒索委员会的会议之外，哈里还经常待在凯恩霍伊，照看他的 800 头母牛和公牛；购买并繁育纯种马，他的马厩规模不断扩大；分析戈达德试验的进展以及他和丹尼尔在 10 年前建立的航空项目的定期报告；为援助犹太人筹集资金；以及经常赶去发表关于航空和火箭技术的演讲。卡萝尔有自己的艺术事业，有在团契结交的朋友。但是，她觉得，自己已经没有了丈夫。

1937 年初，卡萝尔和哈里在第一次分开过新年之后就不再见面了。相反，他们通过邮件就如何支付帮佣费用等问题展开了激烈的争吵。卡萝尔写信给哈里说："大约两个星期前，我问你弗洛雷卡、厨师和奥古丝塔是否可以来寓所干活。你不置可否，却对我说：'给自己找个厨师吧。'我照办了，而且给了你一切与我合作的机会。我不能一直换厨师，过去两个月我已经换了 4 个，我不想再换

① 位于纽约州奥西宁镇哈得孙河畔，距纽约市大约 50 千米。——编者注

了……在这种情况下，期望我给两套佣人班子发工资是非常不公平的。”卡萝尔所说的“这种情况”是不是包括外遇？“毕竟，婚姻是双方共同承担的契约，而不是妻妾成群的不平等关系。”卡萝尔写道。后来她解释说，她再也不能容忍这种“我坚守婚姻，你来去自由”的关系了。

那一年晚些时候，卡萝尔搬离东57街的寓所，正式与哈里分居，哈里给她写了一封悲愤的信，信中说：“你抛弃了我们的家。”几个星期后的情人节，卡萝尔回应称她别无选择：“鉴于你的行为以及你不愿意承担婚姻的基本义务，你真的认为我还有可能继续住在你的寓所吗？”

他们的大多数争吵都是围绕金钱展开的。卡萝尔告诉哈里，从他们结婚那天开始，生活在奢华的世界中对她而言就是一种个人牺牲。她宁可过一种朴素艺术家的节俭生活，也不需要财富的装点。卡萝尔在格雷西广场10号能够俯瞰东河的舒适优雅的寓所里向丈夫倾倒这些苦水。然而哈里并不糊涂，他讽刺道：“你向我保证，你的愿望是摆脱所有奢华，在一间小工作室里过着不受逐利者骚扰的生活，一年只要几千美元生活费，或者最好是靠自己的收入生活。可现在，你的新家已经说明了一切。”

一个特别有争议的问题是哈里创建的投资账户，该账户上的资产价值约300万美元，年收入为10万美元，用于支付他们的所有家庭开支。哈里抱怨道：“渐渐地，我给你的钱，你用于我们共同开支的部分越来越少。现在你已经到了把这些钱完全只用于你个人消费的地步。我认为这不公平。”另外还有一个问题就是，卡萝尔用了为戴安娜设立的信托基金里的钱。哈里第一次婚姻中的女儿南希与哈里和卡萝尔唯一的女儿戴安娜同住在曼哈顿的寓所里。在过去的几年里，当时就读于布里尔利学校（Brearley School）的戴安娜基本上是由卡萝尔和保姆抚养长大的。关系破裂之后，哈里剥夺了卡萝尔对信托基金的使用权。当他们的婚姻走到终点时，哈里和卡萝尔达成了一项友好的财产解决方案，而这在很大程度上是出于对女儿的感情。

1938年，林白再次前往德国，这一次引起了轩然大波，公众舆论也发生了重大转向，开始反对这位世界上最著名的飞行员。就在《慕尼黑协定》签署几周之后，林白和安妮再次成为戈林的客人。他们应邀参加了一次晚宴，在宴席上，戈林授予林白德意志雄鹰勋章①，这是德国最高荣誉之一。戈林用德语解释说，希特勒本人曾想亲自向林白授予这一荣誉。戈林将勋章交给了林白，而林白似乎并不知道它的意义。一位翻译告诉林白，这是为了纪念他在 1927 年的飞行。

林白特意淡化了这份意外的礼物，但是美国媒体却对这件事情进行了添油加醋的报道，坚称林白既没有拒绝它，也没有把它退回去，这就表明他由衷地赞赏纳粹德国。林白如果能够效仿哈里在类似情况下的做法，他本不会有什么事。几年前，那位古巴领导人曾试图向哈里授予古巴政府的最高荣誉卡洛斯·M. 德·塞斯佩德斯勋章。但是哈里拒绝接受这个不得人心的古巴领导人所颁发的这一奖项，因为他知道这会对自己的形象产生不利影响。哈里后来又接受了这个奖项，但却是在那位古巴领导人被赶下台之后。而林白一直没有把德意志雄鹰勋章退回去，只是漫不经心地把这场风波当成一种“小题大做”。但是安妮意识到了危险，称之为“甩不掉的大麻烦”。

不久之后，德国发生了“水晶之夜”恐怖迫害事件，纳粹党在全国范围内煽动了针对犹太人的持续两天的谋杀和大规模财产破坏的暴乱，最终 3 万名犹太公民被围捕，送往集中营。世界各国政府纷纷谴责德意志第三帝国。当林白被问及他对这场“疯狂的仇恨和破坏行动”的看法时，他说：“他们无疑遇到了一个非常棘手的犹太问题，但为什么必须用如此不合理的方式处理这个问题？”

“水晶之夜”事件之后，林白夫妇放弃了移居柏林的计划。第三帝国的部长阿尔伯特·斯皮尔对此并不感到惊讶。“1938—1939 年，一个美国人竟然计划举家搬到柏林居住！”斯皮尔后来说，“他一定非常天真。”

① 1937 年，希特勒设立“德意志雄鹰勋章”，授予那些对纳粹德国友好的外国人。——译者注

12

在 51 岁重新应征入伍

THE BUSINESS OF TOMORROW

我们可以在几年内建立起世界上最强大的空中力量。

当哈里遇到艾丽西亚

20世纪30年代，大多数美国人都处在破产或接近破产的状态。但是黄金海岸的社交生活仍在继续，人们对大萧条的肆虐浑然不觉，也对欧洲上空不断积聚的战争阴云麻木不仁。即将成为单身汉的哈里从不缺少社交机会。他每天都会收到邀请函：正式晚宴、非正式午餐、下午茶、花园派对、槌球比赛、高尔夫郊游。哈里经常和所罗门叔叔及艾琳婶婶在一起。在所罗门和艾琳在城里或长岛举办的聚会上，社交互动从来都不会无聊，尽管哈里称，自己与那些去曼哈顿广场酒店套房或特里洛拉别墅（所罗门在黄金海岸的家）做客的现代主义画家和雕塑家几乎没有任何共同之处。

黄金海岸社交圈的一个固定场所是画家妮萨·麦克梅恩（Neysa McMein）在沙点的家。麦克梅恩身材修长，有一双间距较宽的灰绿色眼睛和高高的颧骨。她是一名商业插画家，也是当时美国薪酬最高的插画家，凭借为《麦考尔》(*McCall's*)、《星期六晚邮报》(*The Saturday Evening Post*)和《自由杂志》(*Liberty*)创作的"漂亮女孩"封面而闻名于世。麦克梅恩创作了贝蒂·克罗克[①]的第一个形象，赋予这位虚构的家庭主妇北欧式的高耸眉毛和挺拔的鼻子，就像伪装成人类的女半神。麦克梅恩在这座城市举办的派对颇具传奇色彩，吸引了文学团体"阿尔贡金圆桌会"（the Algonquin Round Table）的成员玛丽·璧克馥、F. 斯科特·菲茨杰拉德（F. Scott Fitzgerald）、诺埃尔·科沃德（Noel Coward）和多萝西·帕克（Dorothy Parker）。他们在麦克梅恩的工作室里喝酒、打牌、弹钢琴，而在大部分时间里，麦克梅恩都会坐在画架前画肖像，将一头蜜糖棕色的长发松松地绾起来。她经常穿一件蓝色旧工作服，上面有粉彩的污迹。她的一些合成插图是依照招募来的年

① 20世纪20年代用于食物和食谱广告宣传的虚构人物，是美国家庭主妇的经典形象，深受民众喜爱。——译者注

轻女模特画出来的，她照着一个女孩画手臂，照着另一个女孩画腿，照着第三个女孩画脸。这些裸体女模特会在工作室摆好姿势，一动不动几个小时。

麦克梅恩与采矿工程师约翰·贝拉格瓦纳思（John Baragwanath，大家都叫他杰克）主张开放式婚姻。20 世纪 30 年代，她和杰克经常邀请城里的朋友去他们的避暑庄园玩。那座庄园和法莱斯庄园在一条路上，是一座古老的英式风格建筑，用粉刷过的砖块砌成，大约有 20 个房间，可以俯瞰海湾，周围种满了巨大的橡树和山茱萸。黄金海岸的精英通常拥有很多在边远地区的营地，比如在西部有一座牧场，在南部有一座狩猎小屋，在阿迪朗达克荒野有一块野营的地盘。杰克和麦克梅恩没有这种小奢侈品，他们是黄金海岸的“穷人”。尽管如此，对于一线剧作家、演员和作家而言，他们的家依然是一块社交磁石，在麦克梅恩的宴会上，总能结识新的、有趣的人。在一次聚会上，麦克梅恩邀请了两位最近刚搬过来的租客：艾丽西亚·帕特森及其丈夫乔·布鲁克斯（Joe Brooks）。

艾丽西亚 34 岁，是一位身材苗条、长着一头红褐色头发的女人，她的父亲约瑟夫·梅迪尔·帕特森（Joseph Medill Patterson）是纽约《每日新闻报》（*Daily News*）的创始人，也是芝加哥梅迪尔出版集团的董事会成员。乔·布鲁克斯是一个没有野心的人，是《每日新闻报》的安保高管，也是艾丽西亚父亲的狩猎和钓鱼伙伴。帕特森最近为这对夫妇买了一件结婚礼物：一套由雷蒙德·胡德（Roymood Hoad）[①] 设计的房子，就在麦克梅恩和杰克家附近。布鲁克斯是个赌徒和酒鬼，比艾丽西亚大十多岁。事实上，这是一场地道的包办婚姻，虽然布鲁克斯对艾丽西亚情有独钟，但是就在他们搬到黄金海岸后不久，艾丽西亚就开始认为他们之间烦恼不断的婚姻关系其实是一个错误。

艾丽西亚经常向麦克梅恩抱怨丈夫的缺点。这个话题往往会使艾丽西亚的情绪变得烦乱不堪。一个夏末的午后，麦克梅恩似乎想出了一个解决办法，驾车去她的槌球搭档赫伯特·贝亚德·斯沃普的家。斯沃普当时是约瑟夫·普利策创办的《纽约世界报》的编辑。麦克梅恩召集了艾丽西亚、杰克和那年夏天暂居在此

① 著名建筑师、美国暖炉大厦设计者。——编者注

的百老汇剧作家乔治·阿博特（George Abbott）。4个人跳上杰克的帕卡德V-12汽车上路了。由于天上下起了毛毛雨，他们加快了速度。就在他们开着帕卡德兜风时，麦克梅恩宣布："我们先去参加一个派对，然后会见一个人，参观他的保龄球馆！"

他们到达第一站后，看到一座巨大的殖民地风格的豪宅里挤满了社交聚会上的常客。这并不令人惊讶，斯沃普向来就是这么铺张。在屋内，有一支现场乐队，为那些穿着夏装、头戴巴拿马帽的年轻男子演奏音乐。这些男人们悠闲地握着杯子，聚集在那些穿着优雅的派对礼服、头发堆得老高的苗条女人们的身边。屋外，一场槌球比赛正在进行中，然而，天空突然下起了倾盆大雨，大家纷纷奔逃躲避。麦克梅恩一行人跑回了车中，看着雨一时半会儿停不下来，他们就放弃了这里的派对，继续沿着道路往前开。最后，他们驶到一处能俯瞰长岛海湾的悬崖，那里有大片的花园、蜿蜒的小路以及灌木丛，远处还有正在吃草的马群。这座巨大的庄园似乎占据了整个地平线，它的一端是一座诺曼风格的豪宅和一座中世纪风格的塔楼。

他们穿过敞开的黑色铁门，一直开到一个铺着鹅卵石的庭院里，路过的每扇门上都有一个金色的"G"标志，院子里点缀着栽有盛开的百合和杜鹃的陶罐。雨几乎停了，当他们从车上下来时，天已经放晴了。这时，拱形的木质大门打开了，一名身穿白色亚麻套装的男子走了出来。他淡褐色的脸上长着高挺的鹰钩鼻和一双淡蓝色的眼睛，正在变得稀疏的头发若隐若现斑驳的灰色。这就是哈里，已经步入中年，但仍然英俊潇洒。他走上前迎接麦克梅恩，他俩显然已经在一些盛大聚会上熟络。哈里半开玩笑地对麦克梅恩说，她早该来参观他庄园里最新增设的保龄球馆。

麦克梅恩深知艾丽西亚的婚姻毫无感情可言，也听说哈里和卡萝尔已经分居。这次访问很像是一次相亲之旅（尽管艾丽西亚可能已经在马场上见过哈里）。哈里领着客人们来到能俯瞰海湾的露台上，他像一位绅士那样只是轻轻碰了一下艾丽西亚的肘部。

在露台下方的水域，哈里曾经和林白一起划船、钓鱼，远离记者和摄影师的监视，享受美好时光。哈里喜欢指着前方告诉林白，那是当地一名垂钓者经常光顾的钓鱼点。这名垂钓者每周数次划船前往那个神圣的地方，哈里经常在悬崖顶部的露台上往下看，垂钓者向他展示自己最好的收获，哈里则会举起双臂庆祝，以示对垂钓者的赞许，而垂钓者也会将钓到的一些鱼送到法莱斯庄园，作为当天的晚餐。艾丽西亚被这一切迷住了：诺曼风格的城堡，海湾的全景，还有那个穿着白色套装的男人。正如迈克尔·阿伦（Michael Arlen）在他关于艾丽西亚的精彩传记中所描述的情景："她不记得他们是否真的去了新建成的保龄球馆……但她始终记得哈里那天晚上的样子，以及他凝视着她的神态，而她也深情地回望。"

几周后，哈里在纽约州北部的萨拉托加赛马场再次遇到了艾丽西亚，每年夏天，黄金海岸的赛马迷都会在那里待上几个星期。哈里开始花费大量时间购买和繁育纯种马。1934年，他以400美元的价格买下了他的第一匹马"内布拉斯加城"，但一直没有取得好名次，直到在贝尔蒙特锦标赛上，他的一匹名叫"瓦穆斯"的小马才终于获得了第三名。在萨拉托加，要找到他并不难，他不是在他的私人包厢里和客人们谈笑风生，就是在马棚里和计时员们挤在一起。当哈里和艾丽西亚的目光相遇时，她露出了调皮的凯尔特人标志式的咧嘴笑，一切尽在不言中。哈里也冲着她笑了笑，并毫无疑问地发出了亲切的邀请："我要去看一些一岁的小家伙，你愿意来帮我评估吗？"她当然愿意。艾丽西亚是和纯种马一起长大的，她熟知种马的评级标准，并且能向马匹经纪人提出专业的问题，这给哈里留下了无比深刻的印象。

艾丽西亚是一位猎手，这一点与哈里一样。在中南半岛狩猎时，她曾一枪打倒了一头水牛。她也是一名飞行员，获得了运输飞行员驾照，是美国第十位取得这一驾照的女性。她还是一名不错的垂钓者，在去阿迪朗达克荒野旅行时，她跟着父亲学会了飞蝇钓鱼法①。她在佐治亚州金斯兰的圣玛丽斯河岸边有自己的狩猎

① 用仿生饵模仿飞蝇、蚊虫、蜻蜓等有翅昆虫落水，刺激水中凶猛捕食的鱼类上钩的钓法。这种钓法灵活自如，抛甩控线等操作方式对钓鱼者的要求很高。——译者注

度假地，占地约 730 公顷。在炎热的下午，她会沿着河岸边的木梯下水游泳，有时梯子的横档上会出现一两条蛇，而她则会光着脚把它们踢到一边。

艾丽西亚的性格中有很多“假小子”的特点，但是在身为新闻家的父亲面前，她会变得很温顺。父亲具有一种专横的威慑力，她认为这种威慑力对她有一种“催眠作用”。“我宁愿死也不愿让他失望。”她曾经说。艾丽西亚的父亲是把她当成儿子看待的，因为他想要一个男孩，却得到了 3 个女孩。

艾丽西亚 18 岁时被位于罗马的精修学校[①]开除。因为她和另外 5 个女孩合租了一辆车，半夜在城里游荡，喝鸡尾酒，直到凌晨 3 点才返回学校。20 岁时，她学习了打字课程，之后来到纽约，在她父亲的报社工作。白天，她从竞争对手的报纸上剪下“补充条目”，供《每日新闻报》使用。晚上，她会恢复她的“花花小姐”生活，与一群年轻的已婚追求者一同去光顾地下酒吧。让她感兴趣的一个谈情说爱的对象是另一个庞大报纸家族的成员：阿德莱·史蒂文森（Adlai Stevenson）。《每日新闻报》的城市专栏编辑开始给艾丽西亚分配报道任务，她干劲十足。有一次在一篇关于离婚案的报道中，她由于疏忽弄混了当事人的名字，从而引发了一起诽谤诉讼案。她父亲请她到外面的一家餐馆吃午饭，并且在甜点端上来之前解雇了她。

然而，这次挫折并没有让艾丽西亚放弃新闻事业。她结婚很早，在英国度蜜月期间，她为父亲创办的一份杂志写了一篇关于猎狐的文章。她的第一次婚姻并没有持续多久，离婚后，她继续写关于狩猎和学习驾驶飞机的文章。她和她会驾驶飞机的第二任丈夫乔·布鲁克斯到处飞行。艾丽西亚与布鲁克斯有很多共同的兴趣，但是很明显，布鲁克斯的一个主要缺点就是对她的聪明和天赋缺乏尊重。在艾丽西亚·帕特森的身上几乎没有贝蒂·克罗克的特质，她认为这正是布鲁克斯所不能理解的。

哈里告诉艾丽西亚，他觉得机智、聪明、有天赋的女人很吸引人，这让她很

① 精修学校是为富家女子学习上流社会礼仪所办的私立学校。——译者注

是受用。哈里比艾丽西亚大 16 岁，但不久她就接受了这种现状，因为这一新的恋情宽慰了她，使她能从痛苦的破裂婚姻中得到解脱。但她和哈里之间也是存在问题的，比如说，哈里是控制型人格，他对社交礼节非常痴迷。但是艾丽西亚发现，在哈里那种迷人的谦逊、犀利的机智和巨额的财富面前，这个缺点也并非让人无法忍受。她认为，他不仅很富有，还很谦逊，也喜欢自嘲。是的，哈里是一位富有的“封建领主”，但他也是一个深受“渔夫”爱戴的人。

这一边哈里没有对卡萝尔提出的离婚表示异议。另一边，乔·布鲁克斯却很难接受艾丽西亚的分手要求，他的狩猎搭档乔·帕特森[①]也一样。艾丽西亚的父亲认为她的离婚既是一场灾难，也是对由他亲自安排的婚姻的否定。他对哈里感到怒不可遏，但却又无能为力。1939 年 7 月 1 日，在佛罗里达州杰克逊维尔，哈里和艾丽西亚在一位治安法官的主持下结婚了。哈里构想了一个独一无二的蜜月计划，其中包括在沙漠中发射巨型火箭。

买下一份报业资产来积累经验

这对新婚夫妇乘坐哈里最近购买的一架新飞机向西飞往梅斯卡莱罗牧场。途中，艾丽西亚肯定听到了很多关于戈达德的事情。教授的研究工作正在极其缓慢地推进，然而现在时间非常紧急。战火正在欧洲蔓延。根据来自林白的报告，哈里认为，德国人正在大力投资研究火箭技术，有朝一日这项技术会具有战略价值。要想对抗这一威胁，美国军方就必须关注戈达德的研究工作。可要想得到军方的重视，戈达德的火箭就必须达到更高的高度，而且得尽快。哈里认为，戈达德在静态测试上花费了太多时间，几乎没有将可由其他人完成的研发工作尽量外包出去的迹象。戈达德理解哈里对高度目标的执着，但是这位教授对于完善其火箭发动机的可靠性能更感兴趣。确保林白成功从纽约飞到巴黎的正是发动机的可

① Joseph 的昵称是 Joe，此处指艾丽西亚的父亲约瑟夫·梅迪尔·帕特森。——编者注

靠性。戈达德认为，一台可靠的发动机，一台能够在高层大气中随着空气变得越来越冷、越来越稀薄而仍能持续运转的发动机，才是能够使火箭到达任何高度的关键。

当哈里和艾丽西亚降落在罗斯韦尔简易机场时，戈达德夫妇在那里迎接他们并祝贺这对新婚夫妇。教授回忆起他一生中唯一一次乘坐飞机正是由哈里驾驶的。戈达德后来称那次飞行是一次令人毛骨悚然的经历，他永远也不想再来一次。哈里和艾丽西亚的蜜月套房是梅斯卡莱罗牧场上一间破旧的土坯农舍。在牧场的第一天，戈达德领着客人参观了制作车间，吃了顿冷盘午餐，还去了城里观光。晚上，哈里负责调制马天尼酒，埃丝特则端来了烤羊腿。晚些时候，他们聚集在带落地窗的门廊观看埃丝特拍摄的记录她丈夫发射火箭的影片，戈达德在旁边解说。然后，教授坐在起居室的钢琴旁，为大家弹奏施特劳斯的圆舞曲和轻歌剧助兴。第二天，戈达德尝试了一回发射，但是失败了。

哈里和艾丽西亚徒步到附近的里奥鲁伊多索河露营和玩飞蝇钓。他们有足够的时间探讨共同的未来。艾丽西亚告诉哈里，尽管她早年在新闻业制造了一件麻烦事，但是她父亲计划在《每日新闻报》报社给她留下一个具有战略性的职位。哈里认为替艾丽西亚买下一家报社有助于她积攒未来在这一职业中所需的经验。此外，他认为，这是一个能够让妻子全力以赴的事业。艾丽西亚认为这个想法很有见地。他们一致同意，如果在法莱斯庄园周边的合适距离内能找到一家报社，那么哈里将承担此次购买的费用。《每日新闻报》的发行总监马克斯·安嫩伯格（Max Annenberg）是艾丽西亚父亲的朋友，他受托去寻找一家报社，并且很快就找到了。

回到牧场后，哈里坐到厨房的餐桌旁，摊开戈达德在过去一年中的支出账本，很快就该决定是否要继续给戈达德拨款了。艾丽西亚在外面抽烟，哈里似乎从摆在他面前的一堆财务明细的分析中获得了极大的满足感，这一点让她感到惊讶。他全神贯注地仔细翻阅每一页纸，似乎在寻找什么更伟大的数学定理。就在这时，她看到远处有一辆汽车驶了进来，一个来自罗斯韦尔西联公司办事处的年轻人走下了车，一路小跑着过来。他送来了一封电报，上面写着："有合适的报业资产出售。需尽快答复。"落款是马克斯。

艾丽西亚的反应先是极度兴奋，然后是强烈的不安。她想，这可能成为她自己的"火箭发射壮举"，也可能成为一场类似于火箭燃烧坠毁的灾难。她一直想向父亲证明她确实具有报业经营天赋。但她真的能创办一份报纸，雇用并管理一批记者、编辑、排版师和漫画师吗？更不用说还要雇用和管理一个广告团队以及所需要的不管是什么规模的送报卡车和投递员队伍了。艾丽西亚向哈里表达了她的焦虑。她突然意识到这一机遇背后的现实问题，感到茫然无措，她想退出。哈里安慰着她，给她打气，劝说她不要错过这个机会。价格很合适；报社距离法莱斯庄园很近；城里的居民正在不断涌向长岛，这表明市场正在不断增长。哈里敦促她认真考虑。艾丽西亚经过一番仔细斟酌，最终同意购买。哈里承担了这笔交易的费用，只是要减去他借给艾丽西亚的一小笔参与费，艾丽西亚将这笔钱作为自己购买这份报纸的股份，这份报纸后来被命名为《新闻日报》。

促成美国空军的建立

美国刚加入第二次世界大战时，其军用航空供应链的状况非常糟糕。螺旋桨、发动机、无线电设备、仪器和起落架都出现了短缺。珍珠港事件促使人们重新审视这一状况，这给哈里所支持的振兴军事航空力量的项目带来了新的契机。他在政府听证会和学术会议上发表讲话，声称美国空中力量因这种忽视而"裹足不前"："我们发明了飞机；我们商用航空的规模比世界上其他国家的总和还要大；我们是一个充满机械师的国度；如果飞行员能够摆脱传统的军队体制的限制，我们就可以在几年内建立起世界上最强大的空中力量。"哈里所说的"限制"是指空军被降级为次要力量，沦为一种在陆军和海军之间的军事继子，只是地面部队的辅助力量而已。英国有它的皇家空军，德国也有德国空军。现在轮到美国建立自己的第三军种：美国空军了。

事实上，在华盛顿的许多部门里已有很多人接受了这个主张。哈普·阿诺德（Hap Arnold）和陆军中级军官都赞同哈里的说法。但是许多人认为，这种调整应该在和平时期的战略层面上进行。不管怎样，空军即将面对战争的第一次考验：为了珍珠港，对日本进行一次大胆的报复性空袭的秘密计划正在酝酿之中。被选中指挥这次任务的人是杜立德，他就是被哈里招募去为古根海姆基金会进行第一次纯仪表导航飞行的王牌飞行员。1942 年春，时任中校的杜立德从太平洋的一艘航空母舰上起飞，带领 16 架轰炸机（每架轰炸机上有 5 名机组人员）前往东京上空实施空袭，雨点般的炸弹摧毁了日本的钢铁厂和军事基地。“杜立德突袭”大获成功，鼓舞了美国国内的士气，并证明日本本土也会遭到美军海上部队的打击。这次突袭还导致日本皇家海军加快了对太平洋军事目标的推进，引发了中途岛战役，使日本损失了一半的航空母舰。杜立德回到华盛顿后，他和乔瑟芬立刻被召到了椭圆形办公室。喜气洋洋的罗斯福在哈普·阿诺德和乔治·马歇尔将军（General George Marshall）的陪同下向他表示祝贺。杜立德获得荣誉勋章并被晋升为准将。

哈里向他的前试飞员表示祝贺，不仅是因为这次突袭成功，还因为它给军用航空带来了可信度，就如同林白的巡回表演对商用航空的推动。现在，哈里已经 51 岁了，但是却向他在海军高级军官中的熟人表达了重新入伍的意愿，并为获得一项高等级任务进行游说。于是，哈里重新被任命为海军少校，然后开始接受为期 9 个月的军官培训。在这期间，他学到了很多关于军事管理和指挥的知识，使他足以胜任指挥新泽西州特伦顿附近默瑟机场的海军航空工作站的工作。

默瑟机场是一个占地约 212 公顷的航空基地，是新轰炸机下线后进行最终设备检查和试飞的终端。大部分轰炸机将在太平洋上的航空母舰上执行任务。整个航空基地包括三个兵营、一个食堂、军官宿舍、一个医务室和一个消防站、两个全美国最大的飞机库和三条混凝土跑道。在 1943 年 7 月的开幕式上，海军中将约翰·S. 麦凯恩（John S. McCain，已故美国参议员麦凯恩的父亲）来到默瑟机场，祝哈里和他的军事工作人员一切顺利，并提醒他们：“你们送出去的每一架飞机都会配有飞行员和机组人员，并且会在航空母舰上拥有一席之地。”

哈里在默瑟机场祝贺海军人员获得的新任务，他通过扬声器向他们致辞。“我们是军用飞机供应链的最后一环，”他说，“最后一环的失败可能会夺去美国飞行员及机组人员的生命，或是让我们输掉战斗，甚至是整个战争。”

默瑟机场是海军的最新鱼雷轰炸机“TBM复仇者”巨大赌注项目的一部分。哈里必须迅速掌握“复仇者”机型每一个机械方面的、结构方面的以及工程学方面的应用知识。制造这种轰炸机是为了击沉水面舰艇和潜艇，但是它也可以造成更大的破坏。在“复仇者”方形机身的底部有两扇巨大的炸弹舱门，它可以投掷鱼雷、布设水雷、散布深水炸弹，或者投放约900千克的炸弹。每架飞机都有液压折叠式机翼和3名机组人员：飞行员、投弹手和炮塔机枪手。它的顶棚就像一个圆柱形温室，后面有一个气泡状玻璃罩，供炮塔机枪手使用。机枪手的勃朗宁.50口径机枪面向后方，用于防御敌机追击。玻璃罩中的一块防弹玻璃为机枪手提供了部分保护。

哈里非常熟悉董事会的商业文化，遇到问题需要谈判和妥协。然而，军事指挥体系则要求无条件执行命令。尽管存在这种文化冲突，但是哈里在默瑟机场似乎干得很成功。当上面发出指令要求修改“复仇者”的导航仪器和工程系统时，哈里与附近通用汽车公司“复仇者”生产厂的装配线经理合作解决了这些问题，并修改了测试方法。这正如他在第一次世界大战中所做的那样——为柯蒂斯－莱特飞机发动机正常运转时长做过风险评估，并且对液压机翼在冻住的情况下如何确定并修复故障源进行过分析。“复仇者”机组人员配备了特伦顿当地制造的斯威特利克降落伞，志愿者们会从跳伞塔上跳下去进行降落伞测试。这个想法是阿梅莉亚·埃尔哈特（Amelia Earhart）多年前向降落伞制造商提出的。曾经，年仅20岁的乔治·H. W. 布什（George H. W. Bush）驾驶的“复仇者”飞机就是在默瑟机场进行测试的。在完成一次轰炸任务后，这位未来的美国总统驾驶的“复仇者”被击落，但是他因成功跳伞而获救。多年以后，布什写了一本关于飞行的书，并寄了一本给降落伞公司的创建者理查德·斯威特利克（Richard Switlik），他在书中题写道：“感谢你挽救了我的生命。”

哈里用默瑟机场的地址订阅了他最喜欢的出版物：《纯种马记录》（*Thoroughbred Record*）、《纯种马》（*The Blood-Horse*），此外还有《美联储公报》（*Federal Reserve Bulletin*）。《美联储公报》跟踪了美国在大萧条时期的商业指标，比如百货商店库存、商业贷款利率、债券收益率、黄金走势等。哈里作为基地指挥官的好处之一是有外出的特权，他会开车去大约 90 分钟车程之外的法莱斯庄园看望艾丽西亚。艾丽西亚则会把《新闻日报》刊登的最新头条新闻留给自己的丈夫。戈达德和林白经常有来信需要回复。同时，他自己的纯种赛马马厩也会不断寄来一摞摞费用账单。哈里在默瑟机场的服役持续了近两年。[①] 有一次，在对自己的指挥工作进行述职时，他要求下一次任务被派往太平洋战区，因为在那里他可以看到他的鱼雷轰炸机是如何作战的。

很快，他就以观察员身份登上了美军的护航舰“奈汉塔湾号”。当哈里抵达时，冲绳战役已经激烈地持续了数周。“奈汉塔湾号”和它的航母群位于先岛群岛以南约 604 千米处，日本神风特攻队的飞行员们将先岛群岛作为防守冲绳的基地。神风特攻队很难防御，他们经常从 3 000 多米的高空以 45° 角俯冲下来，以迅雷不及掩耳之势撞上目标。为了阻止这种威胁，“奈汉塔湾号”上的“复仇者”和其他轰炸机被派去摧毁先岛群岛上的神风特攻队机场及其附属设施。

像“奈汉塔湾号”这样的护航舰比全尺寸的航母要小，舰上的船员人数可能是标准规格航空母舰的四分之一。由于飞行甲板很短，所以“复仇者”需要使用弹射器起飞和使用尾钩着陆。偶尔会有一架“复仇者”被日军战机追击损坏后返回，炮塔舱惨遭乱射，连机枪手的尸体都无法辨认。待飞机着陆后，船员会跑到飞机后部，用防水油布盖住死者遗体，然后将其搬走。作为负责过这些“复仇者”

---

① 哈里在默瑟机场和太平洋服役的故事摘自美国国家档案管理局的“美国海军军官记录”（1942—1945）。在战争的最后 8 个月里，哈里指挥下属测试飞机，其中海军作战飞机有 37% 是在默瑟机场进行测试的。在战争期间，默瑟机场试飞了大约 1.5 万架飞机，并在测试飞机所用平均时长最短方面保持第一。1945 年 9 月 25 日，哈里被授予海军嘉奖绶带，并受到海军部长詹姆斯·福里斯特尔（James Forrestal）的表扬：“很明显，在关键时期，为舰队测试新飞机这一环节节省了宝贵的时间，延误交货很可能会妨碍我们赢得战争。”

轰炸机质量检验的人，哈里很清楚他们的防弹玻璃只是一种名义上的保护。

尽管如此，哈里还是表达了他的强烈愿望，希望在未来的任务中担任一次机尾射击员，并说服了一名当值指挥官让他这样做。先岛群岛的所有五个关键机场都已经被轰炸过，按理说再次出击应该是一项低风险任务。然而，就在哈里第一次执行任务的那天，两架神风特攻队飞机成功地撞上了“奈汉塔湾号”所在航母群里附近的姊妹舰，对其造成了严重的损坏。在哈里和他的机组成员们起飞之前，他们会坐在航母上的简报室里，听一位情报官讲解他们的任务。飞行计划、轰炸目标以及返回路线都被画在一块黑板上。这是为了避免返回到错误的航母上，遵循正确的返回路线至关重要，一些飞行员就曾经历过这种尴尬。他们了解了天气情况，并拿到了指定飞机的机尾号。然后，他们前往航母最上面的飞行甲板。哈里爬进“复仇者”狭窄的机尾射击舱，膝盖几乎碰到了胸口。他的左边是机枪，在动力转向的帮助下可以轻松旋转，枪管穿过玻璃圆顶上的一个槽孔伸出去。穿着飞行服，加上重型飞机的金属吸收着六月的酷热阳光，这将是一次炎热的出征。

哈里的“复仇者”以及其他轰炸机组成密集队形飞行，爬升到一个安全的高度，然后向目标地区飞去。一飞到岛屿上空，飞机就以一定角度俯冲轰炸区。当雷达装置或弹药库这些陆基目标进入射程时，哈里就猛烈开火。在多次轰炸中，哈里的机组人员没有发现敌机或防空火力，哈里的飞机安全返回到“奈汉塔湾号”上。他执行了几次这样的任务，并在第一次任务之后收到了一封嘉奖信。正如军用航空事业的支持者所预测的那样，从诺曼底到日本海，美国的空中力量起到了决定性的作用。日本于东京湾签署投降书两年后，美国军方终于批准了军用航空事业的支持者们一直在游说的目标：成立美国空军。

13

重振家族之威

THE
BUSINESS
OF
TOMORROW

在技术上下赌注般地投入巨资是古根海姆家族的特色，哈里将试图通过着眼于石油和硝酸盐的新精炼方法来重振公司。

世界上最著名的私人现代博物馆在孕育中

战争年代，当哈里在默瑟机场工作时，艾丽西亚把法莱斯庄园变成了《新闻日报》的附属办公室。由于缺少撰稿人，她说服朋友为报纸撰写报道。她那些经验不足的员工也会来到法莱斯庄园，享受一生中最好的商务午餐。男人们人手不足，他们大多已经奔赴战场，因此艾丽西亚招募了一大批才华横溢的女性为《新闻日报》工作。《新闻日报》的发行量激增，并没有像艾丽西亚所担心的那样变成一份失败的报纸。这原本是她告诉哈里自己想放弃的工作，因为她认为自己没有相应的天赋，然而在哈里的坚持下，她改变了主意。艾丽西亚全身心地投入这份小报中，亲自去找大牌广告商、分配报道任务、雇用新员工，一切都很顺利。当然了，一切都很顺利的另一个原因是，在《新闻日报》盈利之前，它的大股东哈里向该报投入了约 75 万美元。

当艾丽西亚休息时，她会去拜访住在同一条路上的麦克梅恩和杰克，在那里，有一些客人成了麦克梅恩的情人。杰克在他们的开放式婚姻中则采取了略微不同的做法，当麦克梅恩夏初不在家时，他被允许可以享受所谓的“自由周”，这好像是两人每年一度的约定。

在战争期间，哈里和艾丽西亚的关系出现了一点与杰克和麦克梅恩相似的婚姻中的不稳定性。艾丽西亚一度重新点燃了与年轻时的情人阿德莱·史蒂文森的爱火。他们经常见面，不是在政治活动场合，就是在金斯兰，而且他俩一直互相通信。至于哈里当时是否有过什么拈花惹草的行为，现在不得而知，总之他没有暴露过，不过他好像与默瑟机场的女司机有过一段婚外情，那位女司机似乎是个很棒的舞蹈演员。

哈里很喜欢乔治·阿博特，这位博学而温文尔雅的百老汇导演曾在沙点与麦克梅恩和杰克共度了 15 个夏天。作为《失魂记》(*Damn Yankees*)和《长春树》(*A Tree Grows in Brooklyn*)等剧作的编剧、制片人或导演，阿博特所经手的成功的剧作不胜枚举，有一阵子，百老汇曾同时上演他的 4 部作品。艾丽西亚也喜欢乔治·阿博特，战争期间，阿博特和艾丽西亚经常一起前往金斯兰，那是一个比凯恩霍伊更小、更简朴的度假地。艾丽西亚的主要住所是一幢用柏木建造的单层建筑。在金斯兰，艾丽西亚会戴着宽大的草帽始终保持头部露出水面的姿势游过河，抵达一片沙洲后，就躺在那里舒展开晒太阳，阿博特则会待在屋里写剧本。阿博特和艾丽西亚经常像一对夫妻那样一聊就是几个小时。

对于艾丽西亚而言，《新闻日报》的诞生意味着梦想成真，它消耗了她大部分时间。而哈里的所罗门叔叔也有一个梦想：为自己在过去 20 年里收集的现代艺术藏品建立一座永久性博物馆。当哈里和艾丽西亚去比格瑟维拜访所罗门，或是在特里洛拉别墅与所罗门共进午餐，又或是与所罗门和艾琳在广场酒店的豪华套房喝酒时，这个话题一直都是谈话的焦点。战后哈里就回到了父亲在百老汇 120 号曾使用过的 35 层的办公室，他偶尔会在这里见到所罗门。董事会会议室里，红木桌子周围的座位空空的，迈耶的镀金肖像仍然挂在那里，好像在告诉人们移民到美国所取得的成就（当然要加上一点来自科罗拉多州银矿的运气）。哈里的母亲弗洛伦丝于 1944 年去世，享年 81 岁。在她去世前不久，她和哈里最终决定将亨普斯特德庄园捐赠给航空科学研究所，以建立一个纪念丹尼尔的研究中心。还有一个重大损失是戈达德，他于 1945 年第二次世界大战即将结束时去世，享年 62 岁。哈里回国后制定了一个计划以纪念戈达德的研究工作，同时也是为了保存古根海姆家族长期以来支持其工作的记录。埃丝特·戈达德和爱德华·彭德雷同意在一部多卷巨著中记录戈达德的试验。

所罗门，古根海姆兄弟公司仅存的一位元老，仍然是家族企业的董事长，接近 90 岁的他看上去仍然神采奕奕。有一天，他去百老汇 120 号会见哈里，两人聊了很久。这对叔侄坐下来为家族企业以及所罗门的“非客观绘画博物馆”(Museum of Non-Obejctive Painting，当时它就是叫这个名字）制定未来计划。弗兰克·赖特被选为建筑师，但事情进展缓慢。按照这样的速度，所罗门都不确定自己是否能活着看到博物馆开工，更不用说开幕了。

当时是 20 世纪 40 年代末，父权偏见仍然在家庭继承方面占有主导权。所罗门有三个女儿和几个侄子可供选择。但是在所罗门看来，只有一个侄子能胜任这项工作。**多年来，哈里给所罗门留下了深刻印象：为了丘基的事情在合伙人会议桌上挺身而出；为航空基金不懈努力；对戈达德的研究始终保持信任；为家族荣誉谨言慎行；在赛马和出版领域运筹帷幄尽显吸金本领；在古巴的革命激流中全身而退。**

双方达成了协议：当古根海姆兄弟公司中的最后一位元老所罗门去世时，哈里将与值得信任的家族外人士及家族成员重组家族公司。所罗门允许新成立的公司在自己去世后使用古根海姆这个名字，哈里也将加入博物馆的董事会。所罗门说，这座博物馆将是曼哈顿一座兼具开创性和争议性的建筑作品，要在未来引领一种新的艺术体验。哈里并没有完全理解所罗门的意思，但是他预感到这座博物馆将成为古根海姆家族未来身份的一个决定性特征。哈里可能以为这些责任不会这么快就落到自己的肩上，然而，它们很快就来临了。1949 年秋天，所罗门去世，享年 88 岁。

赛马的黄金时代即将到来

所罗门去世两年后，哈里重组了古根海姆兄弟公司，新董事包括阿尔伯特 · E. 蒂勒（Albert E. Thiele，公司老员工兼肯尼科特铜业公司董事）和阿尔伯特 · C. 范德梅尔（Albert C. Van de Maele，哈里女儿琼的丈夫）。在技术上下赌注般地投入巨资是古根海姆兄弟公司的特色，哈里将试图通过着眼于石油和硝酸盐的新精炼方法来重振公司。他仔细研究了所罗门和博物馆馆长希拉 · 雷贝（Hilla Rebay）之间的大量信件，准备策划推进博物馆建设应采取的最直接的步骤。在此期间，他也继续参与共和党的事务。

德怀特·艾森豪威尔（Dwight Eisenhower）正是哈里所敬仰的那种共和党中间派人士。在1952年的竞选活动中，哈里在《新闻日报》上发文支持艾森豪威尔，从此两人开始通信。哈里是白宫"雄鹿派对"[①]的常客，也经常与艾森豪威尔及国务卿约翰·福斯特·杜勒斯（John Foster Dulles）共进午餐。哈里向艾森豪威尔提出的一个想法是，设立一名拉美特使，以便向该地区约20个国家发出信号，即美国会认真对待它们的集体利益。如果真的设立这一职务，那么哈里可能会被说服接受这份工作。艾森豪威尔喜欢这个主意，但杜勒斯却表示反对，因为他认为美国国务院永远不会同意这样一种权力转移。结果，1953年8月，艾森豪威尔提名哈里担任负责美洲事务的助理国务卿。哈里很是欣喜，但是他拒绝了这一提议。

除了重新振兴古根海姆兄弟公司、经营《新闻日报》的业务以及研究所罗门的博物馆计划外，哈里还将大量时间花在了纯种马的爱好上。他一有机会就会乘飞机或火车去佛罗里达州、南卡罗来纳州或肯塔基州观看他的小马训练。当他的"内布拉斯加城""战犬"和"瓦穆斯"3匹马开始赢钱时，他就在这项爱好上投入了更多的时间。赛马、拍卖和繁育马匹是古根海姆家族的一个传统，从迈耶起就开始赛马了，同时也是家族中许多成员的一项消遣。哈里最初就是在法莱斯养马场的旗帜下参加赛马会的，后来很快就以凯恩霍伊养马场的名义参加比赛，可能是为了避免与他哥哥罗伯特的弗洛伦丝养马场相混淆。在去拍卖会之前，哈里会研究出售的纯种马的血统。他对赛马种马的悠久历史很是着迷。大约在那个时候，英国贵族带着3匹阿拉伯种马从中东回来。他们试图将英国战马的力量与阿拉伯种马的速度融合在一起。从那以后，每一匹纯种马的血统都可以追溯到这3匹马。

哈里专注于纯种马的生意正是在赛马的黄金时代即将到来之际。在大萧条时期和第二次世界大战期间，这项运动的观众人数不断减少。战后，当赛马会首次在电视上播出时，立刻受到公众的追捧。观赛的电视观众人数的增加推动了赛

① 原指新郎婚前的单身汉派对，这里指专门招待男性的派对。——译者注

马场现场观众人数的增长。每周有 70 万美国人前往全国 130 个赛马场观看比赛。到 1952 年，观看赛马的人数比观看棒球比赛的还要多。

哈里逐步拥有了大约十几匹经过训练的赛马和几匹母马。他把这些马匹放置在肯塔基州、佛罗里达州，以及凯恩霍伊养马场和法莱斯庄园的养马场。他与纯种马经纪人芬尼建立了友谊，后者在拍卖会上为哈里购买小马，并且教他如何找到值得繁育的种马。去马厩消磨时光能让哈里精神焕发，他在围场、马具房、训练场和马厩里漫步时，似乎感觉比平日更加轻松自在。

哈里招募了他能找到的最好的驯马师和马夫。他的大多数竞争对手都是经营规模比他大得多的纯种马繁育家族。惠特尼家族、梅隆家族和范德比尔特家族都在各自的马场上出手阔绰。此外还有一辈子痴迷于赛马的人，他们拥有辽阔的牧场，比如罗伯特·克莱伯格（Robert Kleberg）在得克萨斯州的国王养马场。但是这些养马场都无法打破肯塔基州传奇的卡柳梅特养马场的获胜纪录，该养马场属于沃伦·赖特（Warren Wright）（卡柳梅特泡打粉帝国的继承人）。卡柳梅特养马场在 20 世纪 40 年代和 50 年代主宰着赛场，曾凭借一匹叫“例证”的骏马两次获得三连冠，“例证”是一匹枣红色的马，由大师级骑手埃迪·阿尔卡罗（Eddie Arcaro）驾驭。1948 年，“例证”赢得了 20 场比赛中的 19 场，其中有 15 场是连胜。

与卡柳梅特养马场和国王养马场相比，哈里的凯恩霍伊养马场充其量只是一家不被看好的精品店。要想与更大的运营商竞争，哈里就必须打出超常发挥的重拳。怎样才能做到这一点？首先，尽管他对血统很感兴趣，但他显然觉得许多马主人过分依赖血统来预测冠军。哈里会专注于一些其他指标，以识别和培育有前途的马匹。他追踪母马的怀孕率，分析小马驹的大小和重量，以判断它们母亲的生育能力。他痴迷地记录他的马匹的步态，这样就可以及早纠正像“旋转奔驰”（一种交叉步态）这样的动作。哈里坚持让他的马匹始终在干燥的环境中，而不是在泥泞中奔跑，以确保对其发展的评估保持一致。清晨，人们可以看到哈里和他的计时员站在训练跑道上，专注地倾听马匹全速疾驰而过时的呼吸声，分辨马的呼吸声是轻松的还是费力的，这种方法可以衡量马匹的肺部向血液输送氧气的效率。进入马匹腿部的含氧血液越多，马匹的速度就越快，耐力就越强大。

从潜在的赛马培养对象成长为真正的赛马，在这一过程中，有许多因素会超出驯马师或马主人的控制。骑手可能某一天状态不佳，或者说，他们可能根本不是马的最佳搭档；公路运输可能会在比赛前影响小公马或小母马（也有些马不太适应火车运输）；比赛前一天的天气情况也会影响草坪，正如一位驯马师所言，在雨水浸透的赛道上奔跑就像在口香糖中疾驰。这些未知因素使哈里开始质疑传统经验。正如他所说："在纯种马的比赛和繁育中有太多的变量和无法估量的因素，以至于任何马主人、繁育者、驯马师或骑手都可以提出强有力的论据来证明他们想提出的任何观点。"

有一天，哈里来到肯塔基州的训练场，得知一匹在凯恩霍伊驯养的小公马跑出几次特别好的成绩，这让他喜出望外。几个月过去了，哈里请他的驯马师穆迪·霍利与这匹叫"战斗黎明"的骏马合作，着眼于本赛季即将到来的锦标赛。与霍利合作后，"战斗黎明"立刻在比赛中崭露头角。这匹马随后在萨拉托加联合大酒店锦标赛和著名的佛罗里达州海利亚公园锦标赛中也夺取了胜利，这使它有资格参加 1951 年的肯塔基州德比赛马会。报道赛马会的记者们注意到了这一点，但是他们对"战斗黎明"喜欢偏离赛道或者有时会跑到赛道外侧栏杆附近的倾向表示质疑。这匹小马不喜欢夹在其他马匹之间奔跑，而且会在转弯处拼命狂奔。不过它还是赢了。

肯塔基州德比赛马会的一个特别之处在于它对传统的尊重。自 1875 年（只比迈耶在科罗拉多州发迹早了几年）以来，这个比赛每年都在同一时间、同一地点举行。哈里即将带着一匹当时被认为最有希望获胜的马去参加德比赛马会，但是"战斗黎明"还没有骑手。埃迪·阿尔卡罗当时是该行业最好的骑手和自由职业者，哈里或许能请到他。阿尔卡罗曾在肯塔基州德比赛马会上 4 次赢得奖牌，两次获得三连冠。然而他也有着坏男孩的名声，是个酒鬼和好色之徒，而且性格极端，有些好斗。10 年前，在一场充满冲撞的比赛中，阿尔卡罗以全速将自己的对手从马上撞了下去，赛后，他被暂时禁赛。

阿尔卡罗的胡作非为并没有掩盖他的巨大天赋，他炙手可热，在1951年的德比赛马会中，他几乎可以选择骑任何一匹马。哈里反复联系阿尔卡罗，因为他知道一名伟大的骑手可以将马的成绩提高一到两个马身长度。哈里向阿尔卡罗提出了一系列酬金丰厚的报价，但阿尔卡罗始终不置可否。比赛前一周，哈里的游说终于取得了成效。阿尔卡罗同意骑“战斗黎明”参赛。哈里很激动，但他也知道这是一场竞争激烈的比赛，有资格参加当年比赛的马共计20匹。但哈里心里清楚，他有业内最好的骑手和最被大家看好的马匹。

在比赛开始的两分钟，“战斗黎明”很不顺利。哈里用双筒望远镜担忧地看着，只见“战斗黎明”在马群中尽力飞奔，试图缩小差距，但没有成功。它得了第六名，输掉了比赛。这是一个令人痛苦的结果，但是这段经历让哈里明白了关于赛马的另一个事实：**就如同采矿业，即使有优秀的驯马师、最好的马和合适的骑手，没有一点运气助阵也很难获胜。**

粉碎一个不败的冠军传奇

哈里认为这次失利不是一次打击，而是一次机会。他从头开始，雇了一位新的驯马师。他看中了一匹棕色的小公马，这是他在拍卖会上花6 500美元从肯塔基州一位繁育者那里买来的。哈里给这匹马取名为“暗星”[①]。这匹小马驹也是在训练开始时就像子弹一样窜出去，并且始终保持着同样的步伐，从而在一群马中脱颖而出。“暗星”的呼吸非常完美，它不会偏离队伍，它跑的时候就好像其他马都不存在似的。两岁时，这匹马参加过6场比赛，赢了3场，其中包括海利亚公园锦标赛和贝尔蒙特公园锦标赛。次年，3岁的“暗星”在湾流公园赛马场和科尼赛马场取得了更好的成绩，从而获得了这一年的锦标赛资格。

① 哈里大部分的马的名字是由朋友和商业伙伴提议的。“暗星”是地区助理检察官查尔斯·格莱姆斯提议的。哈里在犯罪委员会工作期间，格莱姆斯曾是杜威的重要助手。——作者注

在失利两年后，哈里重返肯塔基州德比赛马会。第二次来到这里，他感觉比上次轻松许多，或许也更为自信了。哈里与他的新驯马师埃迪·海沃德（Eddie Hayward）以及他的24岁新骑手——芝加哥理发师之子亨利·莫雷诺（Henry Moreno）就比赛策略进行了讨论。第一次在德比战中失利的遭遇使哈里成了一名更好的策略研究者。他们有若干种方法，包括领跑（冲到最前面，保持领先）、跟跑（保持速度跟在后面，然后在非重点直道上冲到最前面）和终点冲刺（在非重点直道上保持具有优势的位置，然后在最后的直线跑道上冲刺）。哈里和海沃德制定了一个方案：让骑手驾驭“暗星”刚好达到第三名的位置，然后保持住这个位置，到了最后的直线跑道上再催促小马驹全速冲刺。哈里和海沃德信任他们的骑手。如果时机需要，莫雷诺有权改变策略。

那一年，有大约2 000万美国人收看哥伦比亚广播公司（CBS）播出的德比赛马会，还有10万人去现场观赛。当时，在所有正在收看电视的观众中，有近四分之三的观众调到德比赛马会的频道。骑手埃迪·阿尔卡罗又回来了，这次他骑的是“通信者”。阿尔卡罗刚刚在前一年的德比赛马会上再次获胜，总共有5场德比赛马会的胜利，现在又来参加1953年的比赛了。哈里的骑手和驯马师都没有在德比赛马会上赢过，然而，让哈里担心的并不是阿尔卡罗和“通信者”。更大的威胁来自当年压倒性的夺冠热门、电视时代的第一位赛马明星：阿尔弗雷德·范德比尔特（Alfred Vanderbilt）的“天才舞者”。

“天才舞者”具有一种不可战胜的品质，在大多数比赛中都是以扣人心弦、后来居上的方式赢得胜利的。儿童成立了“天才舞者”粉丝俱乐部，成年人给这匹小马寄去明信片和信件，赛马分析家称“天才舞者”为“神马”和“近10年来或为有史以来最出色的马”。让“天才舞者”显得卓尔不群的还有它的灰色皮毛，这在纯种马中非常罕见，因此它也有着“灰色幽灵”的绰号。在参加1953年的德比赛马会前，“天才舞者”保持着不败的纪录，已经连续赢得了11场比赛。赌马者深知这一点，并没有给予哈里的小马驹任何鼓励：“暗星”获胜的赔率被定为25:1。美联社就这场比赛对50名报社记者进行了民意调查，只有一名记者认为“暗星”会率先冲过终点。

比赛那天的上午很凉爽，到了下午则变得非常炎热，“湛蓝的天空中点缀着像棉花糖一样的云朵”。在丘吉尔·唐斯马场（Churchill Downs）著名的双尖塔下，成千上万名观众穿过旋转栅门，直奔博彩柜台。赛道的另一边是德比马棚，人们蜂拥在“天才舞者”和“通信者”的马厩周围，这两匹马是最被人们看好的。哈里的小马驹无动于衷地看着拜访其他马匹的人流。

德比赛马会不仅仅是一场比赛，还是一个盛大的社交舞台。它吸引了来自商业、政治和娱乐三界的名流。在 1953 年比赛日的前奏阶段，朱蒂·嘉兰（Judy Garland）和鲍勃·霍普（Bob Hope）来到路易斯维尔表演助兴。在离哈里和艾丽西亚的座位不远的诸多包厢里，坐着美国副总统阿尔本·巴克利（Alben Barkley）（1948 年杜鲁门的竞选搭档）、美国联邦调查局局长 J. 埃德加·胡佛（J. Edgar Hoover）、参议员约瑟夫·麦卡锡（Joseph McCarthy）、若干位州长，以及一位新当选的参议员林登·贝恩斯·约翰逊（Lyndon Baines Johnson），当年晚些时候，他成了少数党领袖。绰号为“哈皮”的棒球专员 A. B. 钱德勒（A. B. “Happy” Chandler）也在场，此外还有演员詹姆斯·科伯恩（James Coburn）。科伯恩也是一匹马的主人，此时他戴着单片眼镜正坐在高高的包厢里啜饮着薄荷酒。炫耀财富是传统德比赛马会的一部分，在这方面没有人能比得上一位来自新奥尔良的绰号为“钻石吉姆”的餐馆老板。莫兰正戴着价值 4 万美元的钻石镶框眼镜四处签名，他的卡扣式齿桥是用 9.5 克拉的钻石固定的，翻领上的一枚别针镶着 5.5 克拉的钻石，脖子上挂着一副镀金的双筒望远镜，就连他裤子拉链的两边都各镶着一排钻石。

哈里和艾丽西亚享受着这耀眼的奢华。他们出入优雅的唐斯俱乐部和马特·温观赛厅，和其他高贵的社会名流们交际往来，这家庄园以已故的庄园主丘吉尔·唐斯的名字命名。那一年德比赛马会的女装一如既往地令人叹为观止：装饰着玫瑰花的宽大草帽，色彩鲜艳的连衣裙胸部别着兰花。到处都是朝着各个方向倾斜的帽子，帽子下面的女士一边啜饮着每杯 1.25 美元的淡薄荷酒，一边偷瞄着附近的大人物。

当比赛开始时，一支铜管乐队在内场演奏着美国国歌《星光灿烂的旗帜》。起跑门已就位。围场裁判大声宣布："骑手上场！"随后，一队骑师骑在马上，走向起跑门，乐队则开始演奏《我的肯塔基故乡》(*My Old Kentucky Home*)，这是德比赛马会的一个传统。11 匹马聚集在起跑门里，"暗星"是最后一个到达的。莫雷诺看到其他骑手的头都向前倾斜着，已经准备好了，前面是一条宽阔的泥土跑道，他们的马则喷着响鼻，充满期待地变换着姿势。"暗星"的起跑位置很靠外，它看起来很不耐烦。片刻之后，起跑门打开，只见"暗星"像戈达德的火箭一样轰鸣着冲了出去，在几秒钟内速度就达到了每小时 56 千米。莫雷诺只听到人群震耳欲聋的咆哮声和周围雷鸣般奔腾的马蹄声。他胯下的坐骑动作优美，四肢像活塞一样强劲有力，不停地飞奔着。

不出所料，比赛伊始，"通信者"和"天才舞者"就冲上了第一和第二的位置。但是两匹马都发生了碰撞，"王牌毁灭者"碰到了"通信者"，"货币经纪人"挤到了"天才舞者"。莫雷诺向左瞥了一眼，评估自己所处的位置。"天才舞者"和"通信者"虽然跑在前面，但是速度并没有预想的那么快。"我可以超过它们。"莫雷诺想，于是他临时改变了原来的战术，用鞭子猛抽"暗星"，让它全速前进。"暗星"从靠外侧的位置横向冲到马群的前方，超过了"天才舞者"和"通信者"，占据了内侧的领先位置。莫雷诺已经亮出了底牌，哈里通过他的双筒望远镜看到这一切，立刻意识到他们的原有战术已经被抛弃了，"暗星"能保持领先吗？他深吸一口气，坐直身子紧盯着赛场。其他骑手也曾尝试过用这一招来对付"天才舞者"，但是他们都失败了。

"暗星"在非终点直道上保持着领先位置。"天才舞者"落后了好几个马身的距离。在最后一个转弯处，"通信者"落后了。阿尔卡罗无法让他的马振作起来，"通信者"已经没戏了。但是"天才舞者"却开始逐渐提速。果然来了，这就是"天才舞者"经常玩的花样，莫雷诺想。离终点还有 50 码，他紧紧贴住"暗星"，在风中大喊："加油，宝贝！加油，宝贝！""天才舞者"继续拉近距离，已经跑到了第二名的位置。现在是两匹马的对决。"天才舞者"继续缩小差距，落后"暗星"半个马身，又近了一点，然后是四分之一个马身，然后几乎与"暗星"平行，但是并没有完全平行。终点线出现了！当两匹威力强大的小马驹穿过它时，结果很明显："暗星"领先了一个马头的距离。"天才舞者"奋起直追的速度还是不够快。就在那一瞬间，王者被推下了宝座。"暗星"的成绩是2分02秒，在德比赛马会历史上排名第五，为哈里赢得90 050美元，其中骑手亨利·莫雷诺获得9 080美元，驯马师海沃德获得3 000美元。

现场观众一片唏嘘，电视机前收看比赛直播的观众也感叹不已。"天才舞者"的传奇，一个不败的冠军传奇，终于被粉碎了。"暗星"获胜后不久，记者们撰写一个个出人意料的故事。可以说，"暗星"的获胜是德比赛马会历史上最大的冷门之一。

哈里惊呆了，只是模糊地意识到周围有一大片向他伸出的手和表达祝贺的喧嚣声。赛马迷从较低的看台上抬起头来，向哈里和艾丽西亚的方向欢呼。一个由路易斯维尔警察和赛马场引座员组成的小方阵突然赶到，护送哈里前往赛道参加颁奖仪式。莫雷诺跨坐在"暗星"上，怀里抱着一大束玫瑰花在获胜者的圈子里等待着，"暗星"看上去气定神闲，胸口挂着闻名遐迩的玫瑰花环。哈里走到"暗星"跟前，与莫雷诺喜笑颜开地互相大声道贺，然后紧紧抓住"暗星"的缰绳，让在他们面前排成一道人墙的摄影师拍照。莫雷诺一下马，一位身穿珍珠装的金发女郎就走上前去，那是玛丽莲·梦露，她是当年《花花公子》杂志首期的封面女郎。当闪光灯爆裂时，她在莫雷诺的脸颊上留下了一个胜利之吻。哈里没有受到这样的宠幸，但是在举起德比金杯时，他满脸笑容。然后，古根海姆一行回到丘吉尔·唐斯马场的北翼，和艾丽西亚一起共进私人自助餐，向冠军致敬。阿尔弗雷德·范德比尔特是第一个向哈里表示祝贺的人，他强装微笑，伸出手说："我很高兴赢家是你，哈里。"然后又重复道："我很高兴赢家是你。"

在报道庆祝活动的记者中，有一位是本地报纸《路易斯维尔信使日报》（*Louisville Courier Journal*）的记者。一直很在意家族名声的哈里转向这位撰稿人，平静地说："听着，请不要在你的报道中添加任何涉及隐私的内容。"但艾丽西亚是个喜欢报道隐私的人，所以她很同情这位记者，向他提供了一些公开的引述。

艾丽西亚向这名记者透露，古根海姆家大多数人都不参加赛马会或是进行豪赌，但如果有他们的马在参加比赛，他们就会来看比赛。她说，赛马或多或少是哈里的一种业余爱好。“对他而言，这不是一种职业，而是一种乐趣。”她说。

那天晚上，哈里和艾丽西亚回到了他们的老朋友《路易斯维尔信使新闻报》的编辑马克·埃思里奇（Mark Ethridge）的家。埃思里奇的妻子让人将玫瑰花环挂在前门以欢迎古根海姆夫妇。1953 年德比赛马会后，艾丽西亚邀请约翰·斯坦贝克（John Steinbeck）为《新闻日报》写一篇关于赛马会的文章。这篇文章成为有关德比赛马会的经典之作。“（德比赛马会）是我经历过的最精彩、最激情四射、最令人心满意足的比赛之一。”斯坦贝克写道。

报道中将“暗星”获胜的原因归结为“天才舞者”所受到的碰撞，这让哈里非常恼火。就连“暗星”似乎也对“最好的马没赢”的评论表示不满。一位专栏作家声称就此事亲自“采访”了“暗星”。他在文章中拟写了“暗星”的想法。“暗星”很有信心自己将会赢得比赛，所以它企图在自己身上下赌注。“星期六早上，我想向我的主人古根海姆先生讨几块钱，这样我就可以去买赌我自己会赢的彩票了。我甚至提出周末不吃燕麦，用来换那几块钱。但是‘古唧’（古根海姆先生不喜欢我这么叫他）用‘天才舞者’才有的那种表情看了我一眼，然后充满同情地拍了拍我的屁股。”“暗星”总结道:“我当然知道‘天才舞者’是更好的马。但这仅仅意味着需要一匹比它更更好的马才能让投注者加倍下注。”

令人悲伤的是，“暗星”作为“更更好的马”的辉煌并未持续很久。德比赛马会结束几个星期后，“暗星”在普利克内斯赛马会中撕裂肌腱，结束了自己的职业生涯。但哈里还是靠收取种马费赚了不少钱。“暗星”将会繁衍出许多未来的纯种马，“灰色幽灵”笑到了最后。1954 年，“天才舞者”出现在《时代》杂志的封面，该杂志将范德比尔特的小马评选为“年度赛马”。

14

古根海姆博物馆开馆

THE
BUSINESS
OF
TOMORROW

哈里意识到，自己一生中最幸福的时刻都是来自建设经久不衰、历久弥坚的具有影响力的东西。这让他坚信，传承家族精神的诀窍就是建立经久不衰的机构。

“非客观绘画博物馆”的争议

就在所罗门去世的前一年，希拉·雷贝·冯·埃伦维森（Hilla Rebay von Ehrenwiesen）男爵夫人和一位客人坐在广场酒店所罗门的套房里，从一个银汤盅里舀了豌豆汤。周围的墙壁上装饰着一些旋转几何图形的作品，那些三角形和椭圆形呈现出的珠宝般深浅不一的靛蓝和灰绿色、黄色和土褐色交织在一起。雷贝是所罗门的长期艺术顾问。她的客人则是美联社记者辛西娅·劳里（Cynthia Lowry）。劳里外表古板，稍显凌乱，完全无法与衣着优雅的雷贝匹敌。雷贝喜欢穿定制的短裙套装，她的金发编成了德国王冠一样的发型。他们周围的所有绘画都属于“非客观”艺术的范畴，所罗门大部分个人收藏都是这一类型的画作，它们很快将被安置在一个新的、永久性的博物馆中。人们该如何理解这些作品呢？“这就像试图用文字来解释音乐一样，”雷贝一边说，一边把面包片撒进汤里，“这是宇宙，这是秩序和平衡，这是节奏。”她说话时带着德国口音，面对画作激昂地挥舞着她的汤匙。

雷贝是一名家世并不显赫的德国贵族，在斯特拉斯堡长大，后来成为一名画家和艺术品收藏家，非常热衷于“非客观”艺术作品。瓦西里·康定斯基（Wassily Kandinsky）认为“非客观”艺术即将画面“简化到最基本的元素，对于绘画而言，即颜色、形状和线条”。雷贝非常崇拜康定斯基和他的同行：非客观画家鲁道夫·鲍尔（Rudolf Bauer），她说服所罗门为鲍尔提供经济支持，鲍尔那充满三角形状的画布被比作高等微积分方程。所罗门与鲍尔达成了一项协议，类似于好莱坞电影公司与演员签订的合同。鲍尔（他也是雷贝的情人）将因为创作绘画作品而获得丰厚的报酬，而这些作品日后将成为博物馆的财产。

除了康定斯基和鲍尔等非客观画家之外，雷贝还建议所罗门购买其他现当代艺术家的作品，这些艺术家包括费尔南德·莱热（Fernand Léger）、马克·夏加尔

（Marc Chagall）、罗伯特·德劳内（Robert Delaunay）、阿尔伯特·格列兹（Albert Gleizes）、阿梅代奥·莫迪利亚尼（Amedeo Modigliani）、拉兹洛·莫霍利–纳吉（Laszlo Moholy-Nagy）、保罗·克利（Paul Klee）、乔治斯–皮埃尔·修拉（Georges-Pierre Seurat）以及爱德华·沃兹沃思（Edward Wadsworth）。所罗门的广场酒店套房的墙壁正变得非常拥挤。套房门厅的主色调是淡蓝色的，他的书房墙壁和天花板上用软木镶边，以便为他那些色彩大胆的藏品提供中性背景。所罗门对他的绘画产生了独特的感情。“我不能离开它们太久，”他说，“所以我决定把我的家建成一座博物馆，在那里我和朋友们可以坐下来欣赏这些藏品，想花多少时间就花多少时间。有时你会觉得自己已经理解这些作品了，然后，当你再次看一段时间后，你又会产生一种完全不同的感觉。”

1927 年，所罗门和艾琳通过一位朋友第一次见到了雷贝。所罗门委托雷贝为他画肖像，结果他很满意。雷贝把他们引进了她那庞大的非客观艺术画家、思想家和收藏家群体。她说，这些人都是前卫的游戏规则的改变者，未来的艺术家。在某种程度上，她是对的。当时 66 岁的所罗门比雷贝年长近 30 岁，但是他和艾琳觉得雷贝是与他们志趣相投的伙伴，他们三个人在欧洲各地疯狂购买艺术作品，去工作室拜访画家。

所罗门是在世纪之交开始收集艺术品的，当时他的兄弟们正在忙着赚大钱。那时候，他收藏的有早期绘画大师的作品、荷兰和佛兰德斯的风景画以及法国巴比松画派的作品。当所罗门谈到像康定斯基这样的抽象艺术家时，他的朋友和商业伙伴都会哈哈大笑，称之为“鬼画符”。这反而使得所罗门下决心收集更多的藏品，最终，他的收藏超过了 1 000 件。1937 年，他成立了所罗门·R. 古根海姆基金会（Solomon R. Guggenheim Foundation），该基金会最终将成为其藏品的合法持有者，并将经营一家博物馆来展出它们。两年后，该博物馆在一个临时地点成立，那里位于曼哈顿东 54 街 24 号，曾是一个汽车展厅，雷贝将其命名为“非客观绘画博物馆”。它将成为一座供人膜拜的圣殿：墙壁上挂着厚重的灰色褶皱帷幔，房间中央摆放着长方形褥榻，空气中弥漫着熏香的味道，在开放时段一直不停地播放着巴赫和肖邦的音乐。画作被装在超宽的银色框架内，悬挂得很低，几乎能碰到踢脚板。这样安排可以方便参观者悠闲地坐在褥榻上，在放松状态下体验绘画作品。博物馆的一本小册子是这样建议参观者的："把您的目光放在梦幻般的节奏上，而不要去寻找唯物论的物质谬见。"

几年后，当所罗门和雷贝在寻找建筑师建造永久性博物馆时，所罗门的侄女佩姬·古根海姆在所罗门的博物馆所在地以北3个街区之外的地方开设了自己的画廊。佩姬正在接受亨利·罗贝尔·马塞尔·杜尚（Henri Robert Marcel Duchamp）的建议，因为她收藏的一些现代艺术家的作品和她叔叔的收藏对象产生了交集。佩姬认为雷贝是一个操纵欲很强、冒充内行的骗子，她认为雷贝对非客观艺术的观点言过其实。让她们之间的关系紧张到极点的事件是，佩姬向所罗门叔叔提议购买自己弄到的一幅康定斯基的画作，雷贝却因此指责佩姬用粗俗的商业化行为损害自己家族的声誉。按照这种逻辑，雷贝的欧洲经销商朋友可以从所罗门的钱财中获利，但是所罗门自己的侄女却不行。雷贝的一位前雇员跳槽去为佩姬工作，这便又撕开了另一条裂缝。雷贝聘请画家担任博物馆的保安和保管员，其中就有杰克孙·波洛克（Jackson Pollock），由于基本上被雷贝无视，所以波洛克去了佩姬的现代主义画廊。在那里，波洛克获得了一次个人作品展的机会和一份月度合同。虽然波洛克的作品使他成为超级巨星，但是雷贝从未承认过波洛克是一名真正的艺术家，雷贝称他的作品为"毫无意义的乱涂乱画"。

除了鲍尔和康定斯基之外，雷贝还试图推销另一位画家：希拉·雷贝也就是她自己。她在博物馆组织了一场个人作品展，展出了不少于255幅她自己的水彩画和拼贴画。展品目录传达出雷贝对自己的很多想法："这位伟大艺术家的多才多艺令人震惊"，她的作品好似"天赋爆棚"，她的风格"史无前例"，很可能"永远不会有人能与之匹敌"，因为她不仅是一位"艺术大师"，而且可能还是"最伟大的女画家"，并且毫无疑问是"我们这个时代最重要的艺术界人物"。对一些人而言，这只是可笑的夸张，无害的自我推销。但是所罗门去世后，对雷贝和博物馆的批评开始浮出水面，引起了基金会受托管理人的家族成员的担忧，其中包括所罗门的女婿兼基金会总裁阿瑟·斯图尔特（Arthur Stewart）和基金会主席哈里。斯图尔特是一位英国贵族，与所罗门的女儿埃莉诺结婚，居住在英国西苏塞克斯郡。在由斯图尔特管理的过渡期内，基金会的情况不太乐观，在这种关键时期由家族成员在国外遥控基金会是不靠谱的做法。之后董事会一致决定，由哈里负责应对日益严重的关于雷贝的争议，并指导人们完成所罗门的遗愿。

对雷贝的批评声不仅来自反对她在非营利性博物馆展出这么多她自己的作品的艺术评论家，还来自对雷贝关于博物馆展出画作进行的居高临下、故弄玄虚、含糊其词的评论感到不适的艺术家群体本身。有传闻称，新艺术家的作品正在被“篡改”。有一次，一位年轻的画家出席了一次雷贝主持的博物馆的开幕式，结果震惊地发现自己的一幅作品有部分区域被雷贝的工作人员重新涂抹过。他向博物馆提出投诉，于是博物馆退回了他的作品，但是却采取了“笨拙的搬运方式”，致使这幅画作“被毁”。当这位画家威胁要提起诉讼时，雷贝寄给了他一张450美元的支票。另外，有人对博物馆颁发的奖项表示不满，尤其是艺术奖励金，颁发对象显然是随意选择的，而且偏向雷贝的“自己人”。琼·米罗（Joan Miró）或威廉·德库宁（Willem de Kooning）的作品被认为是“禁忌”，所罗门收藏的其他作品，如巴勃罗·毕加索和夏加尔的早期作品，则在仓库中积灰。“大概它们不能一起拿出来展示，唯恐具象派艺术污染了其他艺术！”《纽约时报》评论道。除了个人偏见之外，一些人还认为雷贝怀有种族仇恨。一家德国艺术杂志采访了雷贝，她在采访中称赞非客观艺术作品是唯一的真正的艺术，并奇怪地提到了第二次世界大战：“真是太遗憾了，炸弹未能猛烈地摧毁旧时代（艺术品），从而让我们现在的时代最终得以实现。”

一些批评殃及基金会本身，基金会因为无视记者关于雷贝胡作非为所发出的质疑以及忽略新博物馆何时开始建设的问题而受到了猛烈批评。《纽约时报》称，基金会总是发布含糊其词的新闻稿。该报提醒读者，作为一个享受联邦和地方税收减免政策的非营利组织，基金会有义务为公众利益服务，并且提供采用专业标准的服务。

哈里看得出这些争议正在对博物馆和古根海姆家族的声誉造成损害。但他发现自己陷入了窘境。所罗门对非客观艺术的喜爱是显而易见的，这是他的收藏重点。必须承认，正是在雷贝引导下，所罗门的收藏习惯得以朝 20 世纪一些最伟大的现代艺术家的方向发展。她还通过展示后起之秀中的女性画家的作品为她们发声。哈里必须想出一个在安抚批评者的同时约束雷贝的方法。雷贝在艺术顾问方面的天赋似乎并没有延伸到管理艺术家或博物馆项目上。但是哈里几乎没有时间去做这件事。1951 年 4 月，《纽约时报》发表了对该博物馆的严厉批评，并提出了一个前所未有的建议："如果基金会愿意将新的赖特建筑物以及古根海姆博物馆的藏品和资金置于当前某个（或两个联合）现代艺术博物馆的管辖之下，或许它就能更好地服务于公众利益了。"

在过去的几十年中，哈里曾多次看到外界对古根海姆家族的猛烈批评，但是被《纽约时报》提出古根海姆家族太无能，无法经营自己的博物馆，这绝对是史无前例的。在百老汇 120 号 35 楼的高处，哈里忙着应答家族成员们打来的电话，他们对这种情况感到震惊，问他打算怎么办。哈里与董事会成员进行了磋商。虽然至少有一位董事仍然很看重雷贝，但大多数董事对这种情况似乎漠不关心。哈里似乎对需要采取什么措施有了明确的想法。首先，博物馆将不再只专注于非客观艺术品，相反，它将采取更广泛的做法，展示现代主义者和当代艺术家的作品。哈里分析认为，当所罗门在战前开始收藏非客观画家的作品时，他们代表着这种艺术的实验性边缘。但是，之后又出现了新的值得收藏和展览的艺术家作品及亚流派作品。其次，由于认识到了上述情况，所以把博物馆的名称由"非客观绘画博物馆"改为"所罗门 · R. 古根海姆博物馆"（现通称为"古根海姆博物馆"）。

哈里安排了与阿瑟 · 斯图尔特和《纽约时报》艺术评论家艾琳 · 洛凯姆（Aline Louchheim）的会面。那篇痛批雷贝的文章就是洛凯姆撰写的。在这次漫长的会晤中，哈里重新听了一遍报道中已经出现过的一连串指控。哈里概述了正在进行中的改进措施，并阐述了博物馆开工延误的原因——这主要是由于结算所罗门遗产的过程复杂而缓慢。所罗门留下 200 万美元用于建造新博物馆，另外还有 600 万美元作为捐赠，但是复杂的税收问题减缓了这些遗产的转移。他们很可能还讨论过这样一个事实，即所罗门本人也推迟了博物馆的动工时间，因为他认为第二次世界大战之后会出现经济衰退，预计建筑成本会更低。然而这种下滑并没有出现。相反，随着成本的上升，拖延反而造成了基金会资金的损失。

与《纽约时报》的会面平息了该报的批评声。连哈里都承认，在雷贝的领导下，博物馆已变得十分“荒谬”。后来，他就博物馆的新方向发表了一篇详细的公开声明。《纽约时报》随后发表了一篇大体上积极的后续报道，称赞哈里改弦更张的决定。“令人耳目一新的是，这篇声明不像之前的许多声明那样含糊其词，它让人们信任董事会的真诚、诚实和善意。”《纽约时报》称，“关于修拉、夏加尔、德劳内、克利的伟大作品……将向公众展示的消息（尽管它们具有‘具象派’特点）令人感到振奋。目前正在采取一些措施，将奖励金的发放从过去那种杂乱无章、以个人偏好为基础的方式，转变为类似于发放西蒙·古根海姆奖学金的客观而值得赞扬的形式，这一点令艺术家们感到备受鼓舞。”

哈里的新做法很简单：坚守家族对赖特设计风格的尊重，但是要扩大博物馆的使命。雷贝强烈反对，但是雷贝的反对在哈里看来无关紧要，因为撇开其他原因不谈，雷贝的行为对古根海姆的家族声誉构成了威胁，而这正是哈里一生中大力维护的，所以，哈里想让她离开。在实施变更方案后，哈里于 1953 年 4 月以健康为由要求雷贝辞职。

博物馆建设期的纷争

事态发展让赖特产生了一些担忧。雷贝于 1943 年第一次与赖特联系，请他设计所罗门的博物馆，尽管赖特曾透露聘请他的想法源于所罗门的妻子艾琳的提议。赖特和雷贝一直密切合作，策划博物馆的建设。虽然他们之间的关系后来变得很紧张，但是仍保持着相互尊重。从他们在纽约第一次见面开始，这位建筑师就被馆长迷住了。他们很快就以名字相称，并且发现了一些共同的古怪兴趣。雷贝“认为人类的很多疾病都源自牙齿不好，认识赖特还不到 6 个星期，她就成功地让赖特先生拔掉牙齿并戴上了假牙”。在与赖特的早期通信中，雷贝对未来博物馆的热情类似于一种宗教追求。“我想要一座精神殿堂，一座丰碑！”她写道，并敦促他迅速行动，“古根海姆先生已经82岁了，我们没有时间可以浪费了”。

第二年夏天，赖特带着他的第一批设计草图前往新罕布什尔州白山的克劳福德山口，所罗门和艾琳正在那里的大克劳福德庄园避暑。赖特把草图交给所罗门，所罗门一言不发地仔细审视着它们。赖特将拟建的建筑物命名为“塔庙”（Ziggurat），因为它的空间特点很像是亚述和巴比伦神庙的倒置版本，其入口类似于坡道。所罗门对这种设计概念感到震惊。这是一种他从未想过可以作为博物馆或用于其他任何目的的建筑。所罗门看着草图泪流满面。“赖特先生，我就知道你能做到，”他说，“就是它了。”

在接下来的几年里，随着博物馆场地外缘的扩大，赖特对设计进行了无数次修改，以降低不断增长的成本。“塔庙”建造在基金会在第五大道购得的一块土地上，随后又在该地块上进行扩建，在东88街和89街之间形成占据了整个街区的建筑，俯瞰中央公园水库。到所罗门去世的那一刻，所有的部分似乎都已就位了。现在，在赖特看来，还有两个令人不安的“未知因素”：一个是被选中接替所罗门的哈里，另一个是被哈里选中接替雷贝的詹姆斯·斯威尼。

在协调与赖特的关系时，哈里的第一项任务是应对一种传闻，即换馆长的举措表明赖特设计的“塔庙”可能根本不会被建造。有人传言要放弃设计，把所罗门的收藏品搬进位于该地块的一栋已有的建筑物中。据信，斯威尼认为赖特的构思是一种拙劣的艺术展示方式。哈里平息了谣传，告诉赖特这些流言蜚语可能源自心怀怨愤的雷贝，并且说，所罗门的遗愿就是赖特的博物馆设计版本能够得到尊重并按计划建成。

赖特和妻子第一次去法莱斯庄园吃晚餐时，赖特就立即与艾丽西亚建立了融洽的关系，而艾丽西亚也成为赖特愿景的热情支持者。后来，艾丽西亚加入了博物馆董事会，赖特给她写信，作为游说哈里的一种手段。他经常用德语称呼哈里：“Lieber Harry！（亲爱的哈里！）”哈里则会用西班牙语称呼赖特：“Querido Francisco！（亲爱的弗兰克！）”哈里和赖特很快就在一系列即将到来的设计和施工问题上成了友好的合作伙伴。当赖特想要坚持自己的想法时，他就会拿哈里亲爱的所罗门叔叔作为挡箭牌，坚称哈里的叔叔会在各种事务上站在他的立场上。

终于，在 1952 年，所罗门的遗产基本安排妥当，基金会去申请等待已久的建筑许可证。回复很快来了：申请被拒绝。因为赖特的非正统设计方案违反了多达 32 条建筑规范，所有问题都必须进行纠正。赖特准备了一份申诉材料，并附上了一封信，写道："尊敬的复审官，请允许我申诉。建筑是想象力和常识的结合，旨在形成对专家、准则和傻瓜的约束。"赖特把草稿给哈里看，哈里建议他去掉"傻瓜"这个词，赖特同意了。

这一申诉似乎进展甚微，因此哈里和赖特结交了一位盟友：时任纽约市规划专员的建筑大师罗伯特·摩西（这是他当时担任的七个职务之一）。摩西不喜欢这座建筑，讨厌现代艺术，也不满意这座未来博物馆的位置，但他与赖特和哈里的关系都很好。摩西和妻子玛丽曾去哈里的凯恩霍伊做过客。几年前，摩西曾与赖特和雷贝一起驱车前往曼哈顿北部布朗克斯区里弗代尔的一座山顶选址。摩西认为山顶的位置很理想（因为他想在这个位置建一座公园）。赖特和雷贝也认为那里是完美的场所，是一座艺术的"圣殿之山"。但是所罗门拒绝了这个想法，坚持说它离曼哈顿太远了。

摩西最终同意了第五大道的选址，而且显然为赖特提供了不少指导，因为赖特获得了多处要求变更项目的批准：改变地板有效载荷，加宽楼梯，增加消防出口，重新设计穹顶，修改管道和通风系统。这一过程进展速度极其缓慢：修正再修正，咨询多个城市部门，在许可证听证会上提交修改后的设计。经历了 4 年的扯皮和"踢皮球"，赖特和哈里建议摩西进行更加直接的干预。据报道，摩西向规划委员会主席发出了"铁腕式的最后通牒"："该死！给弗兰克弄一张许可证！我才不管你要违反多少法律。我要让古根海姆博物馆建成！"摩西雇用了一名特别督察，费用为 3 000 美元。哈里"对此发牢骚，但还是付了钱"。1956 年春，他们拿到了建筑许可证。

那一年，就在赖特刚刚过完 89 岁生日时，第五大道的建筑工地破土动工。这位建筑师没有丝毫放缓的迹象。他认为现在正是重提原来已经和哈里谈过的理念的合适时机，那是对该博物馆的一种新表述：建筑博物馆。这是一个结合“建筑”和“博物馆”两个词的术语。哈里没有被说服。赖特加大了游说力度，哈里受够了，他友好地反驳赖特：“亲爱的弗兰克……请永远不要再提‘建筑博物馆’这个话题了。我们家族不想要它。”哈里预言道：“我毫不怀疑，随着时间的推移，这座博物馆将被称为‘古根海姆’，就像惠特尼博物馆被称为‘惠特尼’，弗里克博物馆被称为‘弗里克’一样。”

开工后，哈里和赖特遇到了另一个小挑战。包括罗伯特·马瑟韦尔（Robert Motherwell）和德库宁在内的大约 20 位艺术家联名写了一封信，反对博物馆的内部设计，抱怨它“不适合”展示艺术，并且批评斜坡的倾斜度。根据他们在纽约报纸上看到的图纸，他们得出结论：“用于绘画和雕塑的曲线斜坡的基本理念显示出对创作时进行充分视觉思考所必需的基本直线参照系的无情漠视。”正如一位艺术家所言：“我们将被迫创作能适应赖特先生的建筑物的绘画作品。”

就一个没有牙齿的人而言，赖特的信件能够代替牙齿咬人。他给持不同意见的人写了一封反驳信：“亲爱的艺术家同行们……在绘画展览中不存在任何‘直线参照系’，除非是怀着对大自然的无情漠视而制定出来的参照系，但这个在你们的艺术中太常见了。”他指责他的“艺术家同行们”对“建筑这门母亲艺术的本质太过无知”。赖特的设计要求采用倾斜的墙壁，这样绘画作品就会稍微向自然光倾斜，这与艺术家在创作中所使用的光线是一致的。这一切都是为了挑战他所说的“画商式矫揉造作”。哈里公开支持赖特，指出该坡度只有 3 度。于是抗议逐渐平息。在这个过程中，赖特认为斯威尼参与了写抗议信。这是因为赖特和斯威尼已经争吵了好几个月，几乎从斯威尼担任新馆长的第一天起就开始了，主要是关于博物馆的内部配色方案以及如何展示绘画作品的问题。这使哈里陷入了作为调停人的尴尬境地。他开始花大量时间当裁判，解决“一个想支配艺术展示的建筑师和一个想插手建筑的馆长之间的争端”。

斯威尼是艺术界一位令人敬畏的人物。他到处作关于当代艺术和欧洲现代主义的讲座。他那洪亮的声音与他高大、秃顶、肌肉发达的威严形象相得益彰。斯威尼在布鲁克林长大，他来自一个古老的爱尔兰家族，毕业于乔治敦大学，10年来一直担任纽约现代艺术博物馆馆长。他居住在东河附近的一间顶层豪华公寓里，在深邃幽暗的房间里展示他收藏的亚历山大·考尔德（Alexander Calder）雕塑、胡安·米罗和毕加索的画作以及时尚的勒·柯布西耶（Le Corbusier）装置，全都由毫无修饰的白色墙壁来衬托。他是一个对艺术品展示持狂热个人观点的人。正如曾经到访过这个房间的佩姬·古根海姆所说："他的房子内部就像蒙德里安的一幅画。"

斯威尼接替雷贝的职位之初，便对仍在临时场所的博物馆进行了策展改造。他取下厚重的帷幔，熄灭熏香，关掉巴赫的音乐，并将画作从超宽的木质框架中取下，赖特也谴责这就像"一座丑陋的伐木场"。斯威尼将所罗门的藏画重新挂在乳白色的墙上，没有画框，打上强光。在老馆里这么做没问题，可是当斯威尼试图说服哈里和受托管理人们在新馆中采用这种展示形式时，赖特的反应就好像他的"塔庙"本身遭到了攻击一样。策展人和建筑师主要是以给哈里写信的方式互相争斗，猛烈抨击对方。

在整个1958年，斯威尼对赖特所设计的古根海姆博物馆斜墙、室内的米白色调以及对自然光的依赖这三个基本要素提出了反对意见。赖特在位于广场酒店的指挥部进行了还击。他在5月7日的一封信中写道："哈里——亲爱的！你觉得古根海姆博物馆的墙壁为什么会轻微向外倾斜？它们之所以要向外轻微倾斜，是因为捐赠者和建筑师认为，画作靠着墙稍微向后倾斜能比直挺挺地竖在那里提供更好的视角、享受更好的光线。这是我们这座建筑物的一个主要特征，而我们这座博物馆所采用的风格也正是建立在这一条件基础上的。"

在另一封信中，赖特谴责斯威尼想使用明亮的白色（与他的公寓相同的色调），并将这种白色比作"网球俱乐部的厕所色"。赖特这样说有些欠考虑，因为哈里有很多朋友都是网球俱乐部的成员。哈里写信给赖特说："白色似乎会让你产生一种不快的联想。为什么要去想象网球俱乐部的厕所？为什么没有想象为乞力马扎罗山上的雪或是黑嘴天鹅的胸脯？好了，亲爱的弗兰克，好好配合我吧，就像我一直配合你那样，为一个富有活力、不断发展的艺术基金会建造出最美丽、最具功能性的博物馆。”

然而哈里不会有这样的运气。在5月10日的一封信中，赖特谴责斯威尼在创造力方面总是拖后腿，是正统旧观念的圣骑士：“没错，新的现实把他击倒了。但如果他是个真正的男人，他就应该去思考一个有机理念，即什么是更自由的绘画及其未来的表现形式。但是吉姆[①]，不管他的实际年龄是多大，他都不具有青春活力。我现在知道，就古根海姆博物馆这个新生命而言，他是个沉重的负担。”

1958年夏天，因赖特的侮辱和拒不让步，斯威尼威胁要辞职。哈里劝说他留任，并向他保证其在博物馆的工作得到了董事会的全力支持。哈里提醒赖特，所罗门本人曾坚持说：“这些画作决不能屈从于建筑物。”哈里用夸张、诙谐的语言驳斥了赖特对斯威尼的挖苦，命令赖特“停止你的恶魔花招，因为你的建筑是为天使而建的。停止给每个人包括你自己，带来不必要的愤怒和劳累。让我们完成这项工作吧，如果你不肯配合，那么你的乖戾会让这个建筑项目流产。让我们同舟共济，将你美丽精妙的作品献给这个翘首以盼的世界吧。”

然而赖特不为所动，他又写了两封呼吁信。他在11月28日的信中写道：“亲爱的哈里，我非常清楚，如果没有你，这座博物馆永远不会建成。但也正因为如此，我现在恳求你不要让我失望，一定要按照最初的设想完成这项工作……我深切地希望你在完美表达这座博物馆的最关键时刻站在我身边，以尽可能完美的方式展示画作。”然后，在12月27日的信中他写道：“亲爱的哈里……你现在是古根海姆家族中那个决定古根海姆遗赠作品的命运的人……让博物馆保持设计原貌之所以如此重要，是因为按照设计和最初获批的要求完成的作品可能意味着一种新型博物馆的诞生，一种更广泛、更令人愉悦的博物馆。”

哈里竭力让赖特相信“塔庙”不会有事。“你这件作品的建筑完整性将得到保护，”但是他又写道，“展示博物馆艺术品的工作属于馆长的职能。”在另一封

① 是詹姆斯·斯威尼的昵称。——编者注

回信中，哈里采取了更为尖锐的态度（不再称“你的作品”，而是“我们的博物馆”）：“如果这是一个建筑学问题，那么我们会向你的才能俯首称臣。然而我们无法承认你在举办高级艺术展并管理我们的博物馆方面是一个无所不晓的天才。”

随着混凝土建筑螺旋上升，哈里构思了一项全球创新性艺术家有奖竞赛，将纽约艺术界与国外艺术家联系起来，并称之为“古根海姆国际艺术节奖”（Guggenheim International）。该奖项的设置类似于30年前哈里举办的安全飞机竞赛：为来自不同国家的艺术家的“卓越作品”颁发金额为10 000美元的大奖及一系列二等奖。这是当时艺术界奖金最高的奖项，哈里希望由一位名满全球的人物来颁发。他在白宫找到艾森豪威尔，艾森豪威尔常在白宫楼梯下面的一个小画室里画新英格兰风景画，用来自我放松。哈里是艾森豪威尔举办的“雄鹿晚宴”的常客，他说服总统在1956年为首届艺术节颁奖，获奖者是英国抽象派画家本·尼科尔森（Ben Nicholson）。两年后，第二届的大奖颁发给了西班牙画家米罗。哈里陪同米罗和他的妻子皮拉尔·容科萨（Pilar Juncosa）前往白宫参加颁奖典礼。容科萨当时戴着一条由丈夫绘制的围巾，她把围巾摘下来作为礼物送给第一夫人玛米·艾森豪威尔（Mamie Eisenhower）。艾森豪威尔向米罗和哈里展示了自己创作的一组油画，这位西班牙人郑重地表示：“有一种非常独特的感觉。”

“美国最美丽的建筑物”建成

从古根海姆博物馆的第一批设计草图呈献给所罗门到博物馆开馆，已经过去了将近16年时间。所罗门最初的预算是25万美元用于购买土地，75万美元用于建造博物馆。最终购买土地花费近48万美元，建造博物馆花费370万美元。赖特活了足够久，于1959年1月看到博物馆外部的脚手架被拆除，他的作品终于获得了生命力。但是不久之后他就去世了，这时距离博物馆彻底竣工还有6个月。

那年秋天，在招待媒体、艺术家和建筑师的开幕式前的晚宴上，哈里解答了一些挥之不去的问题，即博物馆在多大程度上忠实于建筑师的愿景。“我认为赖特先生是一个伟人，一个伟大的天才，”哈里说，“我尽了最大努力保持他的建筑作品的完整性。”然后，他把手放在胸前，继续说：“我发自内心地说……我问心无愧地认为我做到了。这座建筑完全符合赖特先生的创造意图。我为之努力工作，也为它努力奋斗。”这是巧妙的措辞。博物馆，也就是建筑物本身，确实符合赖特的设想。然而，斯威尼也确实得到了他想要的东西：墙壁采用了乳白色；绘画作品的底座使其能够自由调整，而非倾斜放置；荧光灯作为自然光的补充，均匀地照亮了每一幅作品。

这座建筑的设计在博物馆开馆之前已经被公开讨论了好些年，现在人们可以从三维角度看它了，对它的评论确实众说纷纭。在纽约，每个人都有自己的观点，而且通常都是不一样的，就连该市的两家主要报纸也无法达成一致。《纽约时报》的约翰·卡纳迪（John Canaday）说，这座博物馆是“一场建筑与绘画之间的战争，结果两败俱伤”。《纽约先驱论坛报》的埃米莉·格瑙尔（Emily Genauer）则写道，它“被证明是美国最美丽的建筑物”。

开馆当天，有大约 10 000 人沿第五大道排起了队，只有 6 039 人可以进入，每人需付 50 美分入场费。对博物馆的视觉解释可谓永无止境，它被描述为一个蜂巢、一个孩子的陀螺、一个隔成很多房间的鹦鹉螺、一碗倒置的燕麦粥、一艘火星太空船、一个雪橇场、一个巨大的果冻模具、一台失控的洗衣机。建筑师菲利普·约翰逊（Philip Johnson）认为这些比喻纯属无稽之谈，他将博物馆高耸的中庭描述为“20 世纪最伟大的空间之一”。

斯威尼为开幕式挑选了 134 件作品，开幕展是一场令人印象深刻的现代艺术盛会，有保罗·塞尚、康定斯基、乔治·布拉克（Georges Braque），还有克利、夏加尔、莱热、德库宁和波洛克的作品。鲁道夫·鲍尔的作品一件也没有出现。这一点没有逃过雷贝的眼睛，她拒绝出席开幕式，之后，她给斯威尼发了一封西联电报，称开幕式展出的是一堆“创伤性垃圾”，它们“侮辱了所罗门·R. 古根海姆的名字，因为他本人的藏品被雪藏了”。

开馆不久后，哈里想更多地了解他的顾客及他们对古根海姆博物馆的看法。

他委托盖洛普组织采访了大约 700 名顾客，发现有 38% 的人来博物馆是为了参观这座建筑物本身。最常见的访客是受过大学教育的年轻女性。许多人表示更喜欢在晚上参观，所以哈里决定，每周都有一天的营业时间会延长到晚上 9 点。

对顾客进行民意测验在斯威尼看来是一种可憎的想法。他认为，博物馆应该通过展示艺术来引导公众的情感，而不是投其所好。民意调查反映出哈里正在为古根海姆博物馆培养一种新的可感受性，这种可感受性将衡量公众的品味，并强调艺术教育功能。**哈里还寻求建立起更专业的员工架构，将博物馆的艺术和商业职能分开。**斯威尼和哈里在这些新方向上发生了激烈的冲突，很快彼此之间就不再交谈。最终，哈里得出结论，斯威尼已不再适合这份工作，并且告知了斯威尼。

斯威尼于 1960 年 7 月辞职，但至少他未在公开场合表示过任何不满。哈里称赞斯威尼为古根海姆博物馆服务了 8 年，引进了俄罗斯前卫艺术家的作品、考尔德的动态雕塑（斯威尼自 20 世纪 30 年代起就认识考尔德）以及阿尔伯特·贾科梅蒂（Alberto Giacometti）和康斯坦丁·布朗库西（Constantin Brâncuşi）的雕塑作品。同样，斯威尼也要感谢在赖特企图兼任馆长时哈里对自己的支持。

古根海姆博物馆开馆后，哈里认为自己对现代艺术仍然了解甚少。但有一件事情他确实体会到了，那就是他从指导博物馆的建设中获得了巨大的满足感。他告诉一位家族成员说，不管是作为航空时代的奠基企业家还是作为新博物馆的基金会主席，**他意识到，自己一生中最幸福的时刻都是来自建设经久不衰、历久弥坚的具有影响力的东西。这让他坚信，传承家族精神的诀窍就是建立经久不衰的机构。**

以新的方式重铸婚姻

艾丽西亚也在建设一样具有影响力的东西。她每天早上 8 点左右在法莱斯庄园醒来，在床上边吃早餐边读纽约的报纸，通常还会接听一个秘书多特·霍尔兹沃思（Dot Holdsworth）打来的关于当天日程安排的电话。然后，她会开着奥斯莫比双门轿车前往《新闻日报》办公室，路上大约要花 20 分钟时间。直到 1954 年，在过去 20 年间创办的美国日报中，《新闻日报》是最赚钱的一份报纸。战后的经济繁荣使纽约人来到长岛，在自己的城镇生活和工作，这使《新闻日报》拥有了本地读者群。“我们是一家大都市报纸，只是碰巧在郊区出版而已。”艾丽西亚说。《新闻日报》的核心特征是一种小报的敏锐性，一种对新闻的夸张和自以为是。艾丽西亚花了很长一段时间才定下这种基调。在早期，关于这份报纸导向的争论沸沸扬扬。一位编辑问艾丽西亚，她到底希望《新闻日报》是什么样的。她半开玩笑地大喊：“阿狗！阿猫！谋杀案！”战后，该报的调查性新闻报道提高了它的声誉，《新闻日报》对新闻人才产生了吸引力。它吸引了像罗伯特·卡罗（Robert Caro）这样的年轻记者，卡罗可能是美国当时最伟大的传记作家，他的里程碑式作品《权力之路》（*The Power Broker*）最初就是在《新闻日报》上以文章连载形式发表的。

哈里为《新闻日报》填补了几十万美元的损失，直到该报在第七年达到收支平衡。战后，哈里要负责管理古根海姆兄弟公司、博物馆、凯恩霍伊和肯塔基州的马匹，还要给若干航空研究中心提供更多援助，忙得不可开交，但是他每周都会找时间去《新闻日报》办公室，管理该报的经营活动，并与工会谈判。哈里和艾丽西亚之间的紧张关系很大程度上源于他们对预算和开支的激烈讨论。艾丽西亚会“为了获得一篇好报道而花掉最后一分钱”，但哈里却是个成本削减者和预算鹰派。哈里的财务管理方式似乎导致了该报在 4 位总经理之间轮番折腾。有人说：“这就像被一群鸭子啄死一样。”

另一个更严重的争吵焦点是，艾丽西亚很少承认哈里在资助和共同管理他们这家合资报社方面所做的贡献，这一点让哈里感到非常不满。在采访中，她对丈夫的贡献只表示了微弱的认可。当有新认识的人提及《新闻日报》时，他们往往认为《新闻日报》是艾丽西亚的报纸，哈里与之几乎没有任何关系。哈里对于这种缺乏掌声的待遇感到愤慨，并经常为此向艾丽西亚抱怨。考虑到哈里还参与诸多其他生意，他居然对这个问题如此在意未免让人感到惊讶，然而事实确实如此。

1954 年，《新闻日报》的发行量达到 21 万份，获得了第一个普利策奖，艾丽西亚也因此登上了《时代周刊》的封面。然而这一成就对他们的婚姻并没有起到什么弥合作用，就连《时代周刊》也记载了哈里和艾丽西亚之间充满纷争的关系。在一次争吵中，"艾丽西亚怒视着丈夫，挑战地说：'你有 51% 的股份。你随时可以解雇我。'"随着他们的婚姻走向破裂，艾丽西亚待在法莱斯庄园的时间越来越少，一度搬到密友那里住了几周。她的密友是菲莉丝·瑟夫（Phyllis Cerf），其丈夫为兰登书屋联合创始人贝内特·瑟夫（Bennett Cerf）。哈里和艾丽西亚起初主要通过律师进行沟通，在博物馆开馆前后，他们以自己的方式和解了。或许这是一项协议，依照他们的朋友麦克梅恩和杰克的思路：以新的方式重铸了他们的婚姻。艾丽西亚现在几乎完全不隐瞒她与阿德莱·史蒂文森的婚外情了。

15

成为新闻业巨头

THE BUSINESS OF TOMORROW

哈里经常觉得记者是不诚实、不值得信任的。然而，这些人现在都是他的记者了，他们的工作推动了发行量，吸引来热情的广告商将大把的金钱投进了哈里的口袋。

古根海姆博物馆让全世界着迷

1960年，印度总理尼赫鲁访问联合国，但他真正想看的是新建成的古根海姆博物馆。哈里安排尼赫鲁在一个星期六下午过来参观。他们一边走下环形坡道，一边讨论艺术和建筑。尼赫鲁在现代主义作品间徘徊，他觉得这座博物馆"非常迷人"。不久，博物馆又迎来了另一位世界领导人：伊朗王后法拉赫·巴列维（Farah Pahlavi），她当时才24岁。哈里和艾丽西亚率领一支30人的队伍陪同王后走下了坡道。王后曾经是一名建筑专业的学生，古根海姆博物馆是她参观过的第一座赖特的建筑。"我喜欢它，"她说，并称其弯曲的画廊是"一个绝妙的构思"。王后太喜欢这种构思了，于是后来利用伊朗惊人的石油财富在德黑兰建造了她自己的地下版古根海姆博物馆。它那弯曲的人行通道盘旋在地下深处，连接着大约收藏有200件杰作的画廊，这些画作如今总价值30亿美元。

古根海姆博物馆让全世界着迷，它象征着一种通往当代艺术的全新感受。几乎在一夜之间，它的地位就已经与在纽约的竞争对手——纽约现代艺术博物馆和惠特尼博物馆不相上下了。哈里作为博物馆最高负责人，以不太令人信服的形象大使的身份主持着这个现代主义新世界。他非常了解法莱斯庄园里的艺术、中世纪挂毯以及欧洲大陆的古代文物，但他对波洛克、康定斯基或蒙德里安究竟了解多少？哈里毫不避讳地宣称自己对此很不了解。事实上，他期待着从接替斯威尼的馆长那里学到很多东西。尽管哈里进行了组织结构改革，但是他并没有一个负责寻找新馆长的委员会，只是咨询了他最信任的董事会成员——芝加哥艺术学院前院长丹尼尔·卡顿·里奇（Daniel Catton Rich）。里奇只推荐了一个人选：托马斯·梅瑟，哈佛毕业生，波士顿当代艺术博物馆馆长。

尽管他们的年龄相差31岁（梅瑟当时41岁），但是哈里还是立刻和他的新馆长建立了融洽的关系。梅瑟出生于布拉格，说话时带着浓重的捷克口音，颇具欧洲贵族气派，是一位学识渊博、举止态度无可挑剔的绅士。每隔几星期，哈里就会邀请梅瑟到74街的联排别墅共进午餐，讨论人事和预算问题。在星期六，梅瑟会带哈里去参加各种画廊开幕式，向他介绍美国超现实主义流派、德国表现主义流派和意大利未来主义流派的作品。比如说，在欣赏约瑟夫·康奈尔（Joseph Cornell）创作的一个三维盒子时，梅瑟可以在瞬间解读此类作品，从一堆看似杂乱无章、随手捡来的物品中揭示出其所代表的一位文艺复兴时期的公主的神话般的历史。梅瑟了解这些艺术家的生平遭际：康奈尔最初制作盒子是为了哄他患有脑瘫的弟弟，而且，尽管康奈尔的作品经常涉及欧洲的高雅文化，但他其实从未离开过美国。康奈尔是在他母亲位于皇后区的家中地下室里创造出这个神秘盒子的。

在梅瑟的周末辅导课上，哈里经常提醒他的新馆长，在博物馆的收购成本背后必须有巨额资金支持。哈里想弄明白自己正在购买什么。他让梅瑟解释每一件作品，他开玩笑说："记得请不要含糊其词。"梅瑟也从这些参观中获益匪浅，这是一种机会，可以让那些被他发现并想收购的艺术作品尽早获批，因为他在去找收购委员会之前需要先得到哈里的批准。梅瑟在一次采访中回忆道："我知道，只要哈里点了头，就没有人会反对。"梅瑟扩充了员工队伍，并在哈里的许可下招募了英国艺术评论家劳伦斯·阿洛韦（Lawrence Alloway），后者被认为是"波普艺术"这一术语的发明者。阿洛韦的新工作包括策划哈里两年一度的国际竞赛，这是在斯威尼任期内开始举办的。

不失时机地利用公众的关注

艾丽西亚继续在博物馆董事会任职，但她却花了更多的时间去推进情人阿德莱·史蒂文森的政治生涯。在1960年的总统竞选中，史蒂文森是民主党提名中的一匹黑马。即使在两次被艾森豪威尔击败后，史蒂文森仍然考虑第三次作为民主党候选人参选，与艾森豪威尔的副总统、共和党的候选人尼克松一较高下。《新闻日报》的读者大多是共和党人。如果约翰·F. 肯尼迪能获得该报的支持，他就能扭转乾坤。因此，那年春天，年轻的肯尼迪来到《新闻日报》办公室拜访艾丽西亚。他和艾丽西亚在竞选工作人员和《新闻日报》编辑的陪同下漫步到附近尼诺餐厅的一个私人包间里，在那里他们一同度过了一个下午。肯尼迪知道艾丽西亚和史蒂文森关系的亲密程度，她是否可以向史蒂文森建议，放弃第三次参选这一不切实际的幻想，转而支持最有希望获胜的候选人肯尼迪呢？“还不可以”，艾丽西亚说。但她向肯尼迪保证，如果史蒂文森没有在民主党大会上获得提名，那么她肯定会支持肯尼迪。“如果发生什么意外，你是我的第二选择。”她咧嘴笑道。

在那年夏天的民主党大会上，推动史蒂文森参选的努力没有取得成功，然而他拒绝公开支持肯尼迪。一个看似不可能但却有希望成功的方案是史蒂文森让伊利诺伊州的代表们倒戈支持他，从而引发一场斡旋大会。艾丽西亚认为这个想法不切实际。同时，她试图代表史蒂文森达成协议，即如果肯尼迪当选的话，新的民主党政府将任命史蒂文森为国务卿，以换取他在民主党大会上的支持。艾丽西亚通过一位密使给罗伯特・肯尼迪送去一封信，后者的回复充满了鼓励，但没有做出任何承诺。艾丽西亚将回复转交给史蒂文森，但是史蒂文森仍然不为所动，也没有做出承诺。

杰克・F. 肯尼迪获得提名后，艾丽西亚在《新闻日报》的社论版上支持他。哈里自然是写了一篇观点相反的、支持尼克松的文章。肯尼迪感谢艾丽西亚的支持。1960 年末的一项民意调查显示，美国有 694 家日报支持尼克松，但只有 194 家支持肯尼迪。大选结束后，艾丽西亚向肯尼迪发表了一封公开信，要求他详细说明美国人究竟应该做些什么，以回应他在就职演说中提出的忠告：“不要问你的国家能为你做些什么……”肯尼迪给艾丽西亚回信，阐述了他的想法，《新闻日报》则以整版的篇幅发表了他的想法。而《时代》周刊的一篇报道称总统为“艾丽西亚的笔友”。

艾丽西亚不失时机地利用了公众的关注。她问白宫是否可能接受一次采访，以讨论一系列问题，其中一些问题是针对长岛的。5 年来，她一直主张关闭附近的米切尔机场空军基地，因为那里发生了一系列飞机事故，其中一次是马丁 B-26

轰炸机在《新闻日报》一位工作人员家附近坠毁。艾丽西亚认为这块土地应该用来扩建附近的两所大学。哈里反对这一想法，他支持一个希望将该基地改建为民用机场的商业集团。

令艾丽西亚感到非常满意的是，她立刻收到了肯尼迪的午餐邀请。几天后，她便和总统一起坐在了总统的官邸。午餐从一杯“血腥玛丽”鸡尾酒开始，以冰激凌蛋糕结束。他们讨论了杰奎琳·肯尼迪即将开启的印度之行以及总统的弟弟爱德华·肯尼迪的政治前途。然后艾丽西亚提出了关闭米切尔机场的理由，以及禁止任何将其改建为商业机场的计划。肯尼迪推开桌子，拿起电话说：“给我呼叫吉布·哈拉比（Jeeb Halaby）。”片刻之后，他的联邦航空局局长哈拉比出现在电话另一端。“吉布，我们不需要米切尔机场，对吗？那就把这该死的玩意儿关了。”总统说。然后他放下电话。“它被关闭了。”他就事论事地说。

艾丽西亚欣喜若狂。哈里当然不高兴。这位“飞行教父”被他的妻子用他自己的报纸“包抄”了，而且是在前试飞员吉布·哈拉比的帮助下。哈拉比曾在丹尼尔和弗洛伦丝的古根海姆基金会咨询委员会任职。除此之外，米切尔机场是杜立德使用古根海姆基金进行美国历史上第一次盲飞的地方。似乎总是让哈里和艾丽西亚争论不休的《新闻日报》再次在两人之间制造了一场磨擦。

当然，考虑到哈里当时获得的其他成功和认可，这只不过是一场小磕碰。1959年戈达德被追授国会金质奖章，他的研究工作由哈里资助了10年。[①]那一年，

① 随着戈达德的离世，像该基金在20世纪20年代支持航空研究一样，哈里在20世纪五六十年代继续推动火箭和推进器的研究。1953年，丹尼尔和弗洛伦丝·古根海姆基金会在哥伦比亚大学建立了古根海姆航空飞行结构研究所，为航空飞行器设计的研究生培训和结构研究中心提供总额为52.9万美元的资助。1955年，位于帕萨迪纳的加州理工学院的喷气推进实验室（JPL）从该基金会获得了两笔资助中的第二笔，总额为45.4万美元。1957年初，该基金会为创建哈佛·古根海姆航空健康和安全中心支出了25万美元。该中心研究了飞行人员的医疗问题，包括从慢性压力到机舱的紧急减压。1961年7月，基金会资助了普林斯顿大学的古根海姆航空航天推进科学实验室，这是三笔资助中的第三笔，总额为66.9万美元。1958年初，美国的第一颗卫星由美国陆军和JPL的一个团队联合发射。这颗卫星使人们发现了围绕地球的辐射带：范艾伦辐射带，为第一次登月提供了宝贵的数据。——作者注

美国国家航空航天局将其马里兰中心（Maryland Center）更名为戈达德航天中心（Goddard Space Flight Center），该中心是“水星计划”的大本营。“水星计划”是美国第一个载人航天计划。与此同时，哈里及其父亲丹尼尔对航空业的影响正日益彰显，那个时候，美国大多数高级航空航天工程师都是从古根海姆航空学校毕业的。哈里的赛马也继续给他带来好消息，1959 年，也就是古根海姆博物馆开馆那年，凯恩霍伊养马场成为美国收入最高的纯种马场。1963 年，它又推出了一匹明星小公马，于是哈里第四次出现在肯塔基州的德比赛马会上。此外，《新闻日报》连续 10 多年盈利，发行量达到 35 万份，是全美国最成功的郊区日报。

1963 年夏天，哈里确实有很多值得庆祝的事情。

被汹涌的悲伤和自责淹没

即使在 50 多岁的时候，艾丽西亚也依然保持着苗条的身材，拥有十几岁少女般的活力。1963 年 5 月，她告诉哈里，她要去加州参加阿德莱·史蒂文森一个新出生的孙子的洗礼，并且当小孩的教母。史蒂文森和艾丽西亚在旧金山诺布山顶上的费尔蒙酒店租了一间套房，然后一同沿着景色壮丽的 1 号公路前往洗礼地点大瑟尔。

接下来的一个月，艾丽西亚回到金斯兰小住，她感觉整个人都不太舒服。酗酒、吸烟，以及与哈里持续的争吵和高压的生活方式，都对她的身体造成了伤害。她的医生建议她少吸烟少喝酒，这样才可以延长寿命。但是她反问道，如果没有这样的日常恶习，那会是怎样的人生呢？艾丽西亚没有理会这些劝告。乔治·阿博特也对她的健康感到担忧。他说，艾丽西亚身体不适，她“没有好好照顾自己”。艾丽西亚的员工也注意到她的变化。在金斯兰，她有好几天无精打采，一度头晕目眩。当她回到法莱斯庄园时，情况并没有好转。艾丽西亚多次给《新闻日报》办公室打电话，说她不想去上班。那个月晚些时候，她的症状变得更加明显：她开始不断地头晕和恶心。某天，艾丽西亚的秘书多特·霍尔兹沃思打电话请医生过来，医生赶到后看到艾丽西亚在浴室里吐了大量鲜血，建议她立即去医院。霍尔兹沃思打电话给艾丽西亚的司机诺埃尔·迪安（Noel Dean），他们开车一同前往曼哈顿的达可塔斯医院。艾丽西亚在抵达时已经休克，失血约三分之一。

艾丽西亚的医生诊断她患上了严重的胃溃疡。要想避免动手术，她就需要彻底改变生活方式，这当然需要她大幅减少烟酒摄入量。医生给了艾丽西亚两个选择："她可以改变自己的生活方式，也可以做手术。"她选择了做胃切除手术。哈里显然并不反对她的决定，他去医院探视时会监督治疗，当他回到自己的联排别墅时，则会让医生们通过电话向他报告病情。阿德莱·史蒂文森去医院看望过艾丽西亚，当时哈里正在那里，哈里禁止他探视。艾丽西亚的手术进行得很顺利，至少她的外科医生是这么想的。但事实上，手术未能止住她的内出血。医生组织会诊，试图通过给艾丽西亚洗胃来减少她的失血量，但没有取得任何效果。他们进行了第二次手术，试图通过改变一条神经通路来阻止血液流动，但这也失败了。于是他们进行了最后一次手术，这是 24 小时内的第三次手术。医生们怀疑脾脏可能是导致艾丽西亚出血的原因之一，所以将其切除，然而还是不成功。几个小时后，在 7 月 2 日，艾丽西亚去世，享年 56 岁。医生们根据后来的一次检查推测，她的出血原因是她的胃壁几乎消失，这种症状与酗酒有关。

医生先给哈里打电话，告诉他这个可怕的消息，哈里又打电话通知多特·霍尔兹沃思。艾丽西亚去世当晚前来与哈里一同守夜的有霍尔兹沃思、约瑟芬·帕特森（Josephine Patterson，艾丽西亚的妹妹）和哈里的外孙达纳·德雷珀（Dana Draper，南希的儿子）。他们形容哈里"极为惊愕难过"，看上去面如死灰。尽管哈里和艾丽西亚之间积怨很深，为了《新闻日报》的管理问题一直争吵不休，但是哈里现在被汹涌的悲伤和自责淹没。他在脑海中反复回忆他们之间的最后几次谈话。就在几周前，他刚刚修改了遗嘱，规定在自己去世后，给予艾丽西亚她这么多年来一直孜孜以求的《新闻日报》2% 的股份。这会让她获得控股权。"我以为我会先死。"哈里对达纳说。然而，现实却恰恰相反，这是"不应该发生的事情"。

在那个月，约有800人在长岛花园城的圣公会大教堂参加了艾丽西亚的葬礼，包括肯尼迪总统、纽约州州长纳尔逊·洛克菲勒（Nelson Rockefeller）、埃夫里尔·哈里曼（Averell Harriman）。阿德莱·史蒂文森则发来了唁电。当时在法国的林白向哈里表达了哀思："我认识你这么久了，认识艾丽西亚也有很多年，所以，对我而言，这就好像失去了我自己的一位家人。我晚上醒来时会想起你和她，我无法让自己习惯于她已经不在我们身边的事实，至少无法想象她已经去世。"几个月后，在哈里安排的一次仪式上，艾丽西亚的骨灰被埋在金斯兰那条河附近的一棵橡树下。哈里在一块简朴的纪念牌匾上刻下一句话："一位美丽而顽强的女士曾经住在这片土地上，并且在这棵橡树下注视着她所热爱的河流。"哈里还将用两件艺术品来纪念艾丽西亚，他委托艺术家劳拉·齐格勒（Laura Ziegler）制作了一尊真人大小的半身像，并委托米罗绘制了一幅大型陶瓷壁画，永久性地放在古根海姆博物馆中。

哈里没有让阿德莱·史蒂文森在艾丽西亚手术前去探望她，也不允许他参加葬礼。他曾经容忍艾丽西亚与史蒂文森的私情，但现在他的真实感情浮出水面了。当哈里看到史蒂文森写给妻子的一封信后，这一点就变得更加明显了，那封信被藏在艾丽西亚《新闻日报》办公桌上的报纸堆里。这一发现激怒了哈里，他打电话给多特·霍尔兹沃思，让她把桌子彻底清理干净，所有文件，包括信件，都要清理掉。艾丽西亚曾瞒着哈里指示过霍尔兹沃思，假如自己去世了，就把史蒂文森写给自己的所有信件收集起来，存放在自己办公室的保险柜中，然后归还给史蒂文森，霍尔兹沃思忠实地照办了。

在艾丽西亚生前，夫妻俩的战线划分得很明确：她负责管理报纸的编辑，哈里负责管理报纸的商业运营。艾丽西亚在新闻编辑室时，眼镜常架在头顶，在杂乱的办公桌和文件柜间踱来踱去，与记者们进行争论，有时轻松愉快，有时则激烈火爆。一般在上午的新闻会议上，艾丽西亚会展开无拘无束的自由讨论，她的金毛寻回犬"阳光"也经常加入进来。有一次，在一场关于体适能报道的充满争论的讨论中，艾丽西亚命令办公室里的所有人都趴在地板上做俯卧撑。正如《新闻日报》的年代史编辑罗伯特·基勒（Robert Keeler）所言："在哈里治下，议事

日程很紧凑，但没有狗，没有体操，也几乎没有任何辩论。”

《新闻日报》这位现任负责人穿着无可挑剔的三件套西装来到办公室，周围是一大群穿着皱巴巴的短袖白衬衫的记者。《新闻日报》的编辑团队已发展到252人，其中包括责任编辑、报道独家消息的记者、特稿撰写人、体育专栏作家、文案编辑、摄影师、平面艺术家。哈里的管理风格让人想起他在默瑟机场时的工作风格，他喜欢被称为上尉，并将决策权集中在高级编辑的手中。他立即建立起一个新制度，根据新制度的要求，在社论版面上发表重要政治立场之前，需要提交以数据为基础的研究报告。目前尚不清楚这些做法起到了什么作用。“哈里试图将古根海姆式的秩序强加给帕特森式的混乱，但是他处于严重的劣势，因为他虽然拥有成功商人的财务能力和分析技能，但却没有任何记者的天赋。”基勒说。

艾丽西亚去世后没过几周，哈里就要求编辑部主任向编辑撰稿人发送一份两页的备忘录，上面总结了他对各种问题的看法。例如，哈里对政府行政部门的看法很明确：“总统和他的幕僚最有能力了解我们的国防需求（无论他们属于哪一个党派），我们必须听从他们的推断，而不是倾听那些充满愤恨的前陆海军将军们倒酸水。”

事实上，上尉并没有刻意掩饰他对记者的蔑视。他对那些劣迹斑斑的无耻之徒和随时跟踪他人的摄影师都还记忆犹新，他们追踪林白的一举一动，每时每刻都在侵扰他的家庭生活，让林白一家暴露在大众的视线中，有人认为这种曝光在一定程度上导致了他儿子的绑架死亡事件。哈里记得他在航空业初期的那些令人沮丧的事情，当时大多数关于飞机的报道都是坠机事故。（他提醒那些愿意倾听的人：每天因车祸而死亡的人数要比那多得多。）他还想起自己作为驻古巴大使时受到许多专栏记者的责难。他还记得早期媒体对戈达德的报道：许多记者把每一次火箭试验失败都描写成一场灾难，并把戈达德比作一名疯狂科学家。正如哈里在他早期召开的《新闻日报》全员大会上向员工们解释的那样，或许因为这些原因，哈里认为记者是不诚实的、不值得信任的、“经常撒谎”的人。然而，这些人现在都是他的记者了，他们为该报赢得了一次普利策奖，他们的工作引起了读者的共鸣，推动了发行量，从而吸引来热情的广告商将大把的金钱投进了哈里的口袋。

在正式接管妻子的职位后，哈里以纪念艾丽西亚的名义向所有员工发放了一笔丰厚的奖金。后来，他确立了每周 35 小时的工作制。他请来了艾丽西亚的外甥约瑟夫·梅迪尔·帕特森·奥尔布赖特（Joseph Medill Patterson Albright）担任出版人助理。这向《新闻日报》的员工发出了一个信号，即他尊重艾丽西亚的遗产。当然了，奥尔布赖特当时只有 26 岁，一直在《新闻日报》的华盛顿特区分社工作。他太年轻了，短期内不可能当上编辑，但是也许有一天奥尔布赖特会坐上艾丽西亚的位置，这是人们的普遍预期。

哈里还发出了另一个变化信号——他聘请自己在肯塔基州的老朋友马克·埃思里奇暂时接手艾丽西亚的编辑工作。埃思里奇是一位美国新闻业巨头，多年来一直担任备受尊敬的路易斯维尔《信使报》的出版人，现在即将退休。他是罗斯福新政的支持者，并接受过罗斯福和杜鲁门两任总统的公职任命，其中之一是担任一个调查政府中种族歧视的委员会的主席。他的这一任命向员工们发出了一个明确无误的信息，即《新闻日报》的社论议题将保持进步和独立，尽管哈里有着众所周知的共和党倾向。

肯尼迪遇刺前的私下会晤

1963 年秋天，白宫新闻秘书皮埃尔·塞林杰（Pierre Salinger）正式向哈里传达了一个消息：正如肯尼迪总统曾经接见过艾丽西亚一样，现在他也很乐意接见哈里。他询问哈里是否能尽快去白宫讨论半球关系？当时，总统的对外援助预算正在国会中受到攻击，其中包括为“争取进步联盟”（Alliance for Progress）提供的近 10 亿美元。这是肯尼迪的一项标志性计划，曾经被比作拉丁美洲的马歇尔计划。哈里给塞林杰发去一封信笺，信中说：“如果总统真的想讨论拉丁美洲，那么我想见见他。”

在信中，哈里提请肯尼迪相信自己的诚意："我的家族曾经在许多拉美国家从事过大型采矿和冶金业务。我是在那里工作的四代人中的第三代。大学毕业后，我在墨西哥生活了三年。我作为美国大使在古巴居住了近四年……1953 年 8 月，艾森豪威尔总统邀请我担任负责美洲事务的助理国务卿。我恳请他重新考虑，因为我认为美国国务院中当前负责拉美事务的组织不可能完成需要完成的任务。而且就我的构想而言，我们需要设立一个新的职位，任命一个国际声望远远高于我的人，当然，拥有这样人选的家族不可以在众多拉美国家中拥有重大利益。除了希望有所帮助之外，我没有任何不可告人的动机。我已经 73 岁了，医生警告我要注意身体健康。我不能接受任何职位，哪怕那是我渴望的职位，而且我也没有任何候选人可以推荐。"

哈里很快就收到了邀请函，他将于 9 月 5 日晚在白宫与肯尼迪进行私下会晤，并在当晚的国宴上做客。傍晚六点半，哈里被领进椭圆形办公室。总统和他打招呼，显得"热情而富有魅力"，哈里回忆道："他说他没有意识到艾丽西亚病得那么严重。我简要地解释了她接受的一连串以悲剧收场的手术。"哈里向肯尼迪询问他父亲的健康情况。情况不太好，肯尼迪说，父亲约瑟夫·肯尼迪（Joseph Kennedy）已经无法说话了，也无法再写字。接着，两个人讨论了自艾丽西亚去世后《新闻日报》的变化及其在马克·埃思里奇率领下的新管理团队。

椭圆形办公室里充满了展现肯尼迪海军生涯的航海元素，比如快速帆船模型和海上纵帆船油画。"你一定很熟悉这个房间，"肯尼迪说，并一直追溯到"胡佛先生的时代。"哈里温和地纠正了总统的错误，指出他第一次访问白宫是在柯立芝执政时期，当时他刚刚启动航空基金。哈里表示，他仍然是航空领域的忠实追随者，他目前的兴趣点是超音速客机。英国和法国正在开发相关原型机，美国应该生产自己的版本。令哈里感到惊讶的是，肯尼迪居然表示赞同。其实就在 3 个月前，吉布·哈拉比刚向肯尼迪提交了一份关于研发一种超音速原型机的私人备忘录。

接着，话题转到了拉丁美洲，肯尼迪征求哈里的意见。哈里说，他确信，"处理拉丁美洲事务的一个基本难点是组织问题”，美国需要的“是一位全面负责拉丁美洲事务的大使或副国务卿，如果有必要的话，负责南半球”。设置一名能代表大约 20 个国家的特使，这样可以增强与单个国家或整个地区打交道所需的关注度。尽管当时美国和古巴的关系很糟糕，而在 30 年前这个问题更令人头疼。当时胡佛告诉哈里，世界上最大的两个麻烦区域都在边境以南。肯尼迪对设立这样一个职位表示很有兴趣，然后他问哈里是否可以公开引述胡佛说过的话。当然，哈里表示很乐意。这时，室外气温正变得凉爽起来，肯尼迪邀请哈里去玫瑰园走一走，肯尼迪家族的一位朋友最近刚对花园做过景观美化。他们讨论了肯尼迪的“争取进步联盟”，哈里恭敬而坦率地评价说：“资金太少，时机太晚了。”肯尼迪努力想为该项目争取他预计的资金水平，询问哈里是否会支持他。哈里表示同意，但是也指出，按人均计算，这项援助远不足以解决拉丁美洲的问题。

在当晚的国宴上，哈里与 200 位宾客和政要一起享用了菲力牛排、鲑鱼慕斯、鹅肝，以及 1955 年的唐培里侬香槟王（Dom Perigon）。肯尼迪在简短的祝酒词中说：“今晚在座的古根海姆大使告诉我……当他作为我们的胡佛执政期的大使前往古巴时，胡佛总统对他说，美国在外交政策上有两个问题：古巴和墨西哥。现在哪个问题也没有解决。”晚宴上的客人们都笑了，哈里很欣赏他这句引用，哪怕只是作为一段俏皮话的素材。对所有人来说，猪湾事件和古巴导弹危机依然历历在目。

就在哈里访问白宫 10 个星期之后，在一个温暖的下午，肯尼迪在达拉斯遇刺身亡。和所有美国人一样，哈里被这一暴力行径惊得目瞪口呆。《新闻日报》当天的大部分报纸已经付印。发行部提出了一个代价昂贵的建议：发行一份增刊，一份没有任何广告的特别版。哈里同意了。哈里还下令暂时禁止发布枪支广告，这是一项虽然很小但很有象征意义的举措。

哈里为了继续扩大《新闻日报》的销量，成立了一个全国性的辛迪加来销售《新闻日报》（这个主意是艾丽西亚多年前首次提出的）。一些大名鼎鼎的作家也加入了《新闻日报》，他们中有普利策奖获得者玛格丽特·希金斯（Marguerite

Higgins）和罗伯特·摩西，他们将每周为“桥头”专栏撰写一篇文章。哈里招募到的最有名的作家是约翰·斯坦贝克，这位诺贝尔文学奖和普利策奖得主与哈里和艾丽西亚有 10 年的深厚交情。斯坦贝克接到的任务是关于越南战争的，他会将他对这场战争的反思以快讯的形式发送给《新闻日报》。

在 1964 年，《新闻日报》本应该自然而然地支持共和党候选人巴里·戈德沃特（Barry Goldwater），但是戈德沃特让哈里感到不安，尤其是他似乎对在古巴和越南使用核武器的想法持开放态度。林登·B. 约翰逊也是一名冷战政治家，但是性格比较稳重。10 月，哈里撰写了《新闻日报》社论支持约翰逊，后者以压倒性优势在选举中获胜。

选举后，哈里利用为《新闻日报》工作的一位中间人与白宫建立了联系。他想向约翰逊提出自己关于拉丁美洲的想法，就像他曾经对肯尼迪做的一样。他在白宫内的联系人是约翰逊的新闻秘书比尔·莫耶斯。莫耶斯安排了一次会面，他欢迎哈里去见约翰逊。

1965 年 2 月的一个寒冷的日子，哈里再次来到白宫。他此行的议题是拉丁美洲事务，但是他还计划向约翰逊提出一个非同寻常的建议，该想法可能是他与前军方高级官员在凯恩霍伊的一次狩猎中萌生的。他不确定能和总统交谈多久，但他会等待合适的时机提出。哈里和约翰逊的见面约在那天下午 5 点 15 分，但莫耶斯建议他提前 15 分钟到达西南大门，这样他俩可以提前交谈。哈里提前过去，然后被引到了内阁会议室。莫耶斯正在开会，脱不开身，代替他前来的是杰克·瓦伦特（Jack Valente），这是约翰逊的演讲稿撰写人以及最亲近的心腹。

瓦伦特和哈里聊到了下午 5 点 15 分，这时，瓦伦特被叫去见约翰逊。过了一会儿，瓦伦特回来了，把哈里领进了椭圆形办公室。哈里坐下来，注意到约翰逊显得“心神不安”。一名男侍者用托盘给哈里端来了一杯咖啡。在此期间，约翰逊接了一个电话，聊了比较长的时间。总统挂断电话后，告诉哈里，他早些时候曾与艾森豪威尔讨论过这场战争，艾森豪威尔向他保证，“绝对不存在任何可以与之谈判的人，而且，就算真的举行了谈判，也不会有人去强制执行谈判达成的协议”。突然，约翰逊把手伸进外套口袋，掏出一沓大约有20张折叠起来的纸，并从中抽出一张。这份文件是约翰逊刚刚收到的一份“高度机密电报”，证实了情况，表明艾森豪威尔的说法是正确的，“谈判是不可能的”。

哈里把话题转到拉丁美洲，问约翰逊是否读过芭芭拉·沃德（Barbara Ward）的《富国和穷国》（*The Rich Nations and the Poor Nations*）。约翰逊说他读过。哈里告诉约翰逊，他**“不同意她的论点，即富国政府应该把纳税人的钱借给穷国政府，以实现正常发展。用于迫切需要和基本生存目的的贷款与正常风险资本的贷款的性质完全不同”。**哈里和约翰逊总统就后者在拉丁美洲的任命人选交换了意见，哈里再次提出需要一位拉丁美洲外交官，以便在该地区爆发热点问题时能够迅速采取行动。

哈里将他最离经叛道的提议留到他觉得与约翰逊的会面即将结束时才说出来。第二次世界大战已经结束20年了，美国仍有大量军队驻扎在欧洲和亚洲，有大约27万名美国士兵仍然驻扎在德国。**在这场日益危险的冷战中，美国可能需要做出一种高姿态。哈里后来回忆道：“我问总统，他是否考虑过在适当的时候发出一个世界性的信息，建议将所有的军事力量都撤至国境内，将所有的海军都撤至领海内。我猜，评估结果将表明，在这种情况下，美国相对于世界上其他国家而言，将会迎来一个非常好的局面。”**

约翰逊抬起头来，透过厚厚的无框眼镜看着哈里，也许在琢磨他这话是不是认真的。总统毫不犹豫地回答道：“但是在目前的局势（越南）变得明朗之前，我们什么都做不了。”

约翰逊告诉哈里，他将在内阁会议室参加另一次会议，那是关于越南事态发展的另一个紧急会议。约翰逊邀请哈里一起去见一些内阁成员。哈里与国务卿迪安·拉斯克（Dean Rusk）、国防部长罗伯特·麦克纳马拉（Robert McNamara）、副国务卿乔治·鲍尔（George Ball）以及国家安全顾问麦乔治·邦迪（McGeorge Bundy）握了手。

不知道哈里是否真的考虑过他的提议意味着什么。无论这条建议是多么实用或不切实际，一个相关理念已经在他的脑海里被反复考虑了一段时间。这个理念也与全球冲突及他所谓的“人与人的关系”有关。它将远比前面的建议更加可行，而且不需要与美国总统合作。

16

属于哈里·古根海姆的时代落幕

THE BUSINESS OF TOMORROW

能够继承古根海姆家族传统的首要条件是勇敢坚毅、正直诚实、有领导才能和天赋资质，最好是受过良好的教育，拥有强烈的工作欲望和成功的决心。

他的内心依然有火焰在燃烧

哈里对约翰逊提出的不切实际的建议，跟哈里与一些朋友就他们讨论的小型家庭基金会的未来设想不谋而合。这个家庭基金会本是他与卡萝尔共同创立的，后来被称为哈里·弗兰克·古根海姆基金会①。一切始于1959年初在凯恩霍伊的一次聊天。一天下午，狩猎结束后，哈里和退役军人朋友们坐下来喝酒聊天，谈话内容转向了他们最了解的军事战争的话题。第二次世界大战结束后，世界并没有停止争斗。杜立德天生健谈，大部分时间都是他在说话。他指出，**暴力的冲动不分国界，超越了所有语言。**“哈里，我们必须想办法去阻止正在发生的这些该死的战争。”他说，“你是我们中间唯一的有钱人，为什么不成立一个基金会来做点什么呢？”

那一年，哈里开始与杜立德和林白举行一系列会谈，探讨关于“人与人之间关系”的问题，也就是为什么人类会如此频繁地以各种形式的野蛮和残暴攻击自己的同类。暴力和战争的后果是众所周知的，但其产生的原因究竟是什么？哈里后来给林白写信说：“**我的假定是，在整个历史上，拥有强大能力且能支配和行使权力的人滥用了这种权力。为了满足自己统治同类的欲望，他们残杀同类，并对人类创造并积累的美好且实用的作品造成了不可估量的破坏。**我认为，当今世界上就有这种酷爱统治同类的人，而且他们不断发展，对人与人之间的美好关系造成了更多的损害。**除非我们有能力辨别和控制这种人，否则他们将继续带来毁灭性的大屠杀。**”

哈里找到许多密友来找出问题的重点和解决方法，这些人中包括哈里的堂外甥彼得·劳森－约翰斯顿（Peter Lawson-Johnston，当时是古根海姆旗下太平洋锡

① 缩写为HFG Foundation，即HFG基金会。——编者注

业联合公司副总裁）、林白、爱德华·彭德雷（丹尼尔和弗洛伦丝·古根海姆基金会顾问）、密歇根大学心理学教授保罗·菲茨博士，以及亨利·艾伦·莫伊——他最近刚从约翰·西蒙·古根海姆纪念基金会退休，他在该基金会监管了近40年大约5 000笔艺术研究奖金的授予。哈里在给菲茨博士的信中写道，该项目将是一个“漫长而艰难的旅程”，他们必须选择合适的“探索者”来承担这项任务，这一点至关重要。

哈里和他的顾问团队集思广益，在讨论基金会新方向的同时还处理了其他事情，比如决定法莱斯庄园的命运。哈里在法莱斯庄园住了40多年，在这期间，他亲历黄金海岸的豪华庄园逐渐消失的过程，原先的土地被开发商分割。他不希望自己的家园也遭遇如此命运，所以在遗嘱中将整个庄园赠送给佛罗里达州的拿骚县，并要求拿骚县必须把庄园改造成一座公共博物馆。他推断，这将成为未来人们了解古根海姆精神传统的又一个平台。哈里制定了详细的说明：每个房间里的每件物品必须如何摆放，客厅里要展示哪些朋友和家人的肖像，以及在他的卧室里如何通过打开的壁橱门展示他的礼帽和军服。他在自己的家中亲测了好几次，以体验未来的参观者们会看到什么。在准备将法莱斯庄园改造成博物馆时，哈里在客厅壁炉角的附近安装了一块铜制牌匾，上面写着：

> 戈达德：美国太空时代之父。1929年，卡萝尔·古根海姆坐在这个壁炉前，注意到《纽约时报》关于戈达德在马萨诸塞州“埃菲姨妈农场”火箭发射试验失败的文章，并向哈里·古根海姆和林白大声朗读。此后不久，林白安排哈里·古根海姆与戈达德会面，这是古根海姆资助戈达德在航天领域开拓性研发工作的第一步。

在那10年里，戈达德的才能得到了多方的认可：美国政府在埃丝特·戈达德和哈里提起的专利侵权诉讼中达成了100万美元的庭外和解，哈里父母的基金会拥有戈达德的专利权。这是陆军、海军、空军和美国国家航空航天局共同做出的和解，是美国专利史上最大的集体政府和解协议。1969年人类首次登月是一次最伟大的证明，这次成功有部分要归功于戈达德关于液体燃料驱动多级火箭的早期理念。

20 世纪 60 年代，当哈里步入 70 岁之后，他深受久治不愈的背部损伤和听力障碍的严重困扰，听力问题可能是他在默瑟机场经常离“复仇者”轰鸣的引擎过近造成的。他的网球生涯结束了，取而代之的是在法莱斯庄园的泳池中短短地游上几圈。纯仪器飞行（这项创新的一部分是哈里本人完成的）要求驾驶者有快速的反应能力，没有任何人在这把年纪还能驾驶飞机。

哈里正在放慢脚步，但他的内心依然有一簇炽热的火焰在燃烧，他决心找到合适的人接替他。他已经为家族企业增加了数千万美元的价值。问题是谁能够传承家族的精神和遗产？正如他在遗嘱随附的一封信中所写的，**“古根海姆家族开发了世界上的矿产资源”，开创了“航空时代和火箭时代”，并率先在教育和艺术领域展开风险投资。**“在规划我的遗产分配时，”他写道，“我的主要目标之一是在安排各种事宜的时候，让古根海姆家族的每一位成员都有机会……通过建设性地使用他的可用资金来继承并发扬古根海姆家族的传统。”

这样的人应该具备哪些品质？**“继承发扬这样传统的首要条件是勇敢坚毅、正直诚实，有领导才能和天赋资质，最好受过良好的教育，拥有强烈的工作欲望和成功的决心。”**当然，这是一种皮格马利翁式（Pygmalion）[①]的概念，这些品质听上去颇似在描述哈里·古根海姆本人。此外，还有一个小问题，就是古根海姆家族多年来一直“盛产”女儿。哈里和他的所罗门叔叔、艾萨克伯伯，以及本杰明叔叔总共有 12 个女儿，但没有一个儿子。

寻找继任者

哈里可能认为奥斯卡·斯特劳斯二世（Oscar Straus II）可以做自己的继任者。斯特劳斯是哈里的妹妹格拉迪丝的儿子，哈里任命斯特劳斯为古根海姆兄弟公司

① 皮格马利翁是古希腊神话中的塞浦路斯国王，他爱上了自己雕刻的少女塑像，爱神被他的痴情打动，赋予雕像生命，让他们结为夫妻。——译者注

的高级合伙人，让他负责管理公司重新开启的勘探部门，并在一份宣布提拔斯特劳斯的备忘录中对之大加赞赏。斯特劳斯的任务是在全球发展新的采矿企业，并与新的合作伙伴建立合资企业，但是斯特劳斯未能重新开启帝国的辉煌岁月，相反，他最终与舅舅发生了激烈的争吵。这大概是因为自古根海姆采矿业鼎盛时期以来，世界已经发生了巨变。当年约翰·海斯·哈蒙德可以带着保镖到处跑，发现一个又一个矿源，但是从那以后，发展中国家已经学会了更加严格地保护自己的矿产财富。很快，哈里和斯特劳斯就不再交流了。"过了一些日子，这两个人甚至都没法同处一室了。"

没关系，哈里还预备了另一匹"赛马"：他女儿南希的儿子，也就是他的外孙达纳·德雷珀（Dana Draper）。哈里从达纳十几岁起就一直把他当成这个家族的未来族长加以培养。哈里最在意的是达纳接受的教育。要想管理古根海姆帝国，达纳就必须上最好的学校。那个年代，在哈里看来，最好的学校都在美国东部。这在哈里和南希之间引发了争执，南希更愿意让达纳自己选择想上的学校，最好是在他们一家人居住的西海岸。

达纳是一个二十出头的安静的年轻人，总是穿着牛仔裤和T恤，脖子上缠着一条大方巾，肩上背着一个大书包，卷曲的金发一直垂到肩上。达纳的兴趣是雕塑和摄影，而且他非常关心环保事业。达纳试图找到自己的生活方式，正在考虑当一名医生或者一名教育工作者。他对外祖父的提议感到很纠结，于是写信给哈里，讲述自己不由自主的焦虑和犹豫。哈里向他提供了哲学上的建议："你说你在寻求理解的过程中感到了'焦虑不安'。**过度的内省并不能解决问题，相反，它可能会让你的视野变得更模糊。你可以继续阅读哲学家和杰出的分析家所写的东西，但是要试着将他们的结论与你所看到的外部现实生活相关联，而不是过多地关注你的内部世界。"**

达纳既不温文尔雅，也不博学多才，但哈里相信自己可以引导嬉皮士外孙朝着正确的方向前进。达纳只是缺少人生的构架和目标而已。哈里认为，这些美德可以通过为家族企业工作培养出来。达纳同意试一试。于是哈里先派达纳去智利了解家族的硝酸盐企业。然后派他去凯恩霍伊出差，在那里达纳写了一份关于牲畜经营的报告。最后哈里派达纳去博物馆执行一项研究任务。这三项工作似乎都进行得很顺利。

当达纳同意在东部上学时，哈里高兴得难以言表，并向达纳表达了欣喜之情："这是我对你 21 岁生日的祝福。我祝你生活得幸福美满、积极向上。我们都将后者归功于人的正能量，而我认为它是实现前者的最佳方式。我深知，幸福来自创造的'狂喜'……生命中最基本的冲动就是为达成圆满而奋斗。在这个好日子里，我本想送给你一辆好车，但是现在我犹豫了，因为大多数大学都不允许一年级新生使用汽车。"哈里选择了一份更为朴素的礼物："我要送给你一块在原子时代相当无用的手表，它是过去的纪念品。"接着，哈里提议资助达纳去欧洲旅行，并乐意出钱让他找一位朋友同行。他总结道："我祝贺你有毅力去为自己打下顶级教育的基础。只要有我能帮上忙的地方，我当然会不遗余力，我说到做到。"

1961 年，达纳在哥伦比亚大学预修了两门暑期课程，他的心理学成绩为 B，历史成绩为 C。他申请上哥伦比亚大学被拒绝了，但是哈里利用自己的影响力让他进了哥伦比亚大学的通识教育学院。在达纳取得相对较好的成绩并毕业之后，哈里奖励了达纳一笔信托基金，并让他成为古根海姆博物馆基金会、丹尼尔和弗洛伦丝·古根海姆基金会以及 HFG 基金会的受托管理人。达纳毕业时，哈里为外孙买了一辆保时捷。

很快就到了让达纳了解报纸出版业的时候了。哈里让达纳在新闻日报社做一名小学徒，并在法莱斯庄园为他提供了一间客房。所有的一切都让达纳感到有些不知所措：穿着制服的仆人总是把他的衣服洗干净、熨烫平整；沃尔特·莫尔顿会把丰盛的早餐送到餐厅；他可以乘坐豪华轿车去办公室。在新闻日报社工作的第一周，达纳在填写书面材料时把自己的母校哥伦比亚大学拼错了，然后又未能通过之后的一场记者考试。他与报社几位要求最严格的编辑搭档，他们试图教会他行业窍门。他所写的文稿被做了大量标记，以至于他的稿件完全被更正标记淹没了。很快，大家都明白了一件事情：达纳在报刊业绝对没有任何前途。

7周后，达纳向外祖父宣布了自己的决定：他打算辞职。哈里当时什么也没说，但这对他来说是致命的一击。达纳离开法莱斯庄园后，哈里给外孙写了一封信："我一直试图说服你，但恐怕我失败了，我试图为你安排的一切准备工作都不是为了我自己的利益，而是为了你的利益，因为只有这样你才能依照我们家族的传统，过上充实、富有成果并能为人类作出贡献的生活。"哈里写道：**"继承这一传统的必须是那种将之视为一种特权和难得机遇的人，他们不会仅仅将之视为一种义务或是用于满足个人私利。我希望随着你的成熟，你能自己得出上述结论，并努力找到某种方法来重获被你抛弃的机会，并为之服务。"**必须承认，哈里很大方，他没有要求达纳归还那辆保时捷。

接着，出现了第三位可能的继任者，他是一匹"黑马"，是又一位看上去很有希望的聪明的年轻人。早在艾丽西亚去世10年前，她就一直在考虑谁可以接替她在新闻日报社的位置。她希望是她的外甥乔·奥尔布赖特[①]，她一直将他视为己出，当他还只有十几岁的时候，她就开始把他称为自己可能的继任者。乔的外表与达纳截然不同。他有一头剪得很短的黑发，戴着一副厚厚的黑框眼镜，脸上有隐隐约约的胡茬。他20岁出头，是一个穿着西装的少年，但是他的血液里流淌着帕特森家族的新闻业传统。从威廉姆斯学院毕业后的那个夏天，他为《丹佛邮报》(*Denver Post*)报道警察殴打事件，然后成为《芝加哥太阳报》(*Chicago Sun-Times*)的记者。乔23岁那年，艾丽西亚请他来新闻日报社当带薪学徒。《新闻日报》编辑基勒回忆了乔与员工及工会代表共同参加的一次会议。一张小纸条悄悄地传开了，上面写着："他是谁？"纸条传回来时，上面潦草地写着答案："显然是继承人。"

乔和他的妻子、未来的美国国务卿马德琳·奥尔布赖特(Madeleine Albright)在花园城安了家，并经常去法莱斯庄园做客。哈里姨夫会带乔和马德琳去赛马会，马德琳当时正在哥伦比亚大学攻读硕士学位。哈里邀请他们参加周末午餐，吃烤牛肉和约克郡布丁，并把奥尔布赖特夫妇介绍给他盖茨比式的朋友圈：乔

① 即前文中的约瑟夫·梅迪尔·帕特森·奥尔布赖特。——译者注

治·阿博特、妮萨·麦克梅恩、出版人贝内特·瑟夫、社交名媛玛丽埃塔·特里（Marietta Tree）。

乔需要了解报纸的商业运营，于是去了广告销售部门（在那里，他鼓起勇气出去推销，有时会带着广告而不是支票回来）和发行部门（开着他的樱桃红梅赛德斯车追踪送货路线）工作。然后是去编辑部熟悉业务，之后去该报华盛顿分社担任报道国务院新闻的工作。奥尔布赖特夫妇在华盛顿时接到姨妈去世的消息。奥尔布赖特从艾丽西亚那里继承了新闻日报社 12% 的股份。艾丽西亚将自己在新闻日报社的股份留给了四个外甥和外甥女。葬礼的前一天，哈里和乔坐在法莱斯庄园的露台上，哈里向他读了艾丽西亚的一封信，信中要求哈里给她的外甥一个继承她工作的机会。那是一个感人的时刻。所有迹象都表明哈里促成了这个机会。

一开始，乔·奥尔布赖特做得很成功。哈里任命他为出版人助理，为他安排了一系列大大小小的任务。他们夫妇也经常出入法莱斯庄园。他们还曾在一个星期六的晚上与小说家斯坦贝克及《纽约时报》出版人阿瑟·O. 苏尔茨伯格（Arthur O. Sulzberger）共进晚餐。当他们夫妇搬到一处新居时，哈里给他们送去了一些礼物：自制果酱和优雅的挡火隔板，之后还给乔加薪和颁发圣诞奖金。在假期，他们收到了一张慷慨的支票，用来支付去维尔京群岛圣约翰岛洛克菲勒旗下度假胜地的费用。"亲爱的哈里姨夫，这里真是一个神奇的地方，"马德琳写道，"感觉就像是远在千里之外，是您为我们创造了这一切。"

然而蜜月期并没有持续很久。乔虽然是一位好记者，但并不是一位优秀的管理者。员工发现他在布置任务时犹豫不决、摇摆不定，有些人将这归因于单纯的缺乏经验。不管问题出在哪里，总之他没有给编辑团队注入信心。"他在努力讨好哈里姨夫，"马德琳说，"然而关于他是否有机会这个问题也还存在不确定性。"尽管乔与高级员工搭档是为了学习行业诀窍，但是从没有人会站出来指导他。正如马德琳·奥尔布赖特的传记作者迈克尔·多布斯（Michael Dobbs）所言："安静、谦逊的乔·奥尔布赖特缺乏哈里认为报刊业经营者必须具备的光彩夺目的魅力和庄重气质。"

1964 年，哈里终止了乔的出版人助理职务，任命他为一家新的周末杂志的编辑。第二年，哈里宣布埃思里奇即将离职，而他，哈里，将接任编辑一职（这是他在“总裁”和“出版人”之外的新头衔）。如果乔注定无法领导《新闻日报》，那么他肯定也不是古根海姆继任者的人选。哈里在亲友中寻找继任者的努力再次碰壁。

但是希望依然存在：就在哈里对乔的信心产生动摇时，与另一位聪明的年轻人比尔・莫耶斯的交谈使他产生了新的信心。比尔・莫耶斯是约翰逊总统的特别助理兼新闻秘书，就是他安排了哈里与约翰逊的会面。莫耶斯在白宫扮演的角色远远超出了官方头衔。他为约翰逊撰写重要演讲稿，是肯尼迪的妹夫萨金特・施赖弗（Sargent Shriver）的密友，因此他也是肯尼迪和约翰逊阵营之间的可靠联系人（在肯尼迪遇刺前后都是如此）。约翰逊依靠莫耶斯，因为莫耶斯对国会山上的政治谋略有着异乎寻常的领悟力，他会通过电话告诉约翰逊谁在履行承诺，谁需要打个电话。

莫耶斯的面孔已经为美国电视观众所熟悉，他乌黑的头发总是向后梳得一丝不乱，外套总是扣得整整齐齐，一副黑色的角框眼镜，与电视剧《麦迪逊狂人》（*Mad Men*）中的人物很相似。站在白宫发言台后面，莫耶斯会用他那南方人特有的魅力、自嘲的语气以及乐观的才智解除记者的武装。他博学多才、讨人喜欢、伶牙俐齿。比尔・莫耶斯兼具光彩夺目的魅力和庄重的气质。

莫耶斯所缺少的是他真正想要的职位，一个不受政府决策领域关注的职位。莫耶斯曾表达过自己的兴趣所在，然而当有两个这样的机会出现时（国家安全顾问、副国务卿），他却未能获得其中任何一个职位。这使莫耶斯和他上司之间的关系变得紧张：约翰逊很生气，莫耶斯居然这么快就想离开他。

1966 年，约翰逊总统使美国在越南的作战行动升级。那一年，有 6 000 多名美国军人阵亡，另有 3 万人受伤。此时，驻越南的美国陆上和海上士兵人数已达到 44.5 万人。莫耶斯是一名自由民主党人，他深深地反对这场战争，但不得不每天在全世界面前为一位好战的鹰派总统辩护。

那一年，哈里邀请莫耶斯在华盛顿大都会俱乐部共进午餐。莫耶斯曾是约翰逊在得克萨斯州广播电台的助理新闻编辑，他在做未来规划时是否考虑过重返传媒界？如果是这样的话，哈里就有机会了。为什么不来为新闻日报社工作呢？莫耶斯向罗伯特·基勒回忆当时的对话。

莫耶斯说：“上尉，我知道你的编辑原则，从观念上来说我是站在你的对立面的。”

哈里回答说：“但是你一直在战争问题上支持总统。”

“是的，不过我是怀有一些疑虑的。”莫耶斯说。

“我们都对此怀有疑虑。”哈里安慰他。

哈里想让莫耶斯做的工作是应对长岛潜在的竞争对手，并监管《新闻日报》的扩张。接受这个职位就需要在哈里退休后接任出版人一职。莫耶斯受宠若惊，颇感兴趣，但还是拒绝了。两周后，一场家族悲剧促使莫耶斯重新考虑这个提议。他的哥哥詹姆斯·莫耶斯因被诊断患有癌症而自杀了。莫耶斯觉得自己有义务赡养哥哥的家人，至少在一段时期内是这样。要靠白宫新闻秘书的薪水做到这一点是不可能的，而哈里给莫耶斯的薪水却是现在的两倍多。于是莫耶斯又把哈里叫了回来。他们在大都会俱乐部进行了第二次会面，商定了条款：莫耶斯将获得一份为期 5 年的合同，年薪为 7.5 万美元，可以免费居住在花园城里一处属于新闻日报社名下的房子，公司为他配备了一辆轿车。

“他完全符合我的所有期望”

1966 年 12 月，白宫宣布莫耶斯将离开约翰逊政府，成为《新闻日报》的出版人。“我相信比尔·莫耶斯是一位与我志同道合的人，他和我都认为，报业应该是一种致力于公共服务的行业。”哈里在接受采访时说，“我们有着共同的信念，即报纸必须围绕诚实正直这一核心进行建设。”在雇用莫耶斯时，哈里是《新闻日报》的主编、出版人和总裁。莫耶斯将担任出版人，哈里则继续担任总裁兼主编。

当年仅32岁的莫耶斯抵达花园城开始他第一天的工作时，印刷厂暂停印刷10分钟，向他致敬，等级“相当于21响礼炮”。当然了，晚些时候，莫耶斯举行了一次新闻发布会并回答了一些问题。引进莫耶斯，约翰逊政府最引人注目的人物之一，对哈里而言是一项重大举措。“我得到了一颗明星。”他告诉自己的朋友，共和党全国委员会前主席莱纳德·霍尔（Leonard Hall）。在给斯坦贝克的信中，哈里写道：“比尔·莫耶斯终于上任了，他完全符合我的所有期望。”

莫耶斯上任两天后，哈里在黄金海岸郊外的花园城酒店为他举办了一场规模庞大的庆祝午宴。嘉宾名单上有1 000位纽约媒体、商界和政界的大牌人物：《纽约时报》出版人苏尔茨伯格、萨福克郡和拿骚县的行政长官、参议员罗伯特·肯尼迪、参议员雅各布·贾维茨（Jacob Javits）、纽约州州长纳尔逊·洛克菲勒。在酒店的乔治王朝风格的房间内，餐桌上摆放着金色亚麻织物和水晶杯。有来自报纸、通信社、电台和电视台的大约80名记者前来报道这一盛会。上一次有众多记者聚集在长岛还是在哈里送林白开启可靠性巡回表演的那天。在哈里、罗伯特·肯尼迪和贾维茨的善意玩笑和褒奖之后，莫耶斯走上讲台，就媒体和公共政策发表了一些深思熟虑的看法。**“事实上，报纸就像政治一样，其影响无处不在，但却始终植根于特定时期的生活、特定地区的人群。”**

莫耶斯所说的人群是指长岛的读者，但是哈里和莫耶斯都认为报纸本身过于狭隘，只关心本地区事务。但岛上的读者正变得越来越成熟和全球化。《新闻日报》的身份特征应该更符合城市本身的情况。莫耶斯对哈里说：“我们在未来3年内必须花费100万美元来改版和聘用员工。”这包括扩大对越战的报道。这一切都与哈里为《新闻日报》寻求更广泛的国民认可相一致。改版的预算最终增加到300万美元。“上尉从未对费用问题表示过任何不满。”莫耶斯说。

在接下来的几个月里，莫耶斯监督新的设计工作、进行更广泛的商业新闻报道以及关于贫困和种族问题的深入报道。他雇用了纽约《每日新闻报》和《华尔街日报》的撰稿人，并聘请了一位备受赞誉的专栏作家专门报道纽约市新闻。哈里派约翰·斯坦贝克去了越南，莫耶斯则聘用小说家索尔·贝娄（Saul Bellow）来报道阿以战争。由于认识到新闻编辑缺乏多样性，莫耶斯后来拨出资金聘请了10名有色人种记者，其中包括莱斯·佩恩（Les Payne），之后佩恩因卓越的报道工作而获得普利策奖。尽管如此，一些编辑还是不信任这位明星出版人，怀疑他把这份工作当成了开启政治生涯的平台。另外也有很多人建议他做别的选择。约翰逊向莫耶斯建议说，他应该回得克萨斯州寻求担任公职。前纽约州州长埃夫里尔·哈里曼告诉莫耶斯，他应该竞选美国参议院席位。参议员罗伯特·肯尼迪则请莫耶斯领导他的总统竞选班子。

莫耶斯拒绝了这些友好的政治建议，但继续与民主党领袖保持联系。马丁·路德·金遇刺后，莫耶斯和罗伯特·肯尼迪一起飞去参加葬礼。哈里指责了莫耶斯，主要是因为关于他政治前途的谣言无休无止。莫耶斯安慰哈里，带着一丝幽默对自己的老板说："如果你能和这些右翼分子一起在凯恩霍伊打鹌鹑，那我当然也可以和罗伯特·肯尼迪一同出席一次葬礼。"

撇开牢骚不谈，哈里现在认为莫耶斯就是那个能够让他完成寻找继任者这一艰难使命的人。哈里邀请莫耶斯参加古根海姆兄弟公司的业务讨论会，并任命他为古根海姆博物馆受托管理人和HFG基金会的董事会成员。正如莫耶斯回忆的那样："他想让我为他做的事情不仅仅局限于《新闻日报》。"古根海姆博物馆受托管理人的工作有其额外特权：一个周末，莫耶斯乘飞机前往巴黎，将博物馆拥有的波洛克的一幅油画借给了美国大使馆。他还共同主持了博物馆举办的一些著名的主题晚宴，比如庆祝"秘鲁工匠大师"的晚宴。当时，古根海姆博物馆四楼餐厅就像热带丛林：每张桌子旁边都有棕榈树、葡萄藤以及蕨类植物。他们为这次盛会租借了一大群有异国情调的鸟类，其中一些从笼子里飞了出来，这些出逃的鸟类开始猎捕原来在博物馆较高楼层自由活动的鸡尾鹦鹉、八哥和长尾鹦鹉。很显然，在晚宴客人抵达之前，所有出逃的鸟儿都被捉了回去。有大约100位客人赴宴，其中秘鲁大使还带来了12箱白兰地（以确保当晚不会因为缺少皮斯科白兰地而扫了大家的兴）。

对哈里来说，在重要性上仅次于《新闻日报》的就是他的那些赛马。他已成为这项王者运动中的皇室成员，是赛马所有者兼赢家的精英小圈子里的一员，也是赛马俱乐部的第一位犹太成员，还是纽约赛马协会①的联合创始人。在35年的时间里，凯恩霍伊的赛马赢得了大约1 000场比赛，并且5次入围肯塔基州德比赛马会。

1968年，哈里最后一次隆重地出现在肯塔基州德比赛马会上，从此结束了他的赛马生涯。哈里认为没有必要把他的马传给任何继承人。第二年，哈里前往贝尔蒙特赛马场的48号马棚，最后一次去看望自己最心爱的赛马。他在草垛下慢慢地走着，稍稍倚着手杖保持平衡。凯恩霍伊办公室的墙上挂满了哈里一些主要战马的镶框照片："转机""秃鹰""大决战""战斗黎明""阿克阿克""暗星""起锚""比米尼湾""乖宝贝"。很快，它们的战绩就会出现在哈里的180页的《凯

① 纽约州立法机构发起了一项调查：为什么在一个全国赛马收入蓬勃发展的时代，纽约的赛马场却表现得很差。答案是，纽约的赛马场是全国质量最差的赛马场之一，自1903年以来，贝尔蒙特赛马场就没有进行过重大升级。牙买加、阿奎德克和萨拉托加的赛马场也都在不同程度上变得破旧。投注者转而去了新泽西州，那里的赛马场提供了更多现代化的设施。有传言说，如果赛马场的收入没有改观，纽约州政府将进行干预。赛马俱乐部的成员举行了一次晚宴，讨论这一情况。哈里向大家发表了自己对赛马场运营的批评意见。于是哈里和另外两人被任命为一个委员会的成员，负责制定为改进提供资金的计划。这三人中包括约翰·黑尼斯，他是耶鲁大学的毕业生，曾在第一次世界大战中在美国海军服役，并担任过罗斯福的财政部副部长。他们花了一年时间来研究这些赛马会的经济问题。哈里委托弗兰克·赖特设计了一个未来主义的新型赛马场模型，可以作为重建纽约4个赛马场中的任何一个或全部的基础。但是这个方案被否决了。哈里认为，将赛马场私有化不是办法。这种垄断所带来的巨大利润会让人质疑其公正性。"在纽约，不应该给予私人赌博特许权，"他说，"你应该怎么做呢？"哈里和他的合伙人转而建议将纽约的4家赛马场（每家都有自己的管理层和股东）合并为一家上市公司。该集团获得了关于公平股价的评估结果，并提出了后来达到1.09亿美元的改进方案。哈里和他的同事们被纽约立法机构的一些人称为"社会主义者团伙"。但是，4个赛马场的股东都认为他们应该合并，用他们的旧股份换取一个新实体：纽约赛马协会（NYRA）的股份。到20世纪70年代初，纽约赛马协会成为纽约州"最大的付费资产"。汉斯说："我们支付的税款比所有银行和保险公司的总和还要多。"——作者注

恩霍伊赛马》（Cain Hoy Dispersal）目录中。目录封面采用光滑、厚重的纸张，上面饰以浮雕图案，摸上去有精致皮革的质感，就像古根海姆兄弟公司从前的招股说明书一样。这本小册子的第一张照片不是马，而是哈里本人的一整页特写，他的脸上是一副自信的行业大师的表情，照片拍摄于10年前。这张照片提醒读者，这本书里都是古根海姆的纯种马——它们属于一个有着自己谱系的家族。哈里的纯种马经纪人英国人汉弗莱·芬尼（Humphrey Finney）负责处理这笔交易。在科尼赛马场和贝尔蒙特赛马场的拍卖会上，芬尼以创纪录的475.12万美元（约相当于今天的3 500万美元）的价格卖掉了哈里的母马、断奶马仔、周岁马以及种马。

在新闻日报社，1968年垒球联赛吸引了来自报社各部门的球员。莫耶斯在慢速垒球联赛中击打率为0.425，是一名可靠的二垒手（尽管他所在的球队最后垫底）。哈里和莫耶斯无话不谈，棒球、橄榄球、网球、犯罪报道、赛马、新闻纸成本、古根海姆博物馆业务、“人与人的关系”项目，等等。大家都说，莫耶斯在该报纸的任职非常成功。那一年，《新闻日报》的发行量为42.5万份，位居全国报纸前20名之列，也是规模最大的报纸之一，平均达到每份158页。它已经成为美国最大的郊区日报，并且还在增长。

对莫耶斯而言，这是不错的一年，但对约翰逊而言则是非常糟糕的一年。虽然“伟大社会”（Great Society）[①]项目中的福利、住房和城市复兴规划、医疗补助和医疗保险制度的建立以及《选举权法案》（*Voting Rights Act*）的通过都是无可否认的胜利，但是在关于越南战争的持续不断的每日报道中，从来就没有任何积极的消息。在1966年的中期选举中，民主党失去了47个众议院席位。通货膨胀不断攀升，约翰逊的支持率直线下降。约翰逊放弃了再次竞选连任的计划。哈里在报纸的社论版上支持尼克松，莫耶斯则发表了一篇持不同意见的文章，支持休伯特·汉弗莱（Hubert Humphrey）。

莫耶斯的这一决定对《新闻日报》的长期读者和观察家来说并不奇怪，因为

① 建设“伟大社会”是约翰逊总统在1964年的演讲中提出的施政目标。——译者注

多年来，哈里和艾丽西亚一直在社论版面上支持不同的政治对象。但是哈里对媒体报道称：对于《新闻日报》因为这种分歧而陷入“混乱”的状况，他感到很恼火。选举前夕，莫耶斯和一群编辑聚集在哈里的办公室观看选举结果，当确定尼克松获胜时，哈里与莫耶斯再次发生争执。哈里说：“好吧，现在都结束了，他是我们所有人的总统。”对此，房间里有人讽刺道：“他不是我的总统。”似乎并没有人对这句话太在意，但是第二天莫耶斯收到了哈里发来的一份备忘录，上面的部分内容是：“昨晚在我办公室的编辑的反应证实了我的不安……从他们脸上的沮丧表情和评论中可以明显看出他们对他（尼克松）怀有根深蒂固的敌意。他们绝对不会给他任何机会……我相信，你会找到一种方法，让《新闻日报》摆脱那些宣传家和辩论家的魔爪，他们的偏见如此之深，以至于他们都不知道对自己的国家而言什么才是对的。”

莫耶斯用一份备忘录进行了猛烈反击，捍卫了自己的员工发表政治观点的权利。大约就在这段时间里，哈里出现了一系列健康问题，其中首先被诊断患有前列腺癌，这促使莫耶斯给哈里写了另一份备忘录：梅奥诊所关于这一病例的医学研究综述。尽管哈里因为新闻编辑室中存在的自由主义偏见对莫耶斯进行了猛烈抨击，但是他没有表露出放弃莫耶斯的迹象，无论是作为新闻日报社未来的领袖还是作为自己预选的法定继任者。

大选之后，《新闻日报》关于新政府的社论对尼克松释放出和解意向，指出应该给新总统一个机会找到摆脱战争的办法。该报的社论之所以总体上对尼克松持温和态度，只是因为社论版编辑斯坦·欣登（Stan Hinden）是哈里精心挑选的该版面的裁决人。哈里做完癌症手术后，几乎没有时间管理《新闻日报》。因此莫耶斯在报社拥有了更多的控制权，并趁此机会用自己在“和平工作团”[①] 认识的一位前记者戴维·格尔曼（David Gelman）取代了欣登，将欣登放逐到华盛顿办公室。在欣登去华盛顿赴任的路上，他顺便去法莱斯庄园看望哈里。这无疑使哈里更加相信他的新闻编辑室正在成为自由主义者的温床。欣登形容哈里显得“很苦

① the Peace Corps，1961 年响应肯尼迪总统号召成立的一个志愿服务组织。——译者注

恼”。他问欣登：“莫耶斯究竟想做什么？”

现在，《新闻日报》的社论反映出公众对尼克松在越南的军事策略持越来越强烈的怀疑态度。哈里不仅对此深感恼怒，而且对他在新闻方面看到的巨大变化，尤其是关于反战运动的新闻感到恼怒。例如，第二年秋天，《新闻日报》对“越战暂停日”（Vietnam Moratorium Day）[①]的一篇带有同情色彩的报道，让哈里大发雷霆。正如哈里在给莫耶斯的一份备忘录中所写的：“《新闻日报》被卷入了‘暂停日’活动组织者设下的骗局中，导致绝大多数人支持他们的活动。”哈里说，“而我们的左翼城市新闻编辑不带任何质疑地接受了他们鼓吹的东西”。

莫耶斯与自己老板的再一次争吵完全出乎他本人的意料。一天下午，莫耶斯去法莱斯庄园吃午饭时，发现哈里正坐在露台附近的一张桌子旁，身边放着一本书，书的封面是一个曲线优美的女人的后视照片，这个女人跪在地上，金色的长发一直垂到腰部。哈里眼中含泪，正在读这本书的书评，当莫耶斯到达时，他充满伤痛地对莫耶斯说：“他们绝不会对艾丽西亚做这种事情。”

莫耶斯完全清楚这本作者署名为佩妮洛普·阿什（Penelope Ashe）的《陌生人裸奔》（*Naked Came the Stranger*）究竟是怎么回事。此书一经推出就成为《纽约时报》的畅销书，但它其实是一场彻头彻尾的骗局，是《新闻日报》的25名记者合写的。《新闻日报》电视评论员迈克·麦格雷迪（Mike McGrady）是这场恶作剧的幕后策划者。他说，杰奎琳·苏珊（Jacqueline Susann）和哈罗德·罗宾斯（Harold Robbins）这种作家的枯燥乏味的作品大获成功，让他感到厌烦。因此，他拼凑了一部最糟糕的、故意写得很拙劣的文稿，并将其与肉体的放荡掺杂在一起。他向撰写各章节的作者发布的指导方针很明确：“要坚持不懈地强调性元素。此外，真正写得好的地方要立刻删改殆尽。”这部小说探讨了将不忠作为恢复婚姻的一种手段。故事情节围绕一对脱口秀主持人夫妇展开。当妻子吉莉安发现丈夫与一名制作助理有染时，她决定给他一个教训，办法就是与她遇到的每一个男

---

① 指1969年10月15日在华盛顿发生的反对越南战争的示威活动。——译者注

人有染，甚至还有一位女性。她在长岛众所周知的场所与许多人发生关系，其中包括一个暴徒头目，还有一次外遇是发生在双层巴士的上层。这本书是用一种“完全清醒意识到的拙劣手法”写就，在读者发现它是一个文学骗局之前，已经售出了2万本。那一年，这部小说在600篇报纸报道中被曝光，销量达到40万册，并且被改编成一部甚至比原著更为拙劣的软色情电影。

早在莫耶斯上任之前，《陌生人裸奔》的创作就已经开始了，他被要求贡献一章，但他悄悄地拒绝了。但这对哈里而言没有什么本质的区别，他认为整桩事件给《新闻日报》品牌带来了耻辱和嘲笑，也间接影响了古根海姆家族的声誉。这本书引发了《新闻日报》记者捍卫自我表达的权利的又一场斗争。莫耶斯后来告诉罗伯特·基勒：“我参加了一系列会议，捍卫他们这样做的权利，因此，在哈里的心目中越发觉得我站在了他的对立面。哈里·古根海姆认为我应该阻止这一切，认为我本可以阻止这一切……为此，他永远都没有原谅我。”

一代商业帝国掌舵人去世

奥斯卡、达纳、乔·奥尔布赖特、比尔·莫耶斯——哈里在他们每个人身上都看到了他想看到的东西，但却没有看清他们究竟是怎样的人。正如达纳告诉罗伯特·基勒的那样：“这在很大程度上与他的想象有关。”**哈里把他想要的品质投射到他想选定的人身上，而不管他们是否真的拥有这些品质。**话虽如此，尽管与莫耶斯之间存在令人难堪的龃龉，但哈里还是决定采用一种新的领导模式，即莫耶斯将参与并最终接管《新闻日报》，而哈里的堂外甥彼得·劳森－约翰斯顿有朝一日将领导古根海姆兄弟公司。

彼得是哈里接班人大赛中的又一匹黑马。他直到20世纪60年代初才真正认识哈里。彼得是所罗门叔叔的女儿芭芭拉在第一次婚姻中生下的儿子。芭芭拉和彼得的父亲离婚后，所罗门在某种意义上替代了彼得的亲生父亲。彼得在佛罗里达州上了几年学，在此期间一直住在所罗门的游艇上，那艘游艇是由一艘美国驱逐舰改装的。彼得经常与外祖父在南卡罗来纳州的特里洛拉别墅和比格瑟维度假地共度时光。哈里曾建议彼得去家族在智利的硝酸盐矿工作，但是彼得的事情得由他的妻子黛德说了算，而黛德表示自己没兴趣住在阿塔卡马沙漠里。彼得后来继续在美国境内的其他家族企业工作，哈里因此对彼得产生的“糟糕的第一印象”一直挥之不去，直到有一天彼得去百老汇 120 号求见哈里。据彼得说，他去见哈里只是为了要求被列入博物馆的邮寄名单，但两人似乎挺合得来。和哈里一样，彼得也彬彬有礼。他四十出头，衣着整洁，受过良好教育，为人随和而讨喜。不久，哈里就让彼得加入博物馆董事会，并让他成为古根海姆兄弟公司的一名合伙人。

1968 年末，哈里在遗嘱中添加了一份修改附录，规定向莫耶斯遗赠 10 万美元，并将古根海姆矿业股份分成 4 份，分别赠予莫耶斯、自己的女儿琼、彼得·劳森－约翰斯顿以及古根海姆家族旗下的盎格鲁劳塔罗硝酸盐公司（Anglo Lautaro Nitrate Corp）董事长约翰·皮普尔斯（John Peeples）。几个月后，据说哈里出现一次中风。这一最新出现的健康问题加剧了哈里的无端疑惧。他切断了与莫耶斯的联系，开始只通过便条和备忘录与他进行交流。“那就是分水岭。”莫耶斯说，“我读过很多关于中风的书……中风会让你在同一个身体里变成另一个人，这就是在哈里·古根海姆身上发生的事情。”在那之后，哈里的律师利奥·戈特利布（Leo Gottlieb）描述他变得“动辄发火”“不讲道理”“对所有人都持怀疑态度”。哈里对莫耶斯尤其警惕，他认为莫耶斯在新闻日报社篡夺了自己的权力。

当哈里在曼哈顿的纪念斯隆－凯特林癌症研究中心接受治疗时，他打电话给自己的私人秘书乔治·方坦（George Fontaine），要他将一份文件放进一个马尼拉纸的信封中，封好，交给彼得·劳森－约翰斯顿，然后让彼得把它原封不动地带到自己的病房来。彼得回忆说，他不知道该做些什么，他猜这不是极好的消息就是极坏的消息。当彼得赶到时，哈里正坐在床上，看上去很苍白，由于体重下降很快，他显得比早些时候瘦了一大圈，说话的声音也很轻柔。“那是我让乔治·方坦给你的信封吗？”哈里问。

“是的，你希望我把它打开吗？”

“是的，请打开，看一下里面写了什么。我想你可能会感兴趣。”

当彼得打开信封读那份文件时，他的心脏开始狂跳，眼里噙满了泪水。这不是个坏消息，而是个极好的消息：这份文件是哈里的遗嘱，上面说彼得将是哈里的主要继承人。彼得将成为价值 5 000 万美元的遗产的首席受托管理人。他的遗产将包括：法莱斯庄园的土地；哈里的 74 街联排别墅；相当于哈里信托资产的 5% 的季度收入；凯恩霍伊的终身使用权（之后归属于哈里·弗兰克·古根海姆基金会）；古根海姆矿业公司 40% 的股份；等等。

“哈里，我太震惊了。”彼得说，“我不知道说什么好。为什么是我？”

“彼得，过去几年来，我一直在关注你的进步，我无法放心将这一责任托付给其他任何人。此外，你自己有一个美满的家庭。而且你是一位绅士。”将彼得立为主要继承人的做法使遗嘱中的财富分配变得非常不均衡。哈里认为，只有将自己的资产集中于一个行动者身上，家族的生意和在社会影响方面的投资才能得以延续。

1970 年 2 月一个星期天的清晨，哈里再次让彼得大吃一惊。哈里从佛罗里达州金沙滩的一座海滨小屋给他打电话。根据彼得的回忆，他们之间的对话是这样的：

“彼得，我需要你帮我解决关于《新闻日报》的一个问题。”

“你希望我飞过去见你吗？”

“正是此意。”

第二天，彼得抵达小屋。在光线昏暗的海滨别墅里，哈里坐在一张厚厚的沙发上，头顶上方挂着一幅梵高的《向日葵》摹品。哈里的皮肤晒得黝黑，把他那双淡蓝色的眼睛衬托得格外明显，他的体重又减轻了很多，这使他小小的脑袋看上去像个骷髅。“请原谅我没法站起来，”他对来访者说，“我的腿非常不听使唤。”彼得坐下来，哈里拿出几篇《新闻日报》的社论，其中大部分都是因为越战而批评尼克松的。远处不断传来海浪的拍打声，哈里不得不提高声音，他告诉彼得，他为报刊头上印有自己的名字感到“羞愧”。他希望他的报纸能继续掌握在与他观点相同的人，即温和派共和党人手中。“我已经决定把它卖给我的朋友诺曼·钱德勒（Norman Chandler）。”钱德勒拥有时报－镜报公司（Times-Mirror），是《洛杉矶时报》（*Los Angeles Times*）的出版人。彼得非常震惊，但是同意帮助哈里完成这项计划。这项计划要求彼得和约翰·黑尼斯秘密收集《新闻日报》的最新财务数据，为出售做好准备。哈里不想让莫耶斯和奥尔布赖特夫妇知道此事，因为他们可能会试图破坏他的计划或是寻找一个更倾向于自由主义的买家。

哈里想直接销售，没有经纪人或第三方。为此，他准备以非常有吸引力的价格向钱德勒出售《新闻日报》。最后，在数据收集完毕并达成协议后，哈里给乔·奥尔布赖特打了个电话。听到这个消息，乔惊慌失措地对电话另一端的哈里说：“你是什么意思？你要卖掉《新闻日报》？你不能这么做，你不能！我的家人拥有 49% 的股份！”

正如马德琳·奥尔布赖特所回忆的那样：“乔和比尔·莫耶斯的关系从来都不是很亲密，但随后他们争先恐后地凑钱来竞购哈里·古根海姆所拥有的 51% 的股份。他们凑够了钱，但是哈里不肯卖给他们。”莫耶斯显然在四处寻找其他买家。当哈里发现这一点时，他怒不可遏。他认为，这是莫耶斯最后的背叛，是最后一根稻草。哈里将莫耶斯从古根海姆博物馆董事会中除名，然后又在遗嘱中添加了一份修改附录，取消了他原本计划给他的出版人的现金遗赠，并将莫耶斯从其遗产受益人名单中除名。

钱德勒家族以 7 500 万美元的价格收购了《新闻日报》，考虑到哈里在购买该报和弥补其前 7 年亏损方面投入的资金不到 100 万美元，这是一笔惊人的投资回报。就像马德琳·奥尔布赖特所指出的那样，通过持股并试图找到另一位买家，“乔和他的家人以少数股权拿到的钱比哈里通过多数股权拿到的钱还要多，但在这件事情上钱不是关键”。

哈里未能了解的一个小细节是，为时报－镜报公司制定编辑原则的人并不是诺曼·钱德勒，而是他的儿子奥蒂斯，他和莫耶斯一样是个十足的自由主义者。彼得说，“就意识形态而言”，哈里其实把他的报纸“卖给了一家错误的公司”。但是无所谓了。当《新闻日报》于1970年5月完成出售时，莫耶斯辞职了。合同上他还有两年任期，但是哈里支付了30万美元让他出局，并允许这位前出版人在属于新闻日报社的花园城公寓里再住一段时间。

那一年晚些时候，即1970年8月，哈里和女儿琼在萨拉托加时，哈里发生了严重的中风（这已经是第三次了）。这让他几乎不能说话，也无法动弹。一辆救护车把他送到了法莱斯庄园，他在那里度过了生命中的最后几个月。家人在楼下的书房里为他搭了一张床，附近的桌子上很快就摆满了处方药瓶，其中一个药瓶上面放着一个铜手镯，这是约翰·黑尼斯送给哈里的礼物，可以帮助他控制疼痛。前来看望这位老人的人为数不多，都是他最忠实的朋友和家人：彼得、琼、约翰·黑尼斯、托马斯·梅瑟，以及来得最频繁的客人林白。在过去，林白会驾着飞机飞到附近的马场降落，但这一回，他是开着福特猎鹰旅行车从康涅狄格州赶来看望哈里的。

1971年1月22日凌晨，哈里·古根海姆去世，享年80岁。就像他安排的一切一样，哈里的死似乎也是他计划好的。彼得回忆说，几年前，他和哈里坐在凯恩霍伊的炉火旁，彼得问哈里是否害怕死亡。于是古根海姆帝国的前一任继承人对下一任继承人说：“彼得，如果我今晚能在睡梦中死去，那我想不出还有比这更美妙的事情了。”①

① 在接替HFG后，彼得·劳森-约翰斯顿继续监管着古根海姆博物馆在国际上的扩张，历经了3位董事：托马斯·梅瑟、汤姆·克伦斯（Tom Krens）和理查德·阿姆斯特朗（Richard Armstrong）。彼得后来把他的3个女儿带到了家族企业的关键岗位。温迪·劳森-约翰斯顿·麦克尼尔（Wendy Lawson-Johnston McNeil）是古根海姆博物馆董事会成员；塔尼亚·麦克利里（Tania McCleery）是HFG基金会董事会成员；最小的女儿米米·劳森-约翰斯顿·豪（Mimi Lawson-Johnston Howe）是威尼斯佩姬·古根海姆收藏品咨询委员会（Peggy Guggenheim Collection）的主席；儿子彼得·劳森-约翰斯顿二世（Peter Lawson-Johnston Ⅱ）在博物馆和HFG基金会的董事会任职。

古根海姆家族为人类做出的贡献

1971 年 2 月底，在一个寒冷阴沉的日子，哈里的私人葬礼在曼哈顿的以马内利会堂举行。葬礼由一位首席拉比和一位海军牧师主持，出席者包括哈里的 3 个女儿和妹妹格拉迪丝。（哈里的哥哥罗伯特在短暂担任美国驻葡萄牙大使后，已于 10 年前去世。）送葬队伍前往布鲁克林区塞勒姆公墓，抵达了古根海姆家族陵墓，那是一座仿照雅典八角形的风之塔钟楼建造的宏伟墓室。地面上覆盖着一层薄雪，现场已经搭建了一个户外帐篷，在帐篷里，哈里的棺柩上覆盖着一面美国国旗。在美国海军仪仗队多枪齐鸣后，那面国旗被折叠起来，呈送给哈里的家人。接着，陵墓的门被打开，露出一道漆黑的竖井，通向哈里最终的目的地，就在迈耶和芭芭拉、丹尼尔和弗洛伦丝的近旁。

哈里 48 页的遗嘱规定了两位主要受益人：彼得 · 劳森 - 约翰斯顿和 HFG 基金会。哈里给基金会留下了 1 200 万美元以及他在南卡罗来纳州购买的另一块土地：丹尼尔岛。丹尼尔岛是一座面积约为 1 800 公顷的半岛，与凯恩霍伊接壤，用于他的养牛业。他赠送给每个女儿 25 万美元。在外界看来，哈里似乎冷落了琼、南希和戴安娜，但事实上多年来她们每个人都已经通过哈里为她们设立的信托基金和经济资助获得了一定数额的家族财富。哈里免除了亲戚们的债务，比如说他借给最喜欢的孙女卡萝尔·兰斯塔夫（Carol Langstaf，戴安娜的女儿）用于在佛蒙特州买房子的钱。在哈里临终的日子里，她是为数不多的去法莱斯庄园探望哈里的探访者之一。

哈里的长期管家沃尔特·莫尔顿在几年前退休时就收到了他的赠予。哈里写信给他说："你和我在一起待了将近 42 年。在这段时间里，我们之间从没有说过任何不愉快的话，除了我在少有的不耐烦的情况下。你一直是最好、最忠诚的朋友。我非常感谢你。这么多年来，你一直卓有成效、忠心耿耿地照顾着我的健康……在你的余生中，我将尽我所能地关照你的健康。"哈里成为莫尔顿的非正式投资顾问，并就更改他的一些退休持股提出了建议，而且每月给莫尔顿一笔相当于他正常工资 62% 的津贴。在信的结尾，他写道："给你一切美好的祝福。你永远而真诚的朋友，哈里。"

莫尔顿工作了 40 多年的法莱斯庄园在哈里去世两年后作为拿骚县博物馆开馆。管理员们仔细地执行了哈里制定的参观顺序，房间和家具的布置与哈里和艾丽西亚住在那里时一模一样。餐厅的桌子旁设 6 个餐位，摆放着大使级的瓷器和古巴水晶餐具。客厅里的镶框照片中有以下人物：伯纳德·巴鲁克、胡佛、格拉迪丝·斯特劳斯、林白、戈达德、杜立德、艾丽西亚·帕特森、乔治·阿博特和卡萝尔·兰斯塔夫。在巨大的壁炉罩上方，是弗洛伦丝送给哈里的一幅古老的挂毯，上面是瑞士风景画，母亲用这份礼物让哈里记住他的瑞士血脉。其他的艺术作品包括：贾科梅蒂的雕塑、高更的《黑色维纳斯》、佛罗伦萨雕塑家安德烈亚·德拉·罗比亚（Andrea della Robbia）的施洗者圣约翰雕像。

在楼上，东北角的卧室现在被称为"林白客房"。哈里在一面墙上挂了一张镶框的林白手迹，是《我们》一书手稿中的一页。沿着过道走下去，在哈里的卧室里，两只法国瓷狮子蹲坐在壁炉的两侧，壁橱门则开着，里面陈列着哈里的军服。在他床对面的墙上，挂着一幅文艺复兴主题的西班牙油画，上面有一句拉丁语格言，大致意思是："他们选择了我，你愿意追随吗？"沿着一条狭窄的楼梯走下去，参观者会来到奖杯室，那里面摆放着珍贵的奇彭代尔式红木家具。有一个玻璃橱用于纪念凯恩霍伊纯种马取得的胜利，里面陈列着各种银奖杯和银牌，以及 1953 年肯塔基州德比赛马会金奖杯，此外还有一幅描绘“暗星”击败“天才舞者”的画作。哈里希望参观在游泳池那里结束：泳池的每个角上都放着一尊有着 600 年历史的大理石鲤鱼雕塑，这是艾丽西亚的家族送给她的结婚礼物。

林白最后一次造访法莱斯庄园是在 1973 年 5 月的一次开馆前的午餐会。林白夫妇与古根海姆家族成员及其他人员共进午餐，其中包括罗伯特·摩西。林白在午餐会上发表讲话，感谢当地政府让他再次看到自己的“第二个家”。“所有的厅堂、房间和我在 1927 年时看到的几乎完全一样。”琼是唯一出席此次聚会的哈里的女儿，戴安娜当时正在欧洲。而就在 4 个月前，南希在经历了一系列严重的健康问题后，服下过量安眠药结束了自己的生命。现在，哈里的凯迪拉克停在仓库里，而林白的福特旅行车就停在庭园门口附近，上面的蓝色油漆已经褪色了。“这可能是林白表示‘我回来了’的方式。”历史学家兼法莱斯博物馆馆长肯·霍罗威茨（Ken Horowitz）在最近的一次巡回演讲中说道。

第二次世界大战结束后，哈里和林白恢复了友谊和频繁的通信，其中大部分与林白保护非洲野生动植物以及保护蓝鲸的兴趣有关。林白最小的女儿丽芙·林德伯格回忆说，哈里每年都去林白夫妇在康涅狄格州斯科特湾的家中看望他们好几次，无论在什么场合，他总是穿着外套、打着领带。午餐通常是自助式的，大家从餐柜上自取。吃完午餐，哈里会往后靠向椅背，点燃他的直柄式烟斗，这标志着好几个小时的谈话开始了。在美国参加二战前的几年中，林白饱受争议。正如他的女儿丽芙所说：“当我今天读到父亲的声明时，我能理解为什么人们称他为反犹太主义者。”他在得梅因发表的演讲就像“把一根火柴扔到火药桶上。我想他并不明白这一点。我不知道这是为什么。他不明白某些单词和短语对人们而言意味着什么。我母亲之所以明白，是出于一种本能，因为她是外交官的女儿”。哈里本人也是一位前外交官，他也明白这一点。“哈里不同意我父亲在演讲中说的很多话，”丽芙说，“但这并没有破坏他们之间的友谊。”

但是有一件事情林白很清楚，那就是哈里对航空和太空时代的发展做出的贡献。20 世纪 60 年代，林白写道："可以说，古根海姆的贡献为美国在 20 世纪中叶获得世界领先地位发挥了重大作用，这一点毫无疑问。通过培训科学家和工程师，提高了我们的军事实力。"而且，通过在第二次世界大战前加速"完善飞机设计"，哈里和丹尼尔"帮助我们消灭了敌人，拯救了不计其数的美国人的生命"。

大约 40 年后，哈佛商学院前院长尼廷·诺里亚（Nitin Nohria）也得出了类似的结论。诺里亚于 2009 年与人合作撰写的一项关于航空业早期商业领导力的研究发现，哈里对航空时代发展的影响力可能超过了莱特兄弟，因为他笃信技术传播的重要性，而不是像莱特兄弟那样搞技术壁垒。

哈里支持戈达德的工作长达十多年时间，但是戈达德的火箭研究过了很多年才得到美国政府的认可。美国国家航空航天局在关于戈达德的传记史中称他为"现代火箭技术之父"，并指出，"戈达德没能活着看到太空飞行时代的到来，但是他奠定的火箭研究基础成为火箭推进技术的基本原理"。新太空竞赛的杰夫·贝佐斯、理查德·布兰森（Richard Branson）和埃隆·马斯克这些领先者的成就在很大程度上受益于戈达德的工作。

❖

1971 年春，古根海姆博物馆的受托管理人在古根海姆博物馆会面并讨论了哈里的遗产。他们称赞哈里为获得古根海姆博物馆的两批基石性藏品奠定了基础，一批来自贾斯廷·K. 唐豪瑟（Justin K. Thannhauser）（约 75 件作品构成了博物馆印象派藏品的核心，其中包括 32 件毕加索画作）；另一批来自佩姬·古根海姆（超过 300 件立体主义、超现实主义和抽象表现主义作品，都放在她位于威尼斯大运河边的 18 世纪迎狮宫中，现在由纽约古根海姆博物馆管理）。在经历了几十年的疏远之后，哈里于 1969 年在古根海姆博物馆为堂妹佩姬组织了她的首次展出，以此欢迎她重返家族。在那以后，佩姬对现代艺术世界的影响被载入书籍、戏剧以及莉萨·伊莫迪诺·弗里兰（Lisa Immordino Vreeland）于 2015 年拍摄的开创性纪录片《佩姬·古根海姆：艺术之瘾》（*Peggy Guggenheim: Art Addict*）之中。

受托人们认识到，“比起任何其他人”，是哈里促成了博物馆的诞生。古根海姆博物馆现任馆长理查德·阿姆斯特朗对此表示赞同：“就性格而言，接管博物馆的建设对哈里·古根海姆来说是一个巨大的挑战。他是一个没有耐心的人，他重视的是清晰的思维能力和执行力，而这些特性通常与艺术博物馆不相关。但是他觉得他对建成博物馆负有巨大责任。”

除了建造博物馆之外，哈里对古根海姆博物馆的最大影响可能就是将其重新命名。将其名称从“非客观绘画博物馆”改为“所罗门·R. 古根海姆博物馆”，这是商业史上最重要的品牌决策之一。将未来的艺术与弗兰克·赖特的建筑杰作融合在一起，创造出了一个具有文化可信度的机构，或者用阿姆斯特朗的话说：“世界上首屈一指的最强大的艺术品牌。”从那以后，古根海姆各地的博物馆本身就变成了艺术品，由弗兰克·盖里（Frank Gehry）、贝聿铭、扎哈·哈迪德（Zaha Hadid）和圣地亚哥·卡拉特拉瓦（Santiago Calatrava）等著名建筑师设计。

家族品牌的力量帮助毕尔巴鄂古根海姆博物馆成为这座小城经济增长的驱动力，实现了它的设计初衷。彼得·劳森－约翰斯顿承认，他最初对这个想法持怀疑态度。20 世纪 90 年代初，西班牙巴斯克自治区政府与古根海姆博物馆董事会接洽，提议成立一家合资企业，建立一座西班牙姐妹博物馆。“我从来都没有听说过毕尔巴鄂，”彼得说，“但我和一位董事友人、绰号为‘斯特雷奇’的罗伯特·加德纳（Robert‘Stretch’Gardiner）访问了该市，并与毕尔巴鄂的市长会面，讨论了这项提议。”市政当局对此表示热烈欢迎，但是彼得和斯特雷奇都不相信在一座经济萧条的西班牙港口城市开设第二家博物馆是个好主意。

彼得问斯特雷奇：“你觉得我们应该怎么办？”

“我会提出一个不可能实现的要求，以便让他们放弃这个想法，这样就不会伤害任何人的感情了。”

因此，彼得提出了一个他自认为极不寻常的提议，告诉巴斯克自治区政府他们必须同意一项 1 亿美元的预算，其中包括一笔 5 000 万美元的收购基金和一笔 2 000 万美元的古根海姆博物馆基金会费用。“我想，我们再也不会听到他们的消息了。”但 3 个星期后，巴斯克自治区政府同意资助修建由弗兰克·盖里设计的建筑物。从那以后，彼得和董事会变得乐于在其他城市建立潜在的合作伙伴关系。理查德·阿姆斯特朗称，长期处于筹建阶段的阿布扎比古根海姆博物馆有望于 2026 年开业。

博物馆需要以独特的方式将艺术和金钱结合起来。它们的声誉建立在适度的平衡之上。在写给赖特的信中，哈里提醒这位建筑师，艺术绝不能屈从于建筑，博物馆在某种程度上是一个教育平台，其信誉取决于是否为公众利益服务。在斯威尼的任期接近尾声时，哈里重新调整了整个行政队伍，将业务和策展职能分开。哈里痴迷于传达一种理念，即博物馆的运作必须兼顾诚信和专业，批评家们早些时候曾指责这座博物馆缺乏这些品质。最后哈里在这方面基本取得了成功。这一切都为包括家族和博物馆在内的古根海姆品牌注入了活力，使其完全具备了在华尔街这一截然不同的商业领域中创立一家公司所需的特质。

20 世纪 90 年代末，正值互联网繁荣期，彼得的儿子彼得·劳森－约翰斯顿二世，大家都叫他 LJ，正寻求为家族的一个房地产基金筹集资金。这引发了他与康涅狄格州的一个朋友兼邻居托德·莫利（Todd Morley）的一次对话。托德·莫利当时是林克斯证券公司（Links Securities）的负责人。通过莫利的一位合伙人，他们认识了马克·沃尔特（Mark Walter），他最近与合伙人成立了一家叫作自由汉普舍尔（Liberty Hampshire）的商业票据公司，并希望扩大业务。于是一个想法浮出水面，即将 LJ 的房地产公司、莫利的证券公司以及沃尔特的自由汉普舍尔公司 3 家实体合并在一个单一品牌之下，相当于成立了一个新的强大的地产集团。LJ 说：“我们就这件事情可以做到什么程度谈了很多。”这些谈话的结果就是成立了古根海姆合伙人公司，一家全球性金融服务公司。该公司前 10 年的资产管理规模（AUM）达到了 1 000 亿美元，如今，公司已经发展到拥有 3 000 多亿美元的资产管理规模以及约 2 400 名员工。（本书作者曾在古根海姆合伙人公司担任首席内容官 6 年。）LJ 表示：“一个强大的品牌可以提升公司的有形价值。”

这家公司与哈里早期的许多企业有一个共同特点：挑战更高级别的重量级选手。古根海姆合伙人公司是 2013 年威瑞森与沃达丰合并（当时是历史上规模第三大的商业交易）的首席顾问。该公司的发展使其首席执行官马克·沃尔特成为一名亿万富翁。沃尔特组建了一个投资者小组，其中包括篮球运动员——“魔术师”约翰逊，小组以 22 亿美元的价格收购了洛杉矶道奇队（Los Angeles Dodgers）。

新客户经常会先问一个问题：“你们和古根海姆博物馆有什么关系？”于是董事会成员辩称从品牌的角度来看，这两个机构是紧密结合起来的。LJ 作为一名管理合伙人，经常通过播放幻灯片的方式来向公司的高级职员和其他人回答这个问题。幻灯片记录了古根海姆家族企业 100 多年的历史，其中大部分与哈里有关，此外，LJ 还描述了该家族的“成功公式”及其类似于乔布斯的经营方法：网罗杰出人才，不是为了你能告诉他们该做什么，而是为了他们能告诉你该做什么。

LJ 还记得小时候见到哈里时的情景，他和哈里一起坐在包厢里看赛马，从那个包厢可以俯瞰萨拉托加赛马场的终点线。曾经在法莱斯庄园中陈列的哈里的肯塔基州德比赛金杯如今放在了古根海姆合伙人公司的纽约办公室的 32 楼中展示。旁边是蓄着上细下圆络腮胡子的迈耶的镀金镶框肖像，他威严地凝视着前方。

作为参加过两次世界大战的海军飞行员和古巴革命的见证人，哈里亲历了大规模暴行的种种后果。依靠林白、杜立德及社会科学家和学者的帮助，他为探索人类暴力的根源建立了自己的基金会。

2021 年是彼得·劳森－约翰斯顿接替哈里担任主席后的第 50 年。该基金会的早期研究从神经生物学和进化生物学的角度探讨了人类的暴力和攻击本能。后来，他们开始关注犯罪学和政治学。有一个情况始终没有改变，那就是哈里委托的任务范围深远，几乎无从下手。“我们是一个规模一般的基金会，但却有着雄心勃勃的议程。”基金会新任主席丹尼尔·威廉（Daniel Wilhelm）表示，他是刑事司法改革领域的资深专家。

该基金会以治学严谨而闻名，其工作在学术界得到了广泛认可。威廉说，它的不足之处在于未能较好地将这种学术成果传达给决策者。“我们现在面临着一个新的挑战，那就是展开一种更有目的性的工作，试图找出能够直接针对当代暴力问题的研究，并向制订政策和实践界的人士提出防止这种暴力的方法。”

在拜登时代，犯罪和司法问题成为人们关注的焦点。威廉说，该基金会将在研究领域解决以下问题：大规模枪击事件、治安和种族、利用虚假信息对民主的暴力威胁、媒体在暴力方面的催化作用、共同的民族观念的丧失以及对民主规范的直接攻击。

该基金会每年赞助的一项引人注目的活动是在纽约的约翰杰伊刑事司法学院（John Jay College of Criminal Justice）举办的为期两天的美国犯罪研讨会。会议的亮点是司法开拓者奖，该奖项由媒体、犯罪和司法中心颁发，由获奖记者斯蒂芬·汉德尔曼（Stephen Handelman）担任评审。比尔·莫耶斯凭借其关于纽约市里克斯岛的纪录片获得了 2018 年度的“开拓者奖”。在领奖演说中，莫耶斯提到了他与该基金会同名者的关系，以及哈里在 1967 年聘请他当《新闻日报》出版人的事。“那一次他帮了我一个大忙。”莫耶斯说，“4 年后，他又给了我第二次机会，就是把我炒鱿鱼了。”那次解雇可谓机缘巧合。在此后的 45 年中，比尔·莫耶斯在广播界建立了传奇的职业生涯，获得了 36 项艾美奖和 9 项皮博迪奖。

❖

哈里·古根海姆的最后一笔遗产涉及古根海姆家族不被人熟知的另一个领域的业务：房地产。南卡罗来纳州的查尔斯顿社区最近成为该州最大的城市，它的街道看上去就像南北战争前拍摄的街景。推动这一里程碑式发展的部分原因在于，哈里在曾经用于伐木、狩猎和牧牛的土地上建立起了两个新社区。

其中一个是丹尼尔岛，毗邻凯恩霍伊的南部边界。哈里把这片土地留给了 HFG 基金会。丹尼尔岛与查尔斯顿仅仅隔着一条库珀河，却一直很难到达，开车需要 40 分钟，得绕道查尔斯顿市中心。这种情况在 20 世纪 90 年代初发生了改变，横跨库珀河的 I–526 高速公路将丹尼尔岛与北查尔斯顿连接起来，从而使去机场的距离缩短到 8 千米，去查尔斯顿市中心的距离缩短到 25 千米。

丹尼尔岛被并入该市，而拥有哥伦比亚大学房地产学位的 LJ 则代表基金会利用不断上涨的土地价值开始工作。他为丹尼尔岛起草了一份总体开发计划。哈里用来牧牛和狩猎的低地森林现在有了数千套住房、两个高尔夫球场、一个网球场、若干市场、银行、教堂和学校，这些都被 37 千米长的河流、沼泽和水道所包围。在丹尼尔岛不断增长的人口中包括国会议员南希 · 梅斯（Nancy Mace）。半岛有它自己的报纸：《丹尼尔岛新闻报》，由岛上首批居民之一的休 · 德塔（Sue Detar）每周出版一次。这里还有一家古根海姆主题餐厅，名叫“哈里餐厅”，它的墙上挂着哈里、林白、戈达德以及海军中将约翰 · S. 麦凯恩的照片。

在北面，哈里的第二个重要地块：凯恩霍伊，正在经历类似的转变。那里将建造约 9 000 套住房，其中有许多位于古根海姆合伙人公司旗下一家房地产投资机构购买的土地上。LJ 正在把从丹尼尔岛学到的经验转化到凯恩霍伊。“多年前，人们最想要的是高尔夫球场，现在则是开放空间和步行道，所以凯恩霍伊将反映出这一点。”约一半面积的土地，大约相当于整个查尔斯顿半岛的大小，都被保留下来作为保护区。LJ 计划将家族历史与该地区的街道名称联系起来，正在考虑中的路名有“七根棍子路”和“林白大道”。

哈里把凯恩霍伊放在一个慈善性剩余信托[①]中，供彼得 · 劳森 – 约翰斯顿终身使用。其房地产投资收入有朝一日将惠及 HFG 基金会和古根海姆博物馆。

❖

由于中产阶级不断萎缩、贫富差距不断扩大，当前社会展开了关于未来资本主义的辩论。在这场辩论中，有必要思考一下哈里所代表的老牌资本主义道德

① 慈善性剩余信托是指由捐款人设立的一种慈善信托，捐款人可将一部分信托收益用于自己及家庭的生活，而将剩余部分转给慈善机构。——译者注

观。20世纪的资本主义巨头们在残酷性和剥削性方面并不逊于当今时代的巨头。但他们中的许多人，像哈里一样，感到有义务，甚至有责任去改善社会，因为正是这个社会使他们有可能积聚财富。

正如哈里在给南希的信中所说的："我认为人们有责任利用继承到的财富来促进人类的进步，而不仅仅是为了自我满足，我确信自我满足并不会带来幸福的人生。"作为一名商人和慈善家，哈里通过热情的、有时甚至是痴迷的参与促进了这种进步。一个人在与其所资助的事物缺乏紧密精神联系的情况下进行施舍等于是充当"在外业主"①。

哈里说："礼物本身不值钱，除非赠送者与之同在。"

① 指不在自己的房产内居住也很少去看管的业主。——译者注

致 谢

成功的书籍是伟大合作的结果。我非常幸运地在《明日商机》的创作中拥有许多伟大的合作者，首先是彼得·劳森－约翰斯顿二世，他在这部哈里·古根海姆传记创作的早期就表达了支持。彼得·劳森－约翰斯顿二世和他的父亲在纽约和凯恩霍伊都慷慨地奉献了自己的时间，温迪·劳森－约翰斯顿·麦克尼尔也是如此。

我特别感谢美国广播界的伟大人物之一比尔·莫耶斯，感谢他对本书材料的评论，以及他所分享的自己与 HFG 的独特关系的见解。丽芙·林德伯格对她著名的父亲和哈里之间数十年的友谊提供了坦诚的感想。我特别感谢古根海姆博物馆馆长理查德·阿姆斯特朗，他对博物馆的过去和未来提出了一些极具吸引力的介绍。非常感谢副馆长林赛·卡什（Lindsey Cash），她为我与博物馆档案部的工作人员建立了宝贵的联系。

本书的相当一部分内容是在纽约公共图书馆的弗雷德里克·刘易斯·艾伦室所写，那里对作家来说是一个不可思议的资源库。艾伦室的研究主任梅拉妮·洛凯（Melanie Locay），在我和其他驻馆作家的呼吁下，在非常困难的一年里，为我们实现了对档案的远程访问。在病毒肆虐的几个月里，我非常幸运地再次住进我女儿的教母奥拉·莱维塔斯（Aura Levitas）在南安普顿的家，作为写作的庇护所。

我特别感谢我的经纪人利娅·斯皮罗（Leah Spiro），她的新闻直觉有力地指导了这个项目。利娅看到了哈里故事的潜力，并且成书过程中的每一步她都提供了出色的指导。另一个博学的影响人物是埃伦·卡丁（Ellen Kadin），她在制定最初的提纲中发挥了重要作用。珀伽索斯出版社（Pegasus）的发行代理杰茜卡·凯斯（Jessica Case）也看到了这本书的潜力，她对哈里的生活的独到见解很有价值。杰茜卡已经成为我在纪实文学世界和市场方面值得信赖的新顾问。我真的很感谢斯蒂芬妮·沃德（Stephanie Ward）对本书的仔细校订和她对细节的惊人关注。德鲁·惠勒（Drew Wheeler）的第一次编辑工作也恰到好处，非常值得赞赏。

我对剑桥大学的多次访问因杰妮·林格罗斯（Jayne Ringrose）的出现而变得轻松愉快，她是彭布罗克学院的前名誉档案管理人，也可以说是校园里的传奇人物。我在哈里的母校与她进行的访谈茶话会像是关于剑桥历史的小型讲座。我很感谢莱克汉普顿庄园（哈里在剑桥大学读书期间的住所）的管理人约翰·戴维·罗兹（John David Rhodes），以及经理奥尔多纳·马利谢夫斯卡（Aldona Maliszewska），感谢他们在我访问那里时抽出时间一起探讨。我诚挚地感谢霍克斯俱乐部的蒂姆·埃利斯（Tim Ellis），感谢他的研究和热情款待。最近在葡萄牙大街被命名为霍克斯的建筑是这家值得尊敬的俱乐部的一个合适的新家。

我对另一个学术机构同样有很大的感激之情：哥伦比亚语法预备学校。我特别感谢院校发展部主管珍妮弗·罗兹（Jennifer Rhodes）和著名儿童读物作家、该校历史上任职时间最长的教师马文·特尔班（Marvin Terban）。两人都利用他们的时间和我分享了学校的传奇历史。还要感谢通信协调员马奎斯·奥斯汀（Marquis Austin），他挖掘出的记录是描述哈里校园生活的关键。

古根海姆家族的其他成员在本书的研究中给予了极大的帮助，特别是英格丽德·巴特勒（Ingrid Butler）和卡萝尔·兰斯塔夫。我非常感谢普利策奖获得者罗伯特·基勒花时间分享他在研究《新闻日报》的权威历史过程中形成的对 HFG 的一些看法。还要感谢两位获奖的导演：莉萨·伊莫迪诺·弗里兰，她慷慨地抽出时间分享了她对哈里的表妹佩姬·古根海姆的了解以及她们之间的通信；《百万富翁飞行队》（*The Millionaires' Unit*）的导演达罗克·格里尔（Darroch Greer）讲述了第一次世界大战中第一批海军飞行员的故事［电影灵感来源于同名书籍，其作者为马克·沃特曼（Marc Wortman）］。

这个项目的早期指导者是乔西亚·邦廷三世少校，他是 HFG 基金会的前总裁和弗吉尼亚军事学院的前院长。我们花了几个小时讨论这本书和许多其他话题，这深深地鼓舞了我。我也很感谢海军部和国家档案管理局的协助，这缩短了我根据信息自由法案[①]提出的对哈里军事记录进行查询的请求的通过时间。我非常感谢华盛顿特区国会图书馆手稿部辛劳的文献馆的管理员，他们是哈里·弗兰克·古根海姆文件的守护者。

没有你们，我不可能完成这本书。

① 允许公众获取政府机构或公共当局所掌握的文件或其他数据的法案。——译者注

未来，属于终身学习者

我们正在亲历前所未有的变革——互联网改变了信息传递的方式，指数级技术快速发展并颠覆商业世界，人工智能正在侵占越来越多的人类领地。

面对这些变化，我们需要问自己：未来需要什么样的人才？

答案是，成为终身学习者。终身学习意味着永不停歇地追求全面的知识结构、强大的逻辑思考能力和敏锐的感知力。这是一种能够在不断变化中随时重建、更新认知体系的能力。阅读，无疑是帮助我们提高这种能力的最佳途径。

在充满不确定性的时代，答案并不总是简单地出现在书本之中。“读万卷书”不仅要亲自阅读、广泛阅读，也需要我们深入探索好书的内部世界，让知识不再局限于书本之中。

湛庐阅读 App：与最聪明的人共同进化

我们现在推出全新的湛庐阅读 App，它将成为您在书本之外，践行终身学习的场所。

- 不用考虑“读什么”。这里汇集了湛庐所有纸质书、电子书、有声书和各种阅读服务。
- 可以学习“怎么读”。我们提供包括课程、精读班和讲书在内的全方位阅读解决方案。
- 谁来领读？您能最先了解到作者、译者、专家等大咖的前沿洞见，他们是高质量思想的源泉。
- 与谁共读？您将加入优秀的读者和终身学习者的行列，他们对阅读和学习具有持久的热情和源源不断的动力。

在湛庐阅读App首页，编辑为您精选了经典书目和优质音视频内容，每天早、中、晚更新，满足您不间断的阅读需求。

【特别专题】【主题书单】【人物特写】等原创专栏，提供专业、深度的解读和选书参考，回应社会议题，是您了解湛庐近千位重要作者思想的独家渠道。

在每本图书的详情页，您将通过深度导读栏目【专家视点】【深度访谈】和【书评】读懂、读透一本好书。

通过这个不设限的学习平台，您在任何时间、任何地点都能获得有价值的思想，并通过阅读实现终身学习。我们邀您共建一个与最聪明的人共同进化的社区，使其成为先进思想交汇的聚集地，这正是我们的使命和价值所在。

THE BUSINESS OF TOMORROW: THE VISIONARY LIFE OF HARRY GUGGENHEIM: FROM AVIATION AND ROCKETRY TO THE CREATION OF AN ART DYNASTY by DIRK SMILLIE

This edition arranged with SUSAN SCHULMAN LITERARY AGENCY, LLC. through BIG APPLE AGENCY, LABUAN, MALAYSIA.

图书在版编目（CIP）数据

古根海姆传 /（美）德克·斯迈利（Dirk Smillie）著；汪幼枫，吴鑫磊译. -- 杭州：浙江教育出版社，2024.3

ISBN 978-7-5722-7327-8

Ⅰ. ①古… Ⅱ. ①德… ②汪… ③吴… Ⅲ. ①古根海姆一传记 Ⅳ. ①K837.125.7

中国国家版本馆CIP数据核字（2024）第014904号

浙江省版权局
著作权合同登记号
图字:11-2023-439号

上架指导：商业传记

古根海姆传

GUGENHAIMU ZHUAN

［美］德克·斯迈利（Dirk Smillie）著

汪幼枫　吴鑫磊　译

责任编辑： 李　剑

助理编辑： 刘亦璇　苏心怡

美术编辑： 韩　波

责任校对： 余理阳

责任印务： 陈　沁

封面设计： ablackcover.com

出版发行： 浙江教育出版社（杭州市天目山路 40 号）

印　　刷： 唐山富达印务有限公司

开　　本： 710mm ×965mm 1/16　　　**插　　页：** 9

印　　张： 19　　　**字　　数：** 332 千字

版　　次： 2024 年 3 月第 1 版　　　**印　　次：** 2024 年 3 月第 1 次印刷

书　　号： ISBN 978-7-5722-7327-8　　　**定　　价：** 109.90 元

如发现印装质量问题，影响阅读，请致电 010-56676359 联系调换。